日本労働法学会誌128号

労働者派遣法の新展開
労働契約法20条の法理論的検討
職場のハラスメント問題への新たなアプローチ

日本労働法学会編
2016
法律文化社

目　次

《特別講演》
労働法における学説の役割……………………………西谷　　敏　3

《シンポジウムⅠ》　労働者派遣法の新展開──比較法的視点からの検討──
シンポジウムの趣旨と総括……………………………盛　　誠吾　13
ドイツの労働者派遣法…………………………………高橋　賢司　17
フランスにおける労働者派遣の意義と動向…………大山　盛義　28

《シンポジウムⅡ》　労働契約法20条の法理論的検討──「不合理性」の判断を中心に──
シンポジウムの趣旨と総括……………………………中窪　裕也　41
労契法20条解釈の視座…………………………………緒方　桂子　46
　　──「不合理」性の意味を中心に──
正規・非正規労働者間の「不合理性」の解釈指針…阿部　未央　56
　　──イギリス法を手がかりに──
労働条件（待遇）格差の「不合理性（合理性）」の
　内容と課題……………………………………………水町勇一郎　64
有期契約労働者の待遇格差是正と職務評価…………森　ます美　73

《シンポジウムⅢ》　職場のハラスメント問題への新たなアプローチ
シンポジウムの趣旨と総括……………………………島田　陽一　85
職場におけるハラスメントの現状と課題……………内藤　　忍　92
　　──集団的・予防的対応の必要性──
ハラスメントに係る使用者の義務・責任……………滝原　啓允　100
　　──新たなアプローチとしての修復的正義の可能性──

ハラスメントと紛争解決手続及び救済の方法・内容 …… 柏﨑　洋美　109
　　──修復的職場実践の検討──

《個別報告》
有期労働契約の濫用規制に関する基礎的考察 ……… 岡村　優希　121
　　── EU有期労働指令・イギリス法との比較法的研究──
経済統合下での労働抵触法の意義と課題 ……………… 山本　志郎　136
　　── EU法の展開をてがかりに──
日韓の集団的変更法理における合意原則と
　　合理的変更法理 …………………………………… 朴　　孝淑　150
中国労働法の賃金決定関係法における
　　政府の関与に関する法的考察 …………………… 森下　之博　164

《回顧と展望》
労働と妊娠・出産・家族的責任の両立支援 …………… 川口　美貴　181
　　──育介法・雇保法・均等法・派遣法等の改正と課題──
療養補償給付を受ける労働者に対する
　　解雇制限と打切補償 ……………………………… 阿部　理香　191
　　──専修大学事件・最二小判平27・6・8民集69巻4号1047頁──
信用組合の合併に伴う退職金減額合意の成否
　　及び労働協約の効力 ……………………………… 池田　　悠　200
　　──山梨県民信用組合（退職金減額）事件・
　　　最二小判平28・2・19民集70巻2号123頁──

日本労働法学会第131回大会記事 ………………………………………… 211
日本労働法学会第132回大会案内 ………………………………………… 217
日本労働法学会規約 ………………………………………………………… 218
SUMMARY …………………………………………………………………… 221

《特別講演》
労働法における学説の役割

西 谷　敏

《特別講演》

労働法における学説の役割

西　谷　　敏
(大阪市立大学名誉教授)

I　はじめに——50年間の学説の変化

　私が大学院修士課程で労働法の勉強を始めたのは1966年であり，奇しくも今年で50年になる。この50年の間に労働法学は大きく変化した。思いつくままあげれば，第一に，それが量的に大きく発展したこと，つまり膨大な著書・論文が発表されていること，第二に，学説の関心が集団的労働法から個別的労働関係法に大きくシフトしていること，第三に，基礎理論的研究が後退し，実用法学的研究（法解釈，立法論）が主流となっていること，第四に，法解釈において，判例を「評価」の対象にするよりも，それを「前提」とする研究が優勢であること，などである。

　いずれもこの間の労働法とその環境の変化に対応するものであり，必然的といえる面もあるが，労働法の発展に果たす学説の役割という観点からは反省すべき点も多い。本講演では，労働法学の現状を「成熟」と「実務化」という観点から把握し，とくに判例との関係における学説の役割について考えてみたい。

II　労働法学の現状

1　労働法学の「成熟」が意味するもの

　戦後労働法学が出発したとき，立法は乏しく判例も少ない状況で，研究者は，戦前の研究の蓄積も利用しながら，いわば手探りで労働法の構築という課題に取り組んだ。いきおい，労働法の歴史や外国法研究などを通じてその本質を考

えるという基礎理論的な研究が大きな比重を占めることとなった。その後，膨大な判例・裁判例が蓄積され，また，とくに1985年以降多数の法律が制定された。そして，それらに対応して山のような著書・論文が書かれている。戦後の労働法学者が，依拠すべき文献の過少に苦労したとすれば，現在の研究者は文献・情報の過剰に悩まされているといってよい。

　こうした状況のなかで，菅野教授の『労働法』や荒木教授の『労働法』などの体系書が，実務と学説に大きな影響を及ぼしているのは周知のとおりである。これらは，現行の法令・通達，判例・裁判例を詳細に紹介し，学説にも目配りして労働法の体系的叙述を試みたすぐれた書物であるが，それの実務および学説への強い影響力の基礎は，法令と判例をベースにした体系書としての安定性にあるといえよう。このように，膨大な著書・論文が発表される一方，判例をベースにした通説が形成されているという学説の状況は，労働法学の「成熟」を意味するものといえる。

　しかし，「成熟」はつねに「固定化」につながるおそれがある。本来，学問研究はすべてを疑うところから出発すべきものであり，研究者が，通説・判例を前提として，その枠内での議論に自己限定するならば，真に創造的な研究を行うことは難しい。この場合でも，新たな分野の研究や，通説・判例の細部を精緻化するという作業においては研究者の創造性は発揮されるであろうが，そうした研究だけでは労働法学の大きな発展は望めない。

2　労働法学の「実務化」

（1）「実務化」とは　　判例・通説から出発するという労働法学の有力な傾向は，労働法学の「実務化」，つまり「実務」に役立つことを重視するという傾向と密接な関係がある。この場合の「実務」には二つの意味がある。

　第一は裁判実務である。学説における判例評釈やその他の法解釈論においては，裁判に影響を及ぼすということが強く意識される。それは当然ともいえるが，そのことを意識しすぎると，最高裁判例が設定した大枠は前提とされるほかない。最高裁判所は容易に判例を変更しないし，下級審裁判官が最高裁判例から逸脱した判断をすることはほとんど期待されないからである。

「実務」の第二の意味は，企業や労働現場における実務である。企業側も労働者側も，それぞれの立場から，実務に役立つ労働法理論を求めるのは当然である。実務に役立つ労働法理論とは，判例法理をベースにして，それを問題ごとに，またそれぞれの立場から具体化するものであろうから，労働法学がこうした「実務」の要請を過度に重視するならば，判例・通説を根本から問い直そうとする発想は生まれにくい。

(2) 実務家と研究者　労働法学がこのように実務化し，実務とのつながりを強めるにしたがって，研究者の作業と実務家の作業は接近する。また，実務家が法科大学院で教え，大学教員が弁護士登録をするというように，人的にも両者の垣根は低くなっている。「理論と実務の協働」との標語で表現されるこうした両者の接近は，実際には，理論に対する実務の優位を意味するものであり，その逆ではない。

労働法学における実務的観点の重要性や，実務家と研究者の交流の意義は否定しうべくもない。しかし，そうした傾向が労働法学という学問の独自の存在意義を稀薄にするおそれがあることも見過ごすことはできない。理論というものは，実務に役立つか否かにかかわらず重要な意義をもつのであって，仮に実務に役立たないとの理由で理論研究が軽視されるようなことがあれば，学問の発展にとってゆゆしい問題である。また，労働法学という学問の存在意義があやしくなれば，労働法学者という職業の存在根拠まで疑われかねない。

Ⅲ　判例と学説

1　学説と判例形成

(1) 二つの評価　戦後70年間の労働法の形成において判例が果たした重要な役割は明らかである。それでは，その判例の形成過程において，労働法学はいかなる役割を果たしてきたのか。

故久保敬治教授は，1970年の『労働法』のはしがきに次のように書いている。「本書の執筆過程において痛感したことは，第一に労働法学の底の浅さということであった。判例理論をとりのぞいてしまったら後には何も残らないという

分野がいまだに少なくない」[1]，と。他方，これと対照的な見方もある。民法の大村敦志教授は，学説と実務の関係は領域によって異なるとして，それを①［学説］主導型（一体型），②外在型（批判型），③混合型（交流型）に分け，労働法を①に位置づけるのである[2]。これをどのように考えるべきか[3]。

（2）判例法理形成期の学説と判例　学説は，もちろん当初から判例への影響や，それを通じての労働法の形成を重要な課題と考えていたが，実際には，重要な判例法理の形成に際して，学説が判例に及ぼした影響は意外に限定されていたように思われる。主な最高裁判例に関する調査官解説を読めば，最高裁が判断にあたって主要な学説を一応参照していることはわかるが，最高裁があえて多数説に従わなかった例や，独自の法理を形成した例は多い。

たとえば，「合理性」を要件に就業規則の不利益変更を認めた秋北バス事件判決（最大判昭43・12・25民集22巻13号3459頁），政治的な力を背景に公務員の労働基本権の全面否定に回帰した全農林警職法事件判決（最大判昭48・4・25刑集27巻4号547頁），採用の自由を強調し，採用に際しての思想調査まで適法とした三菱樹脂事件判決（最大判昭48・12・12民集27巻11号1536頁），バックペイからの中間収入の控除について必要説をとった第二鳩タクシー事件判決（最大判昭52・2・23民集31巻1号93頁），企業施設へのビラ貼りについて，当時の多数説の受忍義務説と少数説の違法性阻却説のいずれも退け，独自の「許諾説」をとった国鉄札幌駅事件判決（最三小判昭54・10・30民集33巻6号647頁）などである。

当時の学説に対する最高裁の態度は，一言でいえば，「参照すれども尊重せず」というべきものであった。学説の側も，戦後の一定の時期までは判例から距離を置いて労働法を論じるという傾向が強く，学説もまた，「参照すれども尊重せず」の態度で判例に接したのである。この時期の両者の関係は，大村教授の分類にいう「外在型」に近かったといえよう。

（3）判例と学説の接近　しかし，その後，学説と判例は次第に接近する。

1）　久保敬治『労働法』（ミネルヴァ書房，1970年）はしがき。
2）　大村敦志「法の変動とその担い手」岩波講座『現代法の動態5・法の変動の担い手』（岩波書店，2015年）14頁以下。
3）　詳しくは，西谷敏『労働法の基礎構造』（法律文化社，2016年）265頁以下参照。

それは判例が学説を尊重するようになったというよりも、むしろ学説において判例を尊重する傾向が強くなったことの結果であると思われる。つまり、学説において、判例を批判的にみる姿勢が後退し、判例法理を所与の「前提」とみる傾向が強まってきたのである。判例の用いる文言やその論理構造が、法律の条文と同様に細かく検討され、解釈される。ドイツでいう「判例実証主義」(Rechtsprechungspositivismus) の傾向が、日本の労働法学でも強まってきたのである。

たしかに、労働法分野でも判例評釈はさかんであり、そこでは裁判例への批判もなされる。しかし、それは、多くの場合、判例法理の大枠を前提とし、その枠内での批判、検討にとどまっており、判例法理そのものへの批判がなされることは少ない。そして、体系書や教科書では、判例は通常、法律と同じく妥当する法として扱われる。こうした傾向が労働法の「実務化」と密接な関係があるのは明らかである。

2 判例の性格

(1) 判例の法源性　判例が先例として後の裁判を拘束するという意味で「法源」といえるかといえば、それを否定し、せいぜい事実上の拘束力が存在するにすぎないとみるのが民法や憲法の通説である。とくに日本では、憲法76条3項が、「すべて裁判官は、その良心に従ひ独立してその職権を行ひ、この憲法及び法律にのみ拘束される。」と規定しているので、判例違反の下級審判決も違法ではない。実際、昭和40年代には、最高裁判例に反対する下級審判決は稀ではなかった。たとえば、官公労働者の争議行為全面禁止を憲法違反とするいくつかの判決があり、就業規則の不利益変更の効力について、秋北バス事件判決とは異なり、契約説の立場から問題を処理する例も複数みられた。

(2) 裁判官統制と判例の「統一」　しかし、とりわけ1970年頃を頂点とするいわゆる「司法反動」以来、最高裁事務総局による裁判官統制が厳しくなった。いわゆる「司法反動」とは、政府与党からの裁判所への強い政治的圧力を背景として、最高裁の政治姿勢が大きく転換された過程をいう。具体的には、青年法律家協会に所属する裁判官・修習生への激しい攻撃、思想を理由とする

特別講演

裁判官への任官拒否，阪口修習生の罷免，宮本裁判官の再任拒否，長沼訴訟における平賀書簡と福島裁判官の処分などが大きな社会的・政治的問題となった[4]。こうした背景のもとで，官公労働者の労働基本権に関する判例が大きく転換されたこと，すなわち1966年の東京中郵事件，1969年の東京都教組事件と続いた合理的限定解釈論が1973年の全農林警職法事件判決の全面合憲論によって逆転されたのは，周知のとおりである。そしてこの異例の判例変更が，最高裁裁判官の政治的任命の結果であることは，当時は公然たる事実であった。

1966年に労働法の勉強を開始した私は，研究生活の最初からこの政治的な判例変更に接したことになる。私のある種の最高裁不信はこの経験と無関係ではない。しかし，「司法反動」は決して単なる過去のエピソードにとどまるものではない。この時期に確立された統制主義的な司法政策は，その後の司法改革にかかわる様々な取組みにもかかわらず，今日まで裁判所・裁判官のあり方を，したがってまた裁判のあり方を深く規定している。最高裁事務総局が，裁判官協議会，裁判官会同，研究会などを通じて裁判官の見解を統一し，最高裁の意に沿わない下級審裁判官に対する人事上の差別によってその統制を補強していることは，広く知られている[5]。われわれは，判例や裁判例に接するときに，最高裁の政治的性格と下級審に対する強い統制の存在を忘れることはできない。

3　学説の役割

学説に対する最高裁の上記の態度や裁判所の強い組織統制の現状を考えるならば，学説が判例に直接影響を及ぼしうる可能性はかなり限られている。もちろん，学説がこの可能性を拡大すべく努力することは重要であるが，学説が裁判所への直接的影響を意識しすぎると，学説の視野が判例の設定した枠に限定され，批判を生命とする自由な理論研究の発展を自ら閉ざすおそれがある。むしろ，学説は，判例との関係において以下のような課題をより重要視すべきで

---

[4]　司法反動については，山本祐司『最高裁物語（下巻）』（日本評論社，1994年），黒木亮『法服の王国（上）』（岩波現代文庫，2016年）など参照。

[5]　新藤宗幸『司法官僚』（岩波新書，2009年），瀬木比呂志『絶望の裁判所』（講談社現代新書，2014年）など参照。

はないだろうか。

(1) 法解釈方法論の分析と検討　　まず，法解釈方法論の検討がもっと重視されてよい。ドイツのリュータースがいうように，法解釈方法論は裁判をコントロールするために重要な役割を果たす。裁判所が実際にどのような方法を用いて裁判を行っているのか，そこにどのような問題があるのかを分析することが必要である。

私は，日本の判例法理では利益衡量論の影響が強いと考えている[6]。利益衡量論とは，いわゆる概念法学とは対照的に，法的判断に際してまず諸利益の衡量によって結論を出し，その結論を正当化するために法律構成を考えるという方法である。1960年代に，東大の加藤一郎教授や星野英一教授がこうした方法を主張して，一時さかんに議論された。私の観察では，少なくとも労働法分野の最高裁判例には，こうした方法論の強い影響がみられるように思われる。

(2) 判例の法政策の分析　　判例の法解釈方法がこうした傾向をもっているとすれば，判例の分析にあたって，その法律構成と同様に，背後にある法政策的判断の検討が不可欠である。一言でいえば，最高裁は，伝統的な日本的雇用慣行（集団的労使関係を含む）を基本的に法的に追認し（解雇に関するある程度厳しい判断，就業規則による労働条件変更の容認，使用者の配転命令権や労働者の時間外労働義務の肯定，広範囲の企業秩序遵守義務の肯定など），ただ，過労死・過労自死問題やメンタルヘルス不全など，日本的企業社会がもたらす弊害についてはその是正を企業に促すという基本姿勢をとってきたといえる。

こうした判例の基礎にある法政策の分析は，法社会学的な研究としての意義をもつだけでなく，一定の範囲で，裁判所の判断を予測するという実用的な目的にも役立ち，さらに判例に対する法政策的批判の前提となる。

(3) 基礎法学的研究と結びついた労働法ドグマティーク（Dogmatik）　　法解釈の次元でいえば，労働法学の基本的な役割は，労働法 Dogmatik（労働法教義学。労働法の体系的構成）を確立することである[7]。労働法教義学は，憲法を

---

6) 西谷・前掲注3) 283頁以下。
7) 法ドグマティークの意義については，松本博之＝野田昌吾＝守矢健一編『法発展における法ドグマーティクの意義―日独シンポジウム』（信山社，2011年）27頁以下，163頁以下参照。

特別講演

頂点にした法律の体系を前提とするが，判例についてはそれを当然の前提とするのではなく，たえずその適切性自体を問題にする。労働法学は，判例とそれを基礎にした通説を相対化し，外在的視点から評価し批判するという姿勢を失ってはならない。そして，そうした外在的な視点にもとづく検討のためには，歴史研究，比較法研究，法社会学，法哲学などの基礎法学的な研究が不可欠である。これらの基礎法学的研究やそれを基礎とした労働法教義学は，すぐには裁判実務にも企業法務にも役立たないであろうが，長期的には，労働法の発展を促進し，またそれが誤った道に進むのを防ぐために不可欠である。若い研究者がもっとこうした研究に力を入れることを期待したいのである。

「法学者の存在意義・固有の仕事は，……直接に裁判や企業・行政実務に働きかけることよりは，法律を『深く，広く，遠くから』眺め，その理解を深めることと，法学教育とにある」との言に強い共感を覚える。[8]

(にしたに　さとし)

---

8) 星野英一「日本における民法学の発展と法学研究者の養成」曽根威彦＝楜澤能生編『法実務，法理論，基礎法学の再定位』(日本評論社，2009年) 184頁。

《シンポジウムⅠ》
労働者派遣法の新展開
――比較法的視点からの検討――

シンポジウムの趣旨と総括	盛　　誠吾
ドイツの労働者派遣法	高橋　賢司
フランスにおける労働者派遣の意義と動向	大山　盛義

《シンポジウムI》 労働者派遣法の新展開

シンポジウムの趣旨と総括

盛　誠　吾

（一橋大学）

I　報告の趣旨と内容

（1）　このシンポジウムは，2013年8月の厚労省研究会報告書を受けて，翌年3月に国会に提出された労働者派遣法改正案の検討を目的として企画されたものである。同法案は，その後2度の廃案という異例の経過の後2015年9月に成立し，同月30日から施行された。したがって，このシンポジウムの主たる目的も，改正法による労働者派遣制度の新たな展開について検討することにあるが，その副題として「比較法的視点」を加えたことには，もう一つの趣旨・目的が込められている。

（2）　労働者派遣法は1985年に制定されたが，その目的は，労働者供給事業禁止の部分的解禁・間接雇用の許容と，「常用代替の防止」にあった。そのために，労働者派遣の対象業務は常用代替の恐れのない業務，すなわち専門的業務（正社員ではできない仕事）と単純業務（正社員にさせる必要のない仕事）に限定され（その後のいわゆる26業種），外国の制度に見られ，当時既に知られていたテンポラリー・ワークというような性格付けはされず，期間制限という発想もなかった。

1999年の法改正により，初めて期間上限1年の労働者派遣が認められ（2003年の改正により上限3年に延長），期間制限のない労働者派遣と併存することになったが，これは，改正目的である対象業務の拡大を限定づけるために新たに認められることになった派遣業務に期間1年という条件を付したことから，結果としていわゆる26業種が期間制限のない派遣になったというにすぎない。また，

2012年の改正では、当時の偽装請負やワーキングプアなどの社会問題を背景として、いわゆる日雇派遣の原則禁止や、外国では既に見られた派遣労働者と派遣先との間の雇用関係形成についての制度が導入された。

そして、このたびの2015年改正により、労働者派遣は「臨時的かつ一時的なもの」として性格づけられ（25条）、その規制方法は、対象業務のいかんにかかわらず、派遣労働者単位と事業所単位の期間制限に移行することになった。これによって、わが国の労働者派遣は、初めて基本的に一時的な労働として性格づけられ、当初からそのようなものとして性格づけられてきた外国の制度との間で、ようやく具体的な比較検討が可能となったと言えるであろう。

（3）本シンポジウムでは、比較の対象としてドイツ（高橋報告）及びフランス（大山報告）を取り上げるが、これは、決して単なる制度比較を目的としたものではない。

すなわち、ドイツにおいては1972年の立法以来たび重なる法改正がなされ、一時は規制緩和に向けたハルツ法改革が注目されたが、その後はEU法との関連で新たな動向も見られる。また、フランスでは、1972年の立法以来、一時的労働（travail temporaire）としての性格付けは一貫しているが、1990年法による現行法では、違法派遣に対する民事・刑事の制裁のあり方などが参考になるほか、従来の制度には収まりきらない、専門職派遣（portage salarial）や無期労働契約派遣といった実体面での動向が注目される。これらの動向は、わが国における労働者派遣法をめぐる政策論や、今後の労働者派遣制度の基本的なあり方との関連でも、検討に値するものである。

一例を挙げるならば、わが国では労働者派遣という雇用形態が労働者派遣法という単一の制度的枠組みの中で捉えられ、共通の規制が加えられているが、それが果たして労働者派遣の対象業務の多様性や、労働者派遣ないしは間接雇用をめぐる実体面での新たな変化や動向に十分に対応できるのかという問題である。最後の本久報告では、以上の比較法的検討を踏まえながら、そのような原理的問題を含めた改正派遣法の主要な問題点についての検討がなされる。

Ⅱ　議論の概要

（1）　報告に続く討論においては，まず鎌田耕一会員（東洋大学）から，改正派遣法の意義に関して，改正法は，事業者規制について許可制に一本化したことに意義があること，本久報告とは異なり，常用代替防止という法目的は維持されていると考えていること，派遣労働者保護については，派遣元事業者が講ずべき措置等に関して一定の進展はあったものの，均等待遇原則や同一労働同一労働をめぐってなお検討すべき課題があることが指摘された。また，中野麻美会員（弁護士）からも，常用代替防止という目的は改正法でも維持されており，それを肯定的に捉えた上で，いかに派遣労働者の雇用の安定を図っていくかが今後の実務上の課題であることが指摘され，さらに本久報告に対しては，憲法27条1項ではなく同条2項による派遣労働者に対する労働条件保障という観点が必要ではないかとの疑念が示された。

このほか，改正法施行後の適用状況に関しては，村田浩治会員（弁護士）から，具体的な相談事例についての興味深い紹介があった。また，塩見卓也会員（弁護士）からは派遣法40条の6の適用に関する事例が紹介されたほか，同条の適用をめぐって派遣先事業者が労働契約の承諾みなしについて争い，結果的に契約の成立が否定された場合に，当初の派遣元との労働契約関係の存否はどうなるのかとの問題提起があり，報告者による回答がなされた。

（2）　今後の労働者派遣法のあり方をめぐる検討課題が，もう一つの議論のテーマであった。

まず，濱口桂一郎会員（労働政策研究・研修機構）から，大山報告を前提として，労働者供給についての全体的規制の中で，例外的に労働者派遣を許容するというわが国の法体系とは異なる状況があることを知り，今後のわが国の制度のあり方を考える上で参考になったとの発言があり，フランスにおける動向の意味や背景についての議論が交わされた。関連して，ドイツにおける新たな派遣規制の動向や状況についても，報告者（高橋）から紹介と説明があった。

また，浜村彰会員（法政大学）からは，労働者派遣が法的に許容される根拠

シンポジウムⅠ（報告①）

（規範的許容性）として，一般には失業対策や雇用保障，直接雇用への橋渡し機能があることは各国に共通しているが，他方で高度専門職派遣のようにそれには収まりきらない場合があり，そのような多様な労働者派遣について現行法が十分に対応できているのかどうか，派遣業務の性格や内容によっては規制の方法を多様化すべきなのかどうかということが，3人による報告の共通の問題提起であり，今後の重要な検討課題でもあるとの指摘があった。

さらに，脇田滋会員（龍谷大学）からは，派遣法の方向性として，憲法との関連性や公法的視点からの問題点の検討が必要であること，今回の改正派遣法に関しても，過半数代表の選出条件などをめぐる重要な問題点があることが指摘された。

（もり　せいご）

［追記］　なお，本久洋一会員による報告については，次号掲載とさせていただきます（学会誌編集委員会）。

ドイツの労働者派遣法

高 橋 賢 司

(立正大学)

I 本稿の目的と対象の限定

　労働者派遣に関わるドイツ法と日本法の比較法的な研究結果を報告するのが，本稿の目的である。わが国では平成27年改正法により（業務単位から）人を単位とする派遣期間規制へと転換したため，同じく人単位の派遣期間規制を念頭に置くドイツ法等と比較可能となったといえる。そこで，同改正により重要な焦点となった期間規制，ドイツにおける「一時的な労働」の概念導入をめぐる問題を検討する。同時に，わが国の労働者派遣の中心的な問題でもある同一賃金原則や労働契約の申込みみなし制（擬制的労働関係と呼ばれる）を取り上げる。そこで，本稿では，まず，労働者派遣法の基本的な法構造を敷衍し，その後，請負労働に関する法規制を含め上記の問題を中心に，順に検討を加える[1]。

II ドイツの労働者派遣法の基本的な法構造

1 ドイツの労働者派遣法の概観―派遣期間の規制を中心として

　ドイツの労働者派遣法では，「派遣元として第三者（派遣先）に労働者（派遣労働者）を経済的な活動の範囲内で労働の提供のため派遣しようとする，使用者は許可を必要とする。（……）」と規定される（労働者派遣法1条）。労働者派

---

[1] これらの論点の一部は，先行研究として，高橋賢司『労働者派遣法の研究』（中央経済社，2015年）においても考察されているが，本稿では，新たに，ドイツの労働者派遣法の改正法草案を検討に加え，擬制的労働関係の詳細，請負労働の最新事情を加えている。さらに，本稿では，日独の比較に関する新たな視点を加えようとしている（本稿Vに至る考察）。

シンポジウムⅠ（報告②）

遣事業は許可制の下に置かれる。

　派遣労働契約は無期又は有期と双方あり，期限の定めのある派遣労働契約には正当化事由が必要である。実務上登録型派遣はないとされる。建設業への労働者派遣は原則的に禁止される。

　1972年の同法制定当時，派遣先への派遣期間は3ヶ月を上限としていたが，徐々に延長され，2001年のジョブ・アクティーブ法では，24ヶ月となっていた。人を単位として派遣期間を規制していたのであるが，こうした法制も転換していくのである。

　2002年以降の労働市場改革（いわゆるハルツ改革）のうち，「現代の労働市場における雇用提供に関する第一法」により[2]，失業克服が目的とされ，労働者派遣の「橋渡し機能」が重視された。つまり，「失業者を派遣でつなぎ，直接雇用へ」というものである。

　ハルツ改革により，労働者派遣法は，規制緩和され，派遣期間規制（上限）は撤廃され，無期限の派遣が可能となった。この後，派遣労働者の数は，リーマン・ショックの影響を受けた2009年・10年を除いて，385,256人（2004年）から，872,000人（2011年）まで増加していく[3]。

2　一時的な労働

　かつて，ハルツ改革において，いったんは派遣期間を撤廃した労働者派遣法は，2011年に，再び派遣期間を規制する方向で改正される。前述の労働者派遣法1条の規定における「（……）使用者は，許可を必要とする」の文言に，「派遣先への派遣労働者の派遣は，一時的に行われる」という文言を付け加えた[4]。

　EU法上の労働者派遣の定義である「一時的な労働」の概念に合わせ，労働者派遣は，「一時的な労働」に限るとした。労働者派遣に関する2008年11月19

---

2)　名古道功「ドイツ労働市場改革立法の動向」金沢法学48巻1号（2005年）29頁，労働政策研究・研修機構「労働政策研究報告書　No. 69 ドイツにおける労働市場改革―その評価と展望」（野川忍，根本到等），橋本陽子「ドイツの解雇，有期雇用，派遣労働の法規制」ジュリ1221号（2002年）69頁。

3)　Bundesargentur für Arbeit, Der Arbeitsmarkt in Deutschland-Zeitarbeit-aktuelle Entwicklung（2012）.

日ヨーロッパ議会及び理事会 EU2008/104 指令(以下 EU2008/104 指令と略す)では、労働者派遣の定義について、「派遣先企業の監督と指揮のもとで一時的に働くための……の派遣」(3条1項e)としていた。連邦議会での大臣の答弁では、一時的ではない労働者派遣を防止する趣旨であるとし、EU法を完全に1対1で置き換えたと述べられている[5]。

改正法にいう「一時的な労働」とは何を指すのが問題とされるが、派遣期間の上限を指し、その上限が何年を指すのかは争いがあった。こうしたなかで、無期限の派遣が、「一時的な労働」を超えているかどうかが、上告審で争われた。事案は、新聞の発行社が無期限の派遣を派遣会社から受けようとして、労働組合とは別個の従業員代表組織、派遣先の事業所委員会が、無期限の派遣が一時的な労働ではないとして、当該派遣を拒んだ、というものであった。争点は、期間無制限の派遣が「一時的な」労働を超えて、違法といえるかであった。連邦労働裁判所は、EU2008/104 指令の「置換えが、労働者派遣法における改正を要求しているということである」とした。その上で、期間無期限の派遣は、一時的ではないため、違法であると判断した[6]。このように、本決定により、期間無制限の派遣は、許されないこととなった。

この「一時的な労働」の概念を導入した結果、雇用にどのような影響を与えたのであろうか。法改正のあった2011年、87万2000人でありピークを迎えた労働者派遣者数は、好景気であるにもかかわらず、2014年に82万4000人に落ち込んでいく[7]。これに対し、社会保険義務のある雇用、つまり、直接雇用が増加している[8]。連邦雇用エイジェンシー(行政)によれば、景気が良くなる最初の段

---

4) 以上について、高橋・前掲注1)書79頁以下、大橋範雄「ドイツの労働者派遣法」和田肇=脇田滋=矢野昌浩編『労働者派遣と法』(日本評論社、2013年)278頁、本庄淳志『労働市場における労働者派遣法の現代的役割』(弘文堂、2016年)335頁以下。連立協定について、毛塚勝利「派遣労働」世界の労働2014年2月号2頁。

5) Ausführungen der zuständigen Bundesministerin in der abschließenden Plenarberatung des Deutschen Bundentages, BT-PlPr 17. Wahlperiode, S. 11366(B).

6) BAG Beschluss v. 10. 7. 2013, NZA 2013, S. 1296. 法律違反等がある場合、事業所委員会が雇入れ(本件では、派遣の受入れ)の同意を拒むことができるが(事業所組織法99条2項)、使用者はこれに対して裁判所に同意の補充を請求できる。本件は、派遣先が同意の補充を請求し、裁判所は、事業所委員会の同意拒否を適法と判断したものである。

階のみ，労働者派遣と時間外労働を用いるが，景気好調が長引けば，派遣先は「一時的な労働」でしか活用できない労働者派遣を用いるのをやめ，直接雇用に切り替えると説明している[9]。連邦雇用エイジェンシー（行政）へのニュールンベルク本部でのインタビューでも，好況の中，派遣先が長期の雇用需要に対応させようとするときに，「一時的な労働」が原則である労働者派遣を派遣先が利用し続けられなくなるため，派遣先が，派遣労働者を「直接雇用」に切り替えたり，失業者を新たに雇用したりして，長期の雇用需要に対し「直接雇用」により対応しようとすると述べる。好況の中，派遣労働者の数が増えるという国もありうるが，ドイツでは，反対に，直接雇用の労働者（社会保険義務のある労働者）が増加し，派遣労働者が減少し続けた。これは，労働者派遣法の規制を強化し，労働者派遣を「一時的な労働」に限定させたことで，直接雇用を増加させた，という重要な意味を持っていると思われる。

但し，長期の派遣が許されるかどうかは，裁判上は未解決のままであった。そこで，2013年のキリスト教民主同盟と社会民主党の連立政権による連立協定においては，労働者派遣の派遣期間の上限を18ヶ月にすると明確にしている。

連立協定に基づいて，現在，新たな労働者派遣法改正法草案が連邦政府より明らかにされている。濫用防止と「派遣労働者の地位強化」を目的として，改正法草案1b条は「同一の労働者は，連続する18ヶ月を超えて，同一の派遣先に派遣されてはならない」と規定している[10]。個々の労働者に最大限許される派遣期間を規定するために，文言が形成されているため，この制限は，個々の労働者，「人」に着目した期間であると一部の学説では解されている[11]。

このように，ハルツ改革によって，期間無制限の派遣がいったんは可能とな

---

7) Bundesargentur für Arbeit, Der Arbeitsmarkt in Deutschland-Zeitarbeit-aktuelle Entwicklung（2015）.
8) 31,327,000人（2016年）まで伸びている（http://statistik.arbeitsagentur.de）。
9) Bundesargentur für Arbeit, Der Arbeitsmarkt in Deutschland-Zeitarbeit-aktuelle Entwicklung（2015）.
10) Gesetzentwurf der Bundesregierung, Entwurf eines Gesetzes zur Änderung des Arbeitnehmerüberlassungsgesetzes und anderer Gesetze. 但し，労働協約，（協約がない場合）事業所協定，雇用上の合意による，1b条の適用除外規定も置かれる。
11) Zimmermann, BB 2016, S. 53.

ったが，2011年改正法と判例により，期間無制限の派遣は一転して許されないこととなった。現在，派遣期間原則18ヶ月を上限とする法改正作業が進行している。ドイツは派遣期間規制につき規制強化への道をたどっているのである。

3 同一賃金原則

派遣期間規制の撤廃と引換えに，ジョブ・アクティーブ法により，派遣先での派遣開始から12ヶ月経過後の派遣労働者に対し，不利益取扱が禁止された。その直後，さらに，ハルツ改革により，「12ヶ月経過後」という制限が廃止され，派遣労働者と派遣先の基幹労働者との間の同一賃金を要求する原則，同一賃金原則が労働者派遣法に明確に規定された（同法9条2号）。

同原則の適用範囲については，EU2008/104指令3条1項fにおいて，「ⅰ）労働時間，時間外労働，休憩，休業，深夜労働，休暇，祝祭日の各期間，ⅱ）労働の対価」とされているため，ドイツの判例では，適用範囲につき指令の定義どおりの解釈がなされている[12]。

法解釈上，派遣労働者の労働条件が，資格，業務，事業所所属期間，年齢等により同一である限り，基幹労働者との同一性が要請され，客観的な要素が考慮され，これらの要素が同じ者との同一賃金が要求されている[13]。

同一賃金原則違反の場合，効果としては，①労働契約上の合意が一部無効となり，②派遣労働者は，派遣先での同一条件による賃金に関する派遣元への請求権を有する（10条4項）。同原則違反は，派遣不許可事由，許可の取消事由となる（3条1項3号，5条1項3号[14]）。

なお，改正法草案では，9条2項の規定は，8条に移されている。

Ⅲ 擬制的労働関係

労働者派遣法9条1号によれば，派遣元が労働者派遣事業許可を有しない場合，派遣労働契約および派遣契約は無効とされる（他に2号：同一賃金原則違反

---

12) BAG Urt. v. 23. 03. 2011, AP Nr. 23 zu AÜG §10.
13) Boemke/Lembke, AÜG, 3. Aufl., Frankfurt. a. M., 2013, §9 Rn. 104.

の合意も無効)。これを受けて、同法10条1項では、派遣元と派遣労働者の契約が、9条1号により、無効になる場合、派遣先と派遣元の間で職務開始が予定された時点で、派遣先と派遣労働者の労働関係が成立したとみなされる。派遣先での職務開始後にはじめて、無効の効果が発生する場合には、派遣先と派遣労働者との間の労働関係が、無効の効果発生時に、成立したものとみなされる。

擬制的労働関係の規定の立法趣旨は、派遣先の責任を加重し、派遣労働者に強い保護を与える趣旨である[15]。

この制度の特徴は、①a)職務開始予定時、b)(職務開始後は)無効効果発生時に、みなしの効果が発生するとされ、②要件が充足すれば生じる(申込みのみなしではなく、派遣労働者の承諾不要)というところにある。判例では、派遣元が労働者派遣事業許可を有していない場合、擬制的労働関係が派遣先と派遣労働者との間で生じうるとしている[16]。

擬制的労働関係にあたり派遣先での労働者の労働条件については次のようになっている。

「労働関係の内容と期間は、派遣先の事業所に適用される規定とその他の規則によって定まる」(10条1項4文)。つまり、賃金は、派遣先に適用される規則(特に労働協約)によることになる。

また、派遣先における擬制的労働関係の期間については、「1文による労働関係は、派遣先での派遣労働者の職務が期間の定めのあるものとしてのみ予定

---

14) このように、法律が同一賃金原則を強制することが、賃金を協約で定めてきたドイツでは、「協約自治」への介入と受け止められ、ハルツ改革では同原則からの労働協約による適用除外を可能とした。協約による同原則からの除外が、低賃金を生み出す原因となった(Waltermann, NZA 2010, S. 482 (483))。ワーキング・プアを生じさせた。これに対し、2011年改正法では最低時間給制度が創設され、連邦社会労働省の命令による定められる最低時間給を下回る労働協約は、無効となるとされた(9条2号、3a条)。

なお、改正法草案では、10条4項の規定は廃止され、これに該たる規定が8条2項に置かれている。また、派遣労働者が、派遣先の比較可能な労働者に義務づけられる協約賃金等を得る場合に、派遣労働者が労働の対価について同等に支払われた、と推定される旨の条項が置かれている(同8条1項)。さらに、上記の協約による適用除外は、原則として、派遣開始後9か月可能であると規定されている(同8条4項、但し、さらなる例外あり)。

15) BT-Drucks. VI/2303, S. 13.
16) BAG Urt. v. 2. 6. 2010, NZA 2011, S. 351.

され，労働関係の期間設定に，客観的に正当化された理由が存在する場合には，期間の定めのあるものとしてみなされる」(同項2文) と規定される。すなわち，①派遣先での派遣労働者の職務が期間の定めのあるものとしてのみ予定され，②労働関係の期間設定に，客観的に正当化された理由が存在する場合には，期間の定めのあるものとしてみなされる。ドイツでは，期間の定めのない労働契約が原則とされ，期間の定めのある労働契約は，解雇規制の潜脱にあたるとされ，例外的に，正当化された事由がある場合にはじめて，認められる，という法制に対応している。

　実務では，派遣期間が期限の定めるものとなる要件は，実務上比較的よく充足されると指摘される[17]。しかし，「権利状況を誤解する場合に，例えば，偽装自営業者の場合や偽装請負(……)の場合に，期限の定めのないものとして予定し，または行なわれる，という場合は，むろん，まれではない[18]。」

　判例では，期限の定めのない派遣労働契約の事例は少なくなく，この場合，違法な派遣に対しては，無効時より，派遣先と労働者との間の期間の定めのない擬制的労働関係が成立すると解している[19]。

　連邦政府の改正法草案では，労働者派遣事業許可がない場合に加えて，18ヶ月の派遣期間経過後には，派遣先と派遣労働者との間の労働関係が擬制されると規定している。

IV　請負契約と労働者派遣

　現在，企業においては，労働者派遣と並んで，構内請負等請負労働が活用されている。また，例えば，空港の持ち物検査業務の委託のように，委任契約という形で，労働者派遣に類似した第三者利用も進んでいる。請負労働も低賃金労働の温床となり[20]，基幹労働者の代替となりつつあると指摘される[21]。従来から，

---

17) Thüsing, Arbeitnehmerüberlassungsgesetz, 3. Aufl., 2012, München, §10 Rn. 36.
18) Thüsing, AÜG, §10 Rn. 36.
19) BAG Urteil v. 13. 08. 2008, AP Nr. 19 zu AÜG §10; BAG Urteil v. 10. 10. 2007, AP Nr. 21 zu AÜG §10.

学説が，労働者派遣とその他の契約類型（請負，委任契約）との区別の基準の設定を行い，かかる区別を超えた第三者利用は，労働者派遣の濫用ないし潜脱となり，違法派遣となるという点を指摘していた[22]。

判例上は，請負契約等に基づいて事業所における業務を請け負っている，他企業の労働者を，派遣先事業所へ編入する場合については，（請負ではなく）労働者派遣となる。このような場合の条件は，①事業所において既に雇用された労働者と協働する，ある職務が行わなければならず，②その職務が，性質上，注文人の命令により遂行され，③事業所の目的の実現に役立ち，そして，それゆえ，注文人によって請負労働者が組織される場合である[23]。行政解釈上もこれに類した解釈が行われている[24]。このような派遣と請負の区別の基準により，該当する請負労働は，偽装請負となり，労働者派遣とみられる場合で，派遣元が労働者派遣事業許可を有していない場合には，労働者派遣法10条1項により，派遣先と派遣労働者との間で擬制的な労働関係が成立する。

そして，現在連邦政府により提案された改正法草案では，労働者派遣事業許可を取得しない「隠れ派遣」による「濫用的契約を防止する」趣旨から[25]，請負契約に関する，事業所組織法の改正も，同草案では盛り込まれた。同法80条2項における事業所委員会の使用者に対する情報提供請求権に，「本法によるその任務の遂行のために，事業所委員会は，適宜かつ包括的に使用者によって情報提供されなければならない。この情報提供は，使用者と労働関係にはない者の就労にも拡張される」と規定されているが，この後に「特に，この者の動員の時間的範囲，場所，労働の任務を含む」と新たに挿入する（1文）。また，2文に，「1文に列挙された者の雇用の基礎となる契約も，必要書類に含まれ

---

20) Der Spiegel, 5/2012.
21) Frankfurter Rundschau v. 20. 110. 2011. Vgl. Karthaus/Klebe, Betriebsratsrechte bei Werkverträge, NZA 2012, S. 417.
22) Schüren, WiVerW 2001/3, S. 178.
23) BAG Urt.v. 11. 9. 2001, EzA §99 BetrVG 1972 Einstellung Nr 10.
24) Drucksache 17/6714, S. 3.
25) Gesetzentwurf der Bundesregierung, Entwurf eines Gesetzes zur Änderung des Arbeitnehmerüberlassungsgesetzes und anderer Gesetze.

る」と規定する予定である。

　さらに，事業所組織法92条1項では，使用者は，事業所委員会に対し，人事計画，特に，現在及び将来の人員の需要，ならびに，これによって生じる人的な措置，職業訓練の措置について，書類により，適宜及び包括的に，情報提供しなければならないと規定されているが，人的な措置という文言の後に，「使用者と労働関係にない者の予定される雇用を含む」という文言を挿入するとしている。請負契約に対して，労働者参加法制も採用され，これを事業所委員会の情報提供請求権に限って，導入しようというのが，改正法草案である。

V　結びに代えて——日本法と比較した場合のドイツ法の特徴

　最後に，日本法と比較した場合のドイツ法の特徴を示して，——紙幅の都合があるため同一賃金原則を除いて——結びに代えたい。

1　「ブリッジ」機能としての労働者派遣と「一時的な労働」の意義

　派遣可能期間の規制をいったん撤廃したドイツでは，2011年の改正法により，労働者派遣は「一時的な労働」に限るとされ，最上級審の判断により，もはや無期限の派遣は「一時的な労働」ではないと判示された。さらに，18ヶ月の派遣期間を上限とする法改正作業が進んでいる。派遣可能期間の規制を事実上撤廃したといわれる日本法とは異なる方向へ歩んでいる。

　ドイツの労働市場政策，ハルツ改革は，労働者派遣の「橋渡し機能」に期待した。つまり，失業者を労働者派遣により就労へ「ブリッジ（橋渡し）」し，直接雇用につなげる，というものである。但し，ハルツ改革自体は，実際には，企業への派遣労働者の直接雇用を進めたわけではない。直接雇用を進めたのは，2011年改正法である。本文にあるように，「一時的な労働」という概念を導入したことによって，長期派遣が防止され，直接雇用が，進んでいった。つまり，「一時的な労働」の概念の導入が，「橋渡し機能」を補完し，直接雇用を推進する注目すべき効果を生み出したのである。この「一時的労働」を介した橋渡し機能によって，労働者派遣制度は，正当化し得る可能性を秘めていると考えら

れる。これに対し，日本法は労働力需給システムとして労働者派遣制度を構築してきた。今後どのような方向へ労働市場政策を進めるのか，現在，見定め難い。日本においても，（派遣期間等につき）「一時的な労働」を介した「橋渡し機能」等，雇用安定化させるための明確な政策目標が不可欠であると考える。

2 擬制的労働関係

ドイツでは，擬制的労働関係は，主に，派遣元が労働者派遣事業許可を有していない場合に，派遣先と派遣労働者との間で労働関係が擬制される。このため，日本法より違法派遣の「労働契約みなし」が成立するケースが限定されていた。但し，ドイツでは，現在，改正法草案において，本文のように，擬制的労働関係が生じる場合として，18ヶ月の派遣期間違反が加えられている点は，重要な点である。

日本法では，「労働契約申込みみなし」が成立しても，派遣先で一度目の労働契約の更新のときに，雇止めになる可能性がある。「労働契約申込みみなし制度について」（職発0930第13号平成27年9月30日）（以下通達と略す）によると，契約の始期・終期と期間は「労働契約に含まれる内容がそのまま適用」されるため，「労働契約申込みみなし」が成立しても，（派遣先）企業と労働者との間の労働契約の期間は，派遣労働契約の残存期間となってしまう。さらに，通達では，労働契約の申込みみなし成立前の雇用期間を，派遣先での契約期間に通算されないことも個別的にはありうるとされる。このため，「労働契約申込みみなし」と労働者の承諾の結果派遣先で労働契約が成立しても，労働契約の期間が短く算定され，一回目の更新にあたり，雇用継続が期待されず，終了してしまうこともあり得る。当事者の利益に関して，使用者側に均衡が大きく崩れている。

これに対し，ドイツ法では，派遣労働者のみなし後の労働条件は，労働時間以外は，「労働関係の内容と期間は，派遣先の事業所に適用される規定とその他の規則によって定まる」となるため，派遣先におけるパートタイマー等基幹労働者の有する労働契約の期間と同一となる。これらの労働者の労働契約が更新されていれば，派遣先での擬制的な労働関係に入る（元派遣）労働者の同企

業での労働契約も更新されていくことになる。

　日本法とは異なり，（派遣先）事業所において，パートタイマーや（元派遣）労働者が一体となって労務を提供している以上，その事業所の規律に合わせて，契約期間を含め，労働条件を規制していくドイツ法の規制方法は，日本法にも増して論理的であると考える。

　また，違法派遣の場合の擬制的な労働関係として，期間の定めのない労働契約関係がみなされ得るというのも，現在のドイツ法の重要な特徴である。

3　請負契約と労働者派遣

　請負契約と労働者派遣の区別に関して，ドイツでは，従来から判例及び行政解釈が存在していた。ドイツ法の特徴は，第一に，請負契約と労働者派遣の区別を明確にし，上の概念に該当しない場合には，労働者派遣法違反としている点である。また，第二に，労働者派遣以外の労働者供給について，民間職業紹介の禁止（日本法でいうところの労働者供給事業の禁止）という側面からではなく，労働者派遣という形態になるか否かを問い，労働者派遣法違反を問う形で，労働者派遣以外の労働者供給事業に対応しようとしていることである。日独問わず，高い労働コストから免れようとするユーザー企業が，労働者派遣以外の労働者供給事業を利用する場合があり得る。これについて，ドイツ法は，労働者派遣を潜脱する請負という雇用形態に，労働者参加法制を含めて規制の網をかぶせようとしている。わが国においても，ドイツ法，フランス法のように，高コストから免れようとする新たな労働者供給事業のあり方に適合した規制手法を考案していってもよいのではないかと思われる。

（たかはし　けんじ）

フランスにおける労働者派遣の意義と動向

大　山　盛　義

（山梨大学）

I　はじめに

1　本稿の目的

　フランスでは，1990年7月12日法[1]が大きな改正もなく4半世紀にわたって労働者派遣（travail temporaire）[2]関係を規制している。一方この間，営利の労働者供給事業という点でみると，2005年に労働者派遣の一種で中小企業のみが派遣先となる「分割時間労働」（travail à temps partagé）が，また2008年に「専門職労働者供給事業」（portage salarial）が法認され，さらに2012年には「登録型」のみであった労働者派遣に，あらたに「常用型派遣」に相当する期間の定めのない派遣労働契約（contrat de travail à durée indéterminée intérimaire）を認めるという展開があった。

　本稿では，これらの労働者供給事業規制の概要を紹介した上で，その関係性の意義を明らかにしたい。

---

[1] フランス労働者派遣に関連する最近の邦語文献として，中道麻子「フランスにおける派遣労働者への支援の現状」労働調査（2014年1月）27頁以下，矢野昌浩「フランスの労働者派遣法」和田肇＝脇田滋＝矢野昌浩編『労働者派遣と法』（日本評論社，2013年）298頁以下，野田進「有期・派遣労働契約の成立論的考察」荒木尚志＝岩村正彦＝山川隆一編『労働法学の展望』（有斐閣，2013年）191頁以下，などがある。

[2] 「travail temporaire」の本来の意味は「労働者派遣」ではなく「一時的労働」である。一時的労働は他に「travail intérimaire」「intérim」とも言われる。日本の派遣労働と同じ法的関係であるため，日本では「travail temporaire」他について「労働者派遣」が定訳となってきた。本稿でもこの訳語を使用するが，他の労働者供給が法認されたことを契機にして，この訳語の再検討の必要性があると思われる。

2 フランス労働法における労働者派遣の位置づけ

フランス労働法は「期間の定めのない労働契約が労働関係の通常かつ一般的な形態である」(労働法典 L.1221-2 条 1 項)[3]と明示し，同条ただし書きで法定の事由と条件で労働契約に期間を定めることもできるとする。フランスは「登録型」派遣であるため派遣労働契約は有期かつ第三者への労務提供を行うため[4]，通常の労働契約とは異なった特別な規制下にある[5]。

II　フランスの労働者派遣法

1　派遣労働関係の諸相

2014年における派遣労働者数(常用換算)は約52万5000人で，被用者人口の2.2%に当たる。派遣労働期間は平均で1.6週となっている[6]。

また派遣業界使用者団体[7]の年次報告によれば，派遣労働者のうち，職業格付けの無い労働者 (36.6%)，ホワイトカラー (12.8%)，管理職 (1.9%)，有職業格付け労働者 (40.7%)，専門職 (7.9%) となっている。これから職業格付けの有無にかかわらず，いわゆるブルーカラー労働者 (Ouvriers) が多いことが分かる。派遣先を業種別にみると，製造業 (30%)，商業 (10%)，建設部門 (15%)，輸送 (5%)，ビジネスサービス (21%)，その他のサービス業 (19%) となっている。派遣労働者の「性別」は「男性」(73%)，「女性」(27%) であり，「世代」では派遣労働者の約60%が34歳以下となっている。こうしたことから派遣労働者は「男性・若年層・肉体労働者」というイメージで語られることが多い[8]。もっとも最近では50歳以上の派遣労働者数・割合が，1997年には約

---

3) 以下，引用条文は特に断りのない場合「労働法典」のものである。
4) 派遣労働契約は「contrat de mission (ミッション契約)」(L.1251-6 条) と称されている。この点について野田・前掲注1) 論文211頁以下を参照。
5) 同様に有期労働契約についても特別の法規制 (L.1241-1 条以下) がなされており，その内容は派遣労働契約に関する法規制 (L.1251-11 条以下) とほぼ共通している。
6) INSEE (国立統計経済研究所). www.insee.fr/fr/themes/tableau.asp?reg_id=0&ref_id=NATTEF03260.
7) "Rapport économique et social 2014" par Prism'Emploi. http://www.prismemploi.eu/Public/Page-d-accueil/Documentation/Rapport-economique-et-social.

1万5千人（派遣労働者全体の4.3%）だったのが緩やかな右肩上がりをみせ，2014年には約5万5千人（同10.6%）となっている。

2 法の変遷

フランスの労働者派遣法は1972年1月3日法に始まるが，数次の法改正（1982年2月5日オルドナンス，1985年7月25日法，1986年8月11日オルドナンス）を経て，現在は先述の1990年法となっている。ちなみに1973年の石油ショック以降フランスの労働市場状況は悪化し，70年代後半には低（無）資格・低賃金の労働者の多くを労働者派遣は吸収するようになっていた。また1982年オルドナンス以降相次いだ法改正は，労働者派遣の利用抑制（1982年オルドナンス）や，反対に利用緩和（1986年オルドナンス）というように方法こそ違え，特に若年層の失業率改善とキャリアアップのための職業訓練とに関連づけられたものであった[9]。ただし統計情報などからすると，派遣労働者の状態と高失業率は当時からさほど改善されてはいないようである。

3 概　要[10]

フランス労働者派遣法の特徴としては，一時的労働（travail temporaire）として派遣労働が認められていること，事業につき派遣元企業の専属性と独占性，派遣労働者の利用について利用事由の制限列挙，有期の派遣労働契約，報酬等の均等待遇の確保，派遣労働者の雇用保障，違法派遣の場合における派遣先の民事制裁等が指摘できる。以下，主要な点を概観する。

(1) 利用事由による制限　派遣労働者の利用可能な場合として，一定の事

---

8) フランスの失業率（2015年）は約10%で，特に24歳以下の若年層では24%と高い。フランスの労働者派遣は若年層の失業問題と職業訓練制度に絡めて論じる必要もあるが紙幅の制約があるため本稿ではこれを指摘するにとどめる。

9) この点については大山盛義「労働者派遣法制の研究―フランス法と日本法を中心に(2)～(4)」東京都立大学法学会雑誌第40巻第2号（1999年）～第41巻第2号（2001年）参照。

10) Michel BUY, Travail temporaire, Répertoire de droit du travail, 2015. Bernard TESSIÉ, TRAVAIL TEMPORAIRE, JurisClasseur Travail Traité, 2015. Billes AUZERO et Emmanuel DOCKÈS, Droit du travail, 2016. 30éd. Dalloz.

由（病気や有給休暇など）で不在にしている労働者の代替のため，廃止予定の労働ポストでの就業，新採用労働者が実際に業務に就くまでの間の業務，業務の一時的増加への対応，季節雇用等（L.1251-6 条），あるいは職業訓練等を目的とする場合（L.1251-7 条）等が列挙されている。また日本での整理解雇に相当する経済的事由による解雇が派遣先で行われた後の一定期間，あるいは派遣先のスト参加者の代替，特定の危険作業遂行などで派遣先による派遣労働者の利用は禁止される（L.1251-9 条，L.1251-10 条）。

　この利用事由制限は，派遣労働契約が「いかなる理由にせよ，派遣先の通常かつ恒常的な活動である雇用に，長期に就かせる目的も効果も有することはできない」（L.1251-5 条）という規定からも裏打ちされている。派遣労働契約は最長18ヶ月で更新は1回のみ認められる（L.1251-12 条）。

　(2) 均等待遇に関する規定　派遣労働者の基本報酬は，派遣先で同一労働ポストで働く同一職業格付けの労働者の試用期間後の報酬と同等額となる（L.1251-18 条）。均等待遇潜脱防止のため，被代替労働者の職業格付けよりも低い格付けの派遣労働者を利用する場合，派遣労働者の報酬は被代替労働者の職業格付けと同じものでなければならないとされる。また休日手当（L.1251-18 条2 項）や悪天候による作業中断の際に支払われる悪天候手当（L.1251-20 条）を派遣先の労働者が受け取っている場合，在職期間に関わらず派遣労働者も当該手当を受け取る権利を有する。

　派遣先に適用される法規・労働協約は等しく派遣労働者にも適用される（L.1251-21 条）。

　通勤バスなどの共同交通手段，社員食堂，シャワー室，更衣室などの共同施設について，派遣労働者は派遣先の労働者と同一条件で利用できる（L.1251-24 条）。

　(3) 雇用保障の側面　派遣労働者に重大な過失等が無いにもかかわらず，派遣先が期間満了前に派遣労働契約を破棄する場合，派遣元企業は三日以内に契約内容に重要な変更がない新契約を申し込むか，予定された期日までの報酬を派遣労働者に補償しなければならない（L.1251-26 条）。また労働者派遣契約の解消は不可抗力ではない（L.1251-27 条）。

派遣終了後，派遣労働者が派遣先に雇用されることを禁止する内容の労働者派遣契約の条項は書かれなかったものと見なされる（L.1251-44条）。これは派遣労働者が常用雇用に就く機会を奪うことを禁止する趣旨である。

派遣労働者は，派遣終了後に有給休暇補償として全報酬額の10％に当たる手当を受け取る（L.1251-19条）。また派遣終了後に派遣先と期間の定めのない契約を締結できなかった場合，派遣労働者は，不安定な状況を補償する趣旨で派遣終了手当（全報酬額の10％）を受け取る（L.1251-32条）。結局，派遣労働契約終了後，派遣先と期間の定めのない契約を締結しなかった労働者は両手当併せ全報酬額の20％を手当として受け取ることになる。

(4) 違法派遣に対する民事制裁　派遣先が利用事由（L.1251-50条）や期間制限（L.1251-11条）に違反した場合には，派遣労働者は，派遣先と直接期間の定めの労働契約を締結していたものとされる。違法派遣の場合における派遣先の民事制裁で労働者が裁判上請求するもので裁判官が契約の再法性決定（requalification）を行う。その効果として，派遣労働者は派遣期間を初日から含め派遣先に対して期間の定めのない労働契約の権利を主張でき（L.1251-39条，L.1251-40条），また再法性決定手当として最低でも給与一ヶ月分相当の額を派遣先から受け取る（L.1251-41条）。さらに派遣先が派遣労働者との雇用継続を希望しない場合には，期間の定めのない労働契約の手続きに従い解雇予告手当等を支払うことになる。

Ⅲ　期間の定めのない派遣労働契約

1　2013年7月10日，派遣労働者の職業キャリアの安定（sécurisation）を図る趣旨で，派遣業務が連続する場合には派遣労働者と派遣元は期間の定めのない契約を締結できる旨の労使協定が締結された（日本でいうところの「常用型派遣」）。実態として派遣期間が短期であり，派遣労働者への継続的職業訓練が困難であるため，この状況を改善するために導入された。現在は「雇用と社会的対話に関する2015年8月17日法」（ルブサマン法）の法律第56条以下修正され同法上に規定されている[11][12]。

2　無期労働契約の派遣労働者であっても，通常の派遣労働者の場合と同じ利用事由が必要であることなど，規制内容は期間に関連する事項以外は同一である（派遣期間は最大36ヶ月である等）。派遣元企業との契約は期間の定めのない労働契約であるため，最初の派遣期間と次の派遣期間の間の空白期間（待機期間〔intermission〕）でも派遣労働者と派遣元との労働契約を維持される。この待機期間中，派遣労働者は派遣元から月額最低賃金が保障され，派遣労働者には有給休暇あるいは職業訓練が保障される。

ただし待機期間中の派遣労働者には，原則として派遣元の呼出に対応する義務がある。さらに派遣元が仕事内容，場所，賃金等の条件を充たす新しい派遣業務を提供する場合，派遣労働者はこれを受諾しなければならない。また派遣終了手当制度はない。

Ⅳ　中小企業への有資格労働者供給事業（時間分割労働）[13]
（Travail à temps partagé）

1　経済的事情等により，有職業資格労働者を直接雇用できない中小企業へそのような労働者を供給する事業活動である（L.1252-2条）。この労働者供給活動も，1980年代より行われていたが，中小企業を保護するための2005年8月2日法（Loi n° 2005-882 du 2 août 2005 en faveur des petites et moyennes entreprises）によって労働法典に規定された。使用者団体の年次報告によれば[14]，労働者の7割が40代以上で男女比は5：5となっている。フルタイムの労働者は3割，月10〜15日稼働する労働者が4割を占める。また1年から5年という期

11）　LOI n° 2015-994 du 17 août 2015 relative au dialogue social et à l'emploi-Article 56. (https://www.legifrance.gouv.fr).

12）　現時点において，この期間の定めのない派遣労働契約は労働法上のものではない。

13）　P. FADEUILHE, Regard critique sur《l'entreprise de travail à temps partagé》, Sem. soc. Lamy. 2005, n° 1237. Pierre-Yves VERKINDT 《Groupements d'employeurs et Travail à temps partagé》, Dr. social 2005, p. 1133.

14）　Baromètre 2015 du Travail à temps partagé, Fédération Nationale Des Associations de Travail à Temps Partagé (FNATTP), 2016.

シンポジウムⅠ（報告③）

間でこの雇用形態で働く労働者がもっとも多い（全体の46％となっている）。被供給労働者は複数の先に供給されることもあり「時間分割労働」の由来でもある。

2　被供給労働者と供給元との時間分割労働契約は期間の定めのないものと「みなされる」（L.1252-4条）。その結果，契約破棄の場合，通常の期間の定めのない労働契約に関する規定が適用される（L.1252-9条）。また被供給労働者は供給先の指揮命令に従う。被供給労働者の報酬や施設利用等に関しても均等待遇原則が定められ，供給先での労働協約等の適用もある（L.1252-6条～L.1252-8条）。供給契約終了後，被供給労働者が供給先に雇用されることを禁止する契約条項の設定はできない（L.1252-11条）。

一方これに対する規制はかなり簡素な内容となっている。労働者派遣（一時的労働）のような利用事由による制限や，期間の上限および更新制限，供給先のストライキの場合に関する規定などはない。そのため「労働力の外部化はもはや一時的（temporaire）ではない」[15]との指摘もある。

Ⅴ　専門職労働者を対象とした労働者供給事業
（portage salarial）[16]

1　これも1980年代中頃に始まる労働者供給事業で，職業格付の高い労働者（独立労働者）等が被供給者となる。このような「独立労働者」は労働契約を締結しないため本来ならば失業補償等が適用されないが，これを適用可能にするために職業資格を粉飾した上で，供給元会社に雇用されているとの形式をとり社会保障機関に届け出た上で行われてきた事業である。50歳代以上の労働者が多いとされる。2008年1月11日全国職際協定でこの労働者供給事業についてルール作りがなされ，2008年6月25日労働市場現代化法でこの労働者供給事業は法的に認められた。[17]

15）　Billes AUZERO et Emmanuel DOCKÈS, op. cit. p.339.
16）　この語は「賃金の運搬」という意味であるが，制度内容からすると「専門職供給」と訳す方が日本語として理解しやすいと考える。

2 労働者派遣（一時的労働）との相違は，被供給労働者の独立性・専門性にある。そのため被供給労働者自らが顧客開拓を行い，就業条件について労働者自ら顧客と交渉し（L.1254-2条）供給元会社は被供給労働者に仕事を提供する義務はない（同条3項）。また供給先と被供給労働者には使用従属関係はない。[18]この労働契約は有期・無期，パート・フルタイムどちらでも可能である。

かかる違いが専門職労働者供給と労働者派遣の間には存在するが，規制内容は前者が後者を摸倣する形で作られている。例えば，労働者供給が認められるのは供給先自ら対応できない一時的（限定的）業務や専門的業務の場合であり，供給先の通常かつ恒常的業務（L.1254-3条）や，スト参加者の代替，危険作業への従事，36ヶ月の期間制限を超えた場合（L.1254-4条）への利用は禁止されていることなどである。

Ⅵ 労働者供給事業の制度的分化の意義

1 以上のフランス法制度の概観からは，供給先が被供給労働者に指揮命令をしない専門職労働者供給（portage salarial）を除き，残る三形態（「一時的労働 travail temporaire」，「時間分割労働」，「期間の定めのない派遣労働契約」）での労働者派遣（供給）は，日本では全て「労働者派遣」概念に包摂できる活動であることが指摘できる。

ではなぜこのような法制度の分化が生じたのか。一つの解として「期間の定めのない労働契約」を労働契約の原則とするフランス労働法の影響が考えられる。1982年オルドナンス以降労働者派遣すなわち「一時的労働 travail tempo-

---

17) 2013年，専門職供給事業の内容について労使間の団体交渉に大きく委ねる労働法 L.1251-64条が創設されたが，憲法裁判所2014年4月11日判決は「憲法34条は労働法の基本原理を法で定めると規定しているが，同条はこれに抵触する」としての2015年1月1日まで法の執行を延期する決定を下した。そのため政府が2015年4月2日オルドナンス（Ordonnance n° 2015-380 du 2 avril 2015 relative au portage salarial）で，労働者派遣に関する法規を模す形でこの事業の活動条件を定めるという突貫工事的立法経緯があった。

18) 仮に供給先が被供給労働者に指揮命令を行ったら，労働者派遣同様の「再法性決定」があり得るとの指摘もある（Billes AUZERO et Emmanuel DOCKÈS, op. cit. p.349.）。

raire」は原則的労働契約の例外（有期契約）として位置づけられ，実態のみならず法的にも「不安定雇用」という性格が付与された。一方で平均派遣期間が2週間に満たない「一時的労働（travail temporaire）」は，日本の「日雇い派遣」に相当するものであり，フランスの労働者派遣（travail temporaire）法制は文字通り「一時的労働（travail temporaire）」を主たる規制対象として存立してきたといえよう。[19]「一時的労働」が不安定雇用であり労働契約の例外として位置付けられる一方で，職業資格を有しつつも何らかの事情で直接雇用に就けない（就かない）労働者が，「一時的労働」での就労ではなく，法の埒外で別の労働者供給活動すなわち「時間分割労働」を編み出していた。そして立法化の際，労働契約を期間の定めのないものと「みなす」としたのは，フランス労働法の無期契約原則との抵触を回避し，「時間分割労働」で働く労働者が数年でこの労働形態から「卒業」していくという実態との調整の産物と考えられる。

2　次に「期間の定めのない派遣労働（一時的労働）契約」の導入は，有期労働契約での「一時的労働（travail temporaire）」を媒介に低（無）職業資格労働者への職業訓練と失業率改善というアプローチに苦戦している結果といえよう。雇用安定を図りつつ派遣労働者のキャリアップを目指す政策であるが，これは労働法ではなく現時点ではルブサマン法上の制度である。仮にこれが労働法典中の労働者派遣（travail temporaire）に統合されるならば，無期ではあるが直用ではない雇用関係であるため，通常の期間の定めのない，原則的労働契約との理論的整合が問題になろう。

VII　結びに代えて

「時間分割労働」と「期間の定めのない派遣労働契約」の事後的ないし新たな承認から窺えるのは，「フランス労働者派遣法」として日本で紹介されてきた法は，制度としてはそれのみに焦点を合わせたものではないが，「一時的労働（travail temporaire）」の実態が日本の「日雇い派遣」に近いものであり，こ

---

[19]　この制度は労働者側からの要望でできたものである（V. Pierre-Yves VERKINDT, op. cit. p.1134.）。

のような労働者供給活動に生じやすい弊害すなわち労働条件の低下（悪化），雇用の不安定化，濫用（反復）的利用，労働災害等を防止する趣旨から，結果これを厳格な規制下に置くことを軸に展開してきたのである。以上からすると，フランスの労働者派遣法は，日本から眺めると「日雇い労働者派遣法」と言い得るような性格を有するものといえよう。

　また逆説的ではあるが，その内容の多くが日雇い的派遣で働く労働者の境遇とは対極にあると考えられる専門職労働者を供給対象とする事業活動を規制する法律でも採用されたことを考えると，フランスの労働者派遣（一時的労働）法は，種々の労働者供給事業に通底する課題に対処する一般性をも有しているといえるのではないだろうか。

（おおやま　せいぎ）

《シンポジウムⅡ》
労働契約法20条の法理論的検討
―― 「不合理性」の判断を中心に ――

シンポジウムの趣旨と総括	中窪　裕也
労契法20条解釈の視座――「不合理」性の意味を中心に――	緒方　桂子
正規・非正規労働者間の「不合理性」の解釈指針 　　――イギリス法を手がかりに――	阿部　未央
労働条件（待遇）格差の「不合理性（合理性）」の内容と課題	水町勇一郎
有期契約労働者の待遇格差是正と職務評価	森　ます美

《シンポジウムⅡ》 労働契約法20条の法理論的検討

シンポジウムの趣旨と総括

中 窪 裕 也
(一橋大学)

I 趣　旨

　本シンポジウムは，2012年の改正で新設され，翌年4月1日から施行された労働契約法20条（以下，労契法20条という）につき，法理論的な検討を行うことを目的として企画された。
　「期間の定めがあることによる不合理な労働条件の禁止」と題された同条は，いわゆる非正規労働者の処遇格差の問題に対処するために設けられたものであるが，パートタイム労働法（2007年改正）の差別禁止や均衡待遇の規定と異なって，期間の定めのあることによる労働条件の相違が「不合理と認められるものであってはならない」という内容になっている。この問題に対する新たなアプローチの方法を示したものであり，その後，パートタイム労働法にも同様の規定が盛り込まれた（8条，2015年改正により追加）。
　しかし，この労契法20条をめぐっては，その意義や性質，対象となる労働条件，不合理性の判断方法，不合理と認められた場合の法的効果など，様々な問題が未解明のまま残されており，近時，いくつかの裁判例が現れ始めたところである。また，その背後には，単なる法の文言にとどまらない，日本の企業における有期雇用の位置づけ，そこで実現されるべき正義のあり方，それを可能とするための法技術など，より根源的な問題も存在する。さらに，最近では，「同一労働同一賃金」という角度からの立法論議も行われ，社会的な関心が高まっている。
　今回のシンポジウムでは，「不合理性」の判断を中心に，という副題が付さ

シンポジウムⅡ（報告①）

れていたように，何が労契法20条にいう不合理な労働条件の相違にあたるかという問題に焦点を当てることとした。条文でいえば，「労働者の業務の内容及び当該業務に伴う責任の程度（以下この条において「職務の内容」という。），当該職務の内容及び配置の変更の範囲その他の事情を考慮して，不合理と認められる」のは，いかなる場合か，ということになる。シンポジウムでは，比較法の知見も織り込みながら，次の4つの報告と討論が行われた。

Ⅱ 報告の概要

　第1の緒方会員による報告は，全体の総論に当たるものである。シンポジウムの目的と問題意識を紹介し，労契法20条を非正規労働法制の流れの中で位置づけた上で，不合理性の判断に関する論点とこれまでの議論を，最近の2つの裁判例（ハマキョウレックス事件・大津地彦根支判平成27・9・16労判1135号59頁，長澤運輸事件・東京地判平成28・5・13労判1135号11頁）にも触れながら，幅広く検討している。

　第2の阿部会員による報告は，イギリス法を素材として，不合理性の解釈指針を探るものである。間接差別の禁止を含む「性差別禁止原則」に関する制定法と，パートタイムや有期雇用に対する「不利益取扱い禁止原則」を定める制定法という，2つの性格の異なる法制のそれぞれについて裁判例を分析し，そこでの合理性の機能を整理した上で，日本法への示唆を論じている。

　第3の水町会員による報告は，フランス・ドイツの議論等にもとづき，給付（労働条件）の性質・目的による分類を提唱するものである。職務内容と関連性の高い給付，勤続期間と結びついた給付，会社への貢献に対して支給される給付など，7つの類型のそれぞれについて，どのような違いがあれば合理性を基礎付ける事情となりうるかという判断基準を提示している。

　第4の森教授による報告は，待遇格差の不合理性を「職務評価」という手法により検証しようとするものである。ILOの第100号条約，1970年代〜1980年代のペイ・エクイティ運動などの経緯を紹介した上で，スーパーマーケットの販売・加工職に関する実践例にもとづき「職務の価値」と「公平な賃金」を検

討し，同一価値労働同一賃金を実現するための課題を論じている。

それぞれのより詳しい内容については，以下に掲載される各論文を参照していただきたい。

III 議論の概要

報告後の討論では，まず，緒方報告に対し，労契法20条の法体系上の位置づけを問う形で，①性差別のような人権保障に係るものとそれ以外の均等待遇とで，憲法14条の関係は異なるのか，②労契法20条の規範的根拠は何か，平等原則を基礎に置かずに条文の文言を議論するだけでは不十分ではないか，③労契法20条の対象は民間労働者のみになるが，非正規公務員のことも考えるべきではないか，といった質問がなされた。これらに対し，緒方会員から，①後者も憲法14条に含まれるが，一定の強い法的効力をもって否定されるためには法律が必要である，②憲法14条，13条，自由と平等，人格の保護である，③心情的に共感するが，20条のような規定のないところで信義則から引き出せる効果は限られる，との回答がなされた。

阿部報告に対しては，①紹介された裁判例は，すべて合理性の判断を行っているといえるのか，②イギリスの非正規法理は，同一労働を厳格に解することによって合理性判断に踏み込まない点に特色があり，これはむしろ性差別禁止との相違点ではないか，③イギリスでは不利益を受けないことが法律で権利として保障されている点が重要ではないか，④不利益性の判断をイギリスは全体として行い，一部に不利益があってもカバーされていればよいとされるが，日本ではどう考えるか，という質問がなされた。これらに対して阿部会員より，①たしかに同一労働，当該事由ゆえ，正当性という論点があるが，日本の労契法20条の条文構造を考え，それら全体を通じて結論的に格差が許容されるか否かで合理性という言葉を用いた，②その通りだが，性差別禁止法理との間には共通点と相違点があり，報告では前者を重視した，③権利として保障されていても，実際の裁判例を見ると厳しい，④合理性の判断の中で同様の考慮は可能と考える，との回答がなされた。

シンポジウムⅡ（報告①）

　水町報告に対しては，①労使の協議や合意をどう位置づけるのか，そこに非正規労働者を参加させるのは難しいのではないか，②不合理な格差の禁止は，同一労働同一賃金ではカバーされないものも含むと理解してよいか，③政府やマスコミで使われている同一労働同一賃金という言葉はミスリーディングではないか，④有期雇用の者は昇格・昇進の対象としないという扱いはどうなるのか，⑤同一労働同一賃金といっても，平等取扱原則がなければ賃金制度論にすぎないのではないか，⑥採用の区分や試験が違っていたことは考慮されるのか，といった質問がなされた。これらに対して水町会員より，①手続の問題は相対的で中身次第であり，実体的な合理性の有無を個々にチェックせざるをえない，②その通り，後者は賃金以外は含まないし，賃金でも同一労働に該当しない場合もある，③誤解を生みやすいので，きちんと説明する必要があり，今の不合理な格差の禁止の中にこの原則は含まれている，この原則の下でも客観的に合理的な違いであれば許容される，という2点を確認しておきたい，④昇進・昇格も労働条件なので当然20条の対象となり，正社員との違いについて，将来のキャリア形成などから合理的な説明がつくかどうかの問題となる，⑤賃金制度論をしているつもりはない，どういう賃金制度であれ合理的な設計になっていて説明可能であればよい，⑥職務経験や学歴は正当な理由となり得るが，それが実際に仕事の内容や難しさに反映されていることが必要，との回答がなされた。

　森報告に対しては，①職務評価で各ファクターのウェイトはどう決めるのか，②転居を伴う転勤の可能性を労働環境として考慮するのは違和感がある，③職務の内容および配置の範囲の変更を20条から削除せよというが，限定正社員で賃金を下げるのは不合理ということか，④属人給ではなく仕事を基礎にした賃金のほうが公正ではないか，といった質問がなされた。これらに対して森教授より，①ウェイトは職務分析にもとづき職務の特性を考慮して決めるが，本来は現場の労使の合意が望ましい，②転勤の可能性の扱いは妥協の産物で，いつも転勤の可能性の下で働いているという形で考慮した，③「限定」の意味が問題で，当然に賃金が何割でいいという話にはならない，④職務給に変えよと言っているわけではなく，職能給でもよいが，その下で同一賃金，比例賃金の原

則を適用するために職務評価を使ってもらいたい，といった回答がなされた。

　そのほか，定年後の再雇用により労働条件が下がった場合については通常と区別して論ずべきではないかとの指摘に対し，その場合も労契法20条の中で判断される，長澤運輸事件は仕事内容も他の面も変化がなかったという事案である（緒方），との回答がなされた。また，中小企業の賃金は正社員でも入社時の相場によりばらばらで，同じ仕事をしていても同じではないとの指摘に対し，それは市場力の抗弁を認めるかどうかという問題であるが，認めていない国が多い，あとは個々の相違を勤続年数で正当化できるかどうかとなる（水町），パート相互間でも時々の相場により賃金が異なることはあり，調整給により対処するのが適切（森），との見解が示された。さらに，格差を是正して公正な賃金にしようとする場合，一方の引き上げと他方の引き下げが生じるが，イギリスでは数年間は後者に特別の支援を行って不利益の発生を回避しているとの指摘に対し，カナダのオンタリオ州でも法律に明記されている，引き下げることは法の理念としても疑問（森），との回答がなされた。最後に，圧倒的多数の組合が合意して決めたという事情は，20条の合理性判断に影響しないのかという質問に対し，プロセスがきちんとしている点は合理性を高めるが，協約賃金で定めている内容が説明できずに不可とされた例は多々ある（水町），という回答がなされた。

　本シンポジウムには，ミニ・シンポとしては異例なほど多数の参加者が詰めかけ，熱心な討論が行われた。時間の制約のため触れることのできなかった事項も少なくないが，労契法20条における「不合理性」の判断を考える上で，多くの示唆が得られたものと思われる。ごく最近，初の高裁判決も出されたところであり（ハマキョウレックス事件・大阪高判平成28・7・26LEX/DB25543310），今後，さらに議論が深められることを期待したい。

　　　　　　　　　　　　　　　　　　　　　　　　　（なかくぼ　ひろや）

労契法20条解釈の視座
―― 「不合理」性の意味を中心に ――

緒 方 桂 子

(南山大学)

I は じ め に

本稿は，労働契約法20条にいう「不合理」性判断を行うに際しての基本的な考え方を論じることを目的としている。

あとでみるように，労契法20条は有期契約労働者に対する公正な処遇ないし待遇の実現を目指して規定されたものであり，また1990年前後から始まった正規労働者と非正規労働者の間の不公正な労働条件格差を是正する一連の法整備の一翼を担うものである。

このような法整備が必要とされた背景には，非正規労働者の量的拡大とともに，非正規労働者が正規労働者と同様の職務に従事するようになってきた，つまり非正規労働者の基幹労働者化ともいうべき質的変化が生じているという事情がある。

この量的そして質的な非正規労働者の変化が，従来から存在してきた，非正規労働者の労働条件の水準が低いという問題に加えて，正規労働者と同様の職務に従事しているにも関わらずその労働条件が正規労働者に比して低位に置かれているという問題を可視化することになった。非正規労働者に対する公正な処遇の実現へ向けた法整備の必要性は，このような背景のなかで生じてきたと理解することができる。

ところで，労働契約法20条をめぐっては，2012年秋の日本労働法学会で取りあげられたほか[1]，各法律雑誌の特集，教科書，解説書などにおいても，詳細に論じられてきている。

他方，実務においても，同条をめぐる裁判が複数提訴され[2]，それらのうち，すでにハマキョウレックス事件及び長澤運輸事件については地裁判決が出されている[3]。さらに，安倍内閣のもとで，非正規労働者と正規労働者の労働条件の格差是正を目指した「同一労働同一賃金原則」の導入に向けた議論が開始されており，法改正やそれに伴うガイドラインの作成に向けた動きがある。

このように，正規労働者と非正規労働者間の労働条件格差について，いったい何が「不合理」な格差なのか，それをめぐる議論が高まってきている。

本稿では，この後に続く諸論文の総論として，労契法20条の趣旨と解釈の視座（Ⅱ），同条にいう「不合理と認められるものであってはならない」の意味（Ⅲ）を中心に論じていくことにする。

Ⅱ 労契法20条の趣旨と法解釈の視座

1 労契法20条の立法趣旨

労契法20条は，有期契約労働者の労働条件を，同一の使用者の下で雇用される正規労働者との対比において公正なものとすることを目的とする規定である。このことは，同条制定の契機となった，有期労働契約研究会が平成22年9月10日に提出した「有期労働契約研究会報告書」[4]，同報告書を受けて検討を開始した労働政策審議会労働条件分科会が2011年12月19日に開催された第97回会議において提出した「有期労働契約の在り方に関する論点（改訂）」と題する文書[5]，そして，その後に厚生労働大臣宛に提出された建議「有期労働契約の在り方について（建議）」[6]から明らかである。

---

1) 第124回大会〈シンポジウム〉「有期労働をめぐる法理論的課題」（日本労働法学会誌121号（2013年）所収）。同シンポジウムにおいて，沼田雅之「有期労働契約法制と均等・均衡処遇」（同45頁以下）が報告されている。
2) 日本郵便（東日本）事件，日本郵政（西日本）事件，メトロコマース事件，ハマキョウレックス事件，長澤運輸事件など。労旬1839号（2015年）20頁以下参照。
3) ハマキョウレックス事件・大津地裁彦根支判平27・5・29，長澤運輸事件・東京地判平28・5・13。
4) 平成22年9月10日「有期労働契約研究会　報告書」
http://www.mhlw.go.jp/stf/shingi/2r9852000000uowg-att/2r9852000000uq8t.pdf

これらの文書においては,「公正な処遇の実現」という表現が繰り返し用いられている。そして,その「公正な処遇の実現」は,同一の使用者の下で正規労働者と同様の職務に従事していても正規労働者に比較してその労働条件が低位に置かれているという有期契約労働者の現実,あるいは,職務の違いを考慮してもなお労働条件の水準が低いという有期契約労働者の現実を克服することによって達成されるものであると認識されていることが看取できる。

2　労働条件格差是正を目指す非正規労働法制の流れと到達点

それでは,このような趣旨を持つ労契法20条は,法制度全体のなかで,どのように位置づけられるのであろうか。この点については,大きく3つの時期に分けて捉えるのが適切である。

すなわち,第1期は,主にパートタイム労働者と正社員との間の処遇格差を中心に正規労働者と非正規労働者の不公正な労働条件格差が大きな問題として認識され,それに対応するための法整備が開始された1980年代から1990年代前後である[7]。第1期には,パート労働法（以下,平成5年パート法）が制定され「均衡考慮の要請」（3条）が規定された。

第2期は2000年代であり,平成5年パート法3条にいう「均衡」の意味を明確にするために,処遇の「モノサシ」を作るべく議論が開始され,2003年には上記パートタイム労働指針の改正により「均衡」を判断するための手順が詳細に定められた[8]。2007年には,平成5年パート法が改正され,パートタイム労働者についてであるが一定の条件の下での「差別的取扱いの禁止」が明記された（以下,平成19年パート法）。また労契法3条2項により,均衡考慮原則が労働契約上の一般的なルールとして定立された。同項は,具体的な要件や効果等を定

5）　平成23年12月19日労働政策審議会労働条件分科会第97回会議資料「有期労働契約の在り方に関する論点（改訂）」
http://www.mhlw.go.jp/stf/shingi/2r9852000001ynzj-att/2r9852000001yo3a.pdf

6）　http://www.mhlw.go.jp/stf/houdou/2r9852000001z0zl-att/2r9852000001z112.pdf

7）　なお,パートタイム労働者の処遇の改善に関する法制定の経緯については,髙﨑真一『コンメンタール　パートタイム労働法』（労働調査会,2008年）が詳しい。

8）　髙﨑・前掲注7）98頁以下参照。

めた規定ではないことから，いわゆる理念規定と位置づけられているが[9]，むしろ職場において広く妥当する「均衡」の理念を一般的に定めた総則的な規定と位置づける方が妥当であり，非正規労働契約についてもその理念を反映した法解釈を行うことが要請される[10]。

そして，第3期は2010年代である。まず，2012年に，労契法が改正され20条が追加された。また，同年，労働者派遣法が改正され均衡処遇原則が明記された（30条の2）。2014年には，労契法20条の文言と平仄を合わせる形で，平成19年パート労働法が改正された。そこでは，短時間労働者の待遇の原則が追加され（8条），また差別的取扱い禁止（9条）の適用要件が緩和された（以下，平成26年パート法という。）。同法は2015年4月1日より施行されている。さらに，2015年には，正社員と派遣労働者の賃金格差の解消を目的とした「労働者の職務に応じた待遇の確保等のための施策の推進に関する法律」（同一労働同一賃金推進法）が制定され，即日，施行されている。

そして，現在，正規労働者と非正規労働者間の処遇格差是正をより一層推し進めるために，安倍晋三内閣の下で「同一労働同一賃金原則の実現」が図られようとしている[11]。

以上のような，日本における非正規労働と正規労働との処遇格差是正を目的とした法制度の流れをみると，大きく2つの点が指摘できる。第1に，日本においては，これまで少なくとも20年にわたって，非正規労働者に対する公正な処遇の実現，正規労働者と非正規労働者間の処遇格差是正処遇の公正化を目的とした法整備が積極的に進められてきたこと，そして，第2に，「要請」や「原則」にとどまっていた第1期や第2期とは異なり，第3期においては，より具体的に「不合理」な労働条件を法的に許容しないとする内容へと質的に転

---

9) 荒木尚志＝菅野和夫＝山川隆一『詳説労働契約法〔第2版〕』（弘文堂，2014年）84頁。
10) 労契法20条が創設されていなかった当時，労契法3条2項を根拠として，非正規労働者と正規労働者間の労働条件格差の是正を図る可能性を論じたものとして，緒方桂子「労働契約の基本原則」西谷敏＝根本到編著『労働契約と法』（旬報社，2011年）37頁。
11) 平成28年1月22日・安倍晋三首相による施政方針演説。これに関して，日経新聞2016年1月28日付記事（http://www.nikkei.com/article/DGXMZO96591230X20C16A1I10000/）など。

換したことである。Ⅲでみるように，労契法20条の「不合理」という表現の解釈においては大きく学説の対立があり，いずれの見解に立つかによって評価の水準に違いがあるにせよ，正規労働者と有期契約労働者間の労働条件格差の理由について何らかの説明を行うことが要請されることになった。これが，現在の日本の非正規労働法制の到達点である。

3　法解釈の視点

このような非正規労働法制の展開を踏まえ，ここで本稿における労契法20条についての基本的な法解釈のスタンスをあきらかにしておきたい。それは，同一の使用者に雇用される正規労働者に比して不公正な処遇の下に置かれている有期契約労働者の現実を変革する方向に軸足を置いた解釈を目指すというものである。

これまで，日本においては，合理的な説明のつかない漠然とした格差が放置され，雇用形態が日本の労働現場のなかにおけるある種の「身分」を形成しているのではないかと感じられるほど，「有期契約労働者だから労働条件が低くてあたりまえ」といった雰囲気が醸成されてきた。ここに，労契法20条の立法過程のなかで指摘された「不公正な労働条件」を生み出す土壌があるのであって，これこそが同条によって克服されるべきもっとも重要な課題である。その要請に応えることが，労契法20条をめぐる解釈の役割であり解釈の視点であると考えている。

また，このような解釈の視点に立つことは，憲法上の要請でもあるといえる。別稿ですでに論じたことがあるが[12]，正規労働か非正規労働かという雇用形態の違いに基づく合理的な理由のない格差が放置されている状況は，あらゆる労働者に保障されているはずの法の下の平等（憲法14条）や幸福追求権（同13条），場合によっては生存権（同25条）を侵害しかねないものである。この状況が克服されることによって真の意味で労働者の職業選択の自由（同22条1項）が現実化する。その実現は国家の義務であり（同27条2項），法を解釈し実行する裁

12）緒方桂子「日本における非正規雇用と均等待遇原則・試論」西谷敏＝和田肇＝朴洪圭編著『日韓比較労働法1　労働法の基本概念』（旬報社，2014年）210頁。

判所の任務でもある（同76条3項）。

4 人権保障に係る均等待遇原則とそれ以外の事由に係る均等待遇原則の区別（「峻別論」）への疑問

ところで，非正規労働者と正規労働者間の労働条件格差是正の問題を論じる場合に，考えておかなければならないことがある。それは，労働法における均等待遇においては，人権保障に関わる均等待遇と，それ以外の事由による均等待遇との間に違いがあるのではないかとの主張の是非である。

この点に関する比較法の視点からの研究によれば，EU諸国における広義の均等待遇には，①性別や人種，宗教，信条といった人権保障に係る均等待遇原則と，②それ以外の事由に係る均等待遇原則があり，①については人権保障の観点から差別的取扱いの禁止が要請され，②は主に労働政策上の要請から導かれたもので不利益取扱いの禁止原則が妥当するとする。また，③同一（価値）労働同一賃金原則は，①における賃金に関する一原則と位置づけられるとする。

このような捉え方（峻別論）について，紙幅の関係から，ここではごく簡単に疑問点を述べておきたい。

第1に，均等待遇を実現するための規制方法の違いは，保障する対象の違いによるというよりもむしろ，そのときの社会状況や社会的効果の点など，別の要因を踏まえたうえで定まるものではないかという点である[13]。

第2に，①及び②が，いずれも制定法において規制されている場合に，制定法上の規制方法を超えて，規範的な意味において違いがあるかという点である。峻別論は法規制の必要性に関する由来を類型的に区別する方法としてはありうるかもしれないが，いずれも法の下の平等や個人の尊重といった法理念を実現するという共通の基盤の上にあるものと捉えるべきではないかと考えられる[14]。

---

13) たとえば，男女雇用機会均等法における法的規制の展開や障害者雇用促進法34条以下などは，その具体例であるように思われる。
14) 毛塚勝利「労働法における差別禁止と平等取扱」山田省三＝石井保雄編『労働者人格権の研究（下巻）』（信山社，2011年）10頁，水町勇一郎「不合理な労働条件の禁止と均等・均衡処遇」野川忍＝山川隆一＝荒木尚志＝渡邊絹子編著『変貌する雇用・就労モデルと労働法の課題』（商事法務，2015年）323頁以下。

第3に，同一（価値）労働同一賃金原則の位置づけに関わっては，同原則を実現するための有効な手段として職務評価制度があるが，これが人権保障の場合にのみ適用可能な制度なのかという点である。

職務評価制度自体はもともと1930年代のアメリカにおいて，使用者が主導的に導入したもので，労働組合に対し自らの設定した賃金表の合理性を示すことを目的としていた。[15]

たしかに，職務評価制度の作り方において，性に中立な指標等を設定することの必要性が求められ，それが特に性差別的賃金の是正を研究する領域で深化し，発展してきたのはたしかである。しかし，そのことは職務評価制度が性差別の領域でのみ通用する手段であるということを意味しない。同一価値労働同一賃金の原則や職務評価制度に関わる理解を，いま一度，整理することが必要である。

Ⅲ 「不合理と認められるものであってはならない」の意味

1 「不合理」か，「合理的」か──学説の状況

次に，Ⅱで述べた解釈の視点に立って，労契法20条が規定する，「不合理と認められるものであってはならない」の意味について，論じていきたい。

学説上，「不合理と認められるもの」の意味について，大きく，「合理的でない」という意味であるとする見解（以下，「合理性説」という。）[16]と，そのような理解を否定する見解（以下，「著しい不合理性説」という。）[17]の2つの見解が対立している。

---

15) マリー・テレーズ・チチャ（林弘子訳）『衡平の促進』（一灯舎，2014年）vii頁。
16) 西谷敏『労働法〔第2版〕』（日本評論社，2013年）452頁，浜村彰＝唐津博＝青野覚＝奥田香子『ベーシック労働法〔第6版〕』（有斐閣，2015年）248頁，土田道夫「改正労働契約法20条『不合理な労働条件の相違の禁止』とは」労働法学研究会報 No.2554（2013年）44頁（なお，同『労働契約法〔第2版〕』（有斐閣，近刊予定）においては，この点が詳述されている。），沼田雅之「労働契約法二〇条──不合理な労働条件の禁止」労旬1815号（2014年）60頁，深谷信夫＝沼田雅之＝細川良＝山本志郎「労働契約法20条の研究」労旬1853号（2015年）25頁以下〔深谷信夫執筆部分〕，緒方桂子「改正労働契約法20条の意義と解釈上の課題」季労241号（2013年）24頁など。

この2つの見解は、立証責任の分配の点においてではなく、実体法レベルの法解釈（法的規律の強弱に関する法解釈）において対立している。その顕著な違いは次の点にある。すなわち、著しい不合理性説は、労働条件の差異を、①合理的な理由がある場合、②合理的な理由はないが不合理とはいえない場合（グレーゾーン）、③不合理である場合の三層に分け、前2者（①及び②）については同条に抵触しないとする。

　これに対して、合理性説は、合理的な理由があるか否かで適法性を判断し、合理的な理由がなければ同条に抵触するとする。つまり、著しい不合理性説のいう、「合理的な理由はないが不合理とはいえない場合」というグレーゾーンを置くことを認めない。この点に大きな違いがある。

2　学説の対立と最近の2つの裁判例

　このような学説の対立は、最近出された2つの裁判例にも特徴的に現れている。すなわち、前掲ハマキョウレックス事件地裁判決は、不合理の意味について、「当該企業の経営・人事制度上の施策として不合理なものと評価せざるを得ないものを意味する」との一般論を提示し、そのうえで、正社員と契約社員はいずれも配送ドライバーとして同一の職務にあることを認めながら、正社員は会社の中核を担う人材として予定され、契約社員はそうではないという会社側の主張（いわゆる雇用管理区分の違い）を受け入れ、通勤手当を除く両者間にある諸手当の違いを不合理とは認めなかった。

　他方、撒車乗務員が同一の労働に従事しながら定年退職前とその後の労働条件に違いがあることの違法性が問題となった前掲長澤運輸事件地裁判決では、職務の内容並びに当該職務の内容及び配置の変更の範囲が無期契約労働者と同一である場合には、「その相違の程度にかかわらず、これを正当と解すべき特段の事情がない限り、不合理であるとの評価を免れない」とされた。語感として「正当」というのは一点の曇りもないほどに明白な説明を求めるかのようでもあり、そのため、同判決は労契法20条が求めるよりも一層高い水準で、正

---

17)　荒木尚志＝菅野和夫＝山川隆一『詳説　労働契約法〔第2版〕』（弘文堂、2014年）234頁以下、菅野和夫『労働法〔第11版〕』（弘文堂、2016年）337頁。

規・非正規労働者間の労働条件格差の説明を求めているようにも思える。

ところで，誤解をおそれずにいえば，日本における正規労働者と有期契約労働者間の労働条件格差の問題の大部分は，雇用契約形態が雇用管理区分と密接に結びついていることから生じている。この点をどのように解きほぐしていくかが，公正な処遇の実現への大きな鍵になると考えられる。

そのような観点から見た場合，前掲ハマキョウレックス事件のように，雇用管理区分が違えば，その間にある労働条件格差は不合理ではないとすると，結局は現状を追認することになりかねず，正規労働者と有期契約労働者間の労働条件格差を改善するという法の目的は相当に縮減あるいは空洞化されてしまうことになる。著しい不合理性説が設ける「グレーゾーン」は，この雇用管理区分の違いという主張を安易に受け入れてしまいかねない危険性を孕む[18]。しかし，キャリアコースかそれ以外かという雇用管理区分を設けること自体は，使用者の経営ないし人事施策の自由に属する。その際，前掲長澤運輸事件が求める「正当」性の捉え方次第によっては，使用者のこれらの自由自体を否定してしまうことになりかねない。

私自身は，合理性説をさらに具体化させ，使用者が，労働条件格差の理由について，雇用管理区分の違いを主張する場合には，まず，そういったコースを設けることの合理性を問い，次に，コース間のある違いと労働条件の相違及び相違程度の差を合理的に説明できることが必要であると考えている。

Ⅳ　おわりに

紙幅の関係から，本稿では，ミニシンポジウムにおける報告の骨子を述べるにとどまっている。詳細な議論は他日を期したい。

本稿脱稿後，大阪高裁が，前掲ハマキョウレックス事件について原判決を変更し，無事故手当，作業手当，給食手当及び通勤手当について，契約社員に対する不支給は不合理であると判断した（平成28年7月26日判決）。今後も同種の

---

[18] 著しい不合理性説の発想のベースには，Ⅱ4で述べた峻別論があり，その意味でいえば，労契法20条を抑制的に解釈することは一貫しているともいえる。

訴訟は増えるだろう。公正な処遇の実現に向けて，さらに議論を深化・精緻化させていかなければならない。

（おがた　けいこ）

正規・非正規労働者間の
「不合理性」の解釈指針
―― イギリス法を手がかりに ――

阿 部 未 央

(山形大学)

I　は じ め に

　日本では，期間の定めのある有期労働者やパートタイム労働者といった非正規労働者が長期的に増加し，現在その割合は40％に達する[1]。そのような中，正規・非正規労働者間の労働条件に関する処遇格差が深刻化し，大きな社会問題として認識されるに至っている[2]。

　この点，イギリスでは，1980年代から男性フルタイム労働者と女性パートタイム労働者間の処遇格差が間接差別原則・男女間の同一労働同一賃金原則（以下，これらを併せて「性差別禁止原則」という）を根拠に争われてきた。ドイツの一般平等取扱い原則やフランスの同一労働同一賃金原則のような規定がイギリスにはない中，2000年以降は上述の法原則に加えて EU 指令の国内法として制定されたパートタイム労働者・有期被用者に関する不利益取扱い禁止規則（以下，これらを併せて「不利益取扱い禁止原則」という）を根拠に，正規・非正規労働者間の格差の違法性が議論されている。性差別禁止原則と不利益取扱い禁止原則には歴史的な経緯，条文上の要件設定や法律効果に違いがみられるものの[4]，同一の問題状況における実質的な判断には連続性や類似性もみられることから，

1）　厚生労働省『平成26年度就業形態の多様化に関する総合実態調査』(2015年)。
2）　法規制の変遷や労契法20条の解釈については，本誌掲載の緒方論文及び水町論文参照。
3）　EU の1997年「パートタイム労働指令」(1997/81/EC) および1999年「有期労働契約指令」(1999/70/EC)。
4）　阿部未央「イギリスにおけるパートタイム労働の平等法理」季労218号 (2007年) 175頁等参照。

両原則の異同や個別具体的な処遇格差の違法性について主要な裁判例を参考に検討していく。[5]

以下本稿では，イギリスの性差別禁止原則に関する制定法と主な裁判例（Ⅱ），不利益取扱い禁止原則に関する制定法と主な裁判例（Ⅲ）を紹介し，これらをふまえて，性差別禁止原則と不利益取扱い禁止原則の共通点を考察していく（Ⅳ）。

Ⅱ　性差別禁止原則

性差別禁止原則に関する制定法として，2010年に平等法（Equality Act 2010）[6]が制定された。同法は年齢，障害，婚姻，妊娠・出産，人種，宗教，性別，性的志向等に関わる直接・間接差別を含むさまざまな差別を禁止し，雇用の場面のみならず，教育，財・サービスへのアクセスをその対象領域とする包括的な差別禁止立法となっている（ただし，雇用形態に基づく差別は同法の対象に含まれていない）。非正規労働者の多くを女性が占めていることから，性差別禁止原則を通じた間接的な法規制として，1970年同一賃金法（Equal Pay Act 1970）のなかの同一労働同一賃金原則や1975年性差別禁止法（Sex Discrimination Act 1975）のなかの間接差別原則を根拠に女性パートタイム労働者の保護が図られてきたが，現在これらの原則は上記平等法に引き継がれている。[7]

性差別禁止原則に関する裁判例として，退職金の算定方法に関するバリー事

5）　本稿では，使用者の抗弁である「正当性」の争点に限ることなく裁判例を概観し，処遇格差の違法性・適法性を検討している。

6）　これに関する邦文文献として，宮崎由佳「2010年平等法と男女間同一賃金規制」季労232号（2011年）197頁，浅倉むつ子「イギリス2010年平等法における賃金の性平等原則」根本到＝奥田香子＝緒方桂子＝米津孝司編『労働法と現代法の理論　西谷敏先生古稀記念論集』（日本評論社，2013年）283頁等。

　　また EU 運営条約157条（旧ローマ条約119条，EC 条約141条）は，「男女間の同一価値労働同一賃金原則」を定めており，イギリス国内でも根拠条文になっている。同条文の「同一労働」という文言にもかかわらず「同一労働」を要件とせず，間接差別原則も用いながら男女間の同一賃金が判例上認められる場合があるので，本稿ではその場合間接差別原則と同一労働同一賃金原則を併記している。

シンポジウムⅡ（報告③）

件では，退職時の給与に基づく退職金の支給計算方法が，フルタイム勤務から産休を経てパートタイム勤務になった労働者にとっては不利益であるとして，間接差別原則および同一労働同一賃金原則に反するか否かが争われた。貴族院は，パートタイム勤務からフルタイム勤務に変更した労働者グループやずっとパートタイム勤務の労働者グループなど様々な労働者グループがいるので，本事案はパートタイム労働者であることを理由とする不利益取扱いではないと判断した。仮にパートタイム労働者に対する不利益取扱いであるとしても，当該退職金の目的が，過去の業務に対する報奨ではなく，退職直後の所得補償や失業に対する一時的な補償であるとして，正当性が認められた。同判決では同一労働が問われておらず，当該退職金の目的からパートタイム・フルタイム労働者間の賃金格差の合理性が認められている。

ブリティッシュエアウェイ事件[9]では，「同一労働」に従事する客室乗務員について，勤続年数に応じて賃金が上昇する月給制の男性フルタイム労働者とそのような賃金上昇のない日給制の女性パートタイム労働者間の賃金（基本給）格差や疾病手当の支給の有無等が争われ，同一労働同一賃金原則に反すると判断された。当該格差が労働協約に基づく措置であるとしても，労働協約の交渉主体が特定グループへの間接差別を認識できない場合もあるので機械的に正当性を認めることはできないとされた。賃金決定方式が異なっていても合理性判断が可能であるとされる一方，労働協約が常に格差の合理性の根拠とはならないと判断されている。コールダー事件[10]では，工場においてトワイライトシフト

---

7) 間接性差別は，性中立的な基準，規定，慣行が，一方の性に不利益をもたらす場合で，客観的に正当化できない場合に成立する。客観的正当性には，目的達成のための比例原則が求められる（19条）。男女間の同一価値労働同一賃金原則では，男女が①類似，②同等，③同一価値労働に従事している場合に，同一賃金が保障される（65条）。使用者の抗弁は，a）当該賃金格差に性別以外の実質的要因がある場合（直接差別の場合），b）一定の性別に不利益があるが，賃金の不平等の目的が正当で，目的達成の手段に相当性がある場合（間接差別の場合），c）男女間の不平等な賃金格差を是正するための長期的な目的がある場合に認められる（69条）。

8) *Barry v Midland Bank plc* [1999] IRLR 581 (HL).

9) *British Airways plc v Grundy* [2008] IRLR 815 (CA).

10) *Calder & Another v Rowntree Mackintosh Confectionery* [1993] IRLR 212 (CA).

で働く女性パートタイム労働者と，昼夜二交代制で働く男性フルタイム労働者との20％のシフト手当格差につき，隔週で異なる勤務時間への手当は変則勤務に対する補償であり性別以外の実質的な理由であるとして，同一労働同一賃金原則には違反しないと判断された。そのほか，パートタイム労働者とフルタイム労働者との時間あたりの賃金格差[11]，空きポストに関するフルタイム労働者の優先的な応募要件[12]，フルタイム労働者に有利な剰員整理手当と不公正解雇からの保護に関する制定法上の資格要件等[13]が争われている。

Ⅲ 不利益取扱い禁止原則

不利益取扱い禁止原則に関する制定法として，2000年パートタイム労働者（不利益取扱禁止）規則（The Part-time Workers (Prevention of Less Favourable Treatment) Regulations 2000）[14]及び20002年有期被用者（不利益取扱い禁止）規則（Fixed-term Employees (Prevention of Less Favourable Treatment) Regulations 2002）[15]が制定されている[16]。

不利益取扱い禁止原則に関する裁判例[17]として，疾病手当に関する算定方法，

---

11) *Jenkins v Kingsgate (Clothing Productions) Ltd.* [1981] IRLR 228 (ECJ); [1981] IRLR 388 (EAT).
12) *Pearse v City of Bradford Metropolitan Council* [1988] IRLR 379 (EAT).
13) *Equal Opportunities Commission and another v Secretary of State for Employment* [1994] IRLR 176 (HL), *R v Secretary of State for Employment, ex parte Seymour-Smith* [2000] IRLR 263 (HL).
14) これに関する邦文文献として，宮崎由佳「パートタイム労働の法制度　イギリス」海外労働時報331号（2002年）36頁，岩永昌晃「イギリスにおけるパートタイム労働をめぐる法政策の動向」季労2511号（2015年）98頁等。
15) これに関する邦文文献として，長谷川聡「雇用期間の定めを利用する差別に対する法規制―イギリス2002年有期被用者（不利益取扱防止）規則を素材として」中央学院大学法学論叢23巻1号（2010年）1頁等。
16) 両規則の条文構造は似ており，①同一使用者に雇用され，同程度の資格，技能を有するかどうかを考慮し，「同一・類似労働」に従事するフルタイム労働者・無期被用者を比較対象者として，②雇用形態を理由とする不利益取扱いを禁止するものである。その場合でも，③使用者による客観的正当性の抗弁が認められている。

職域年金制度からの排除等に関するマチューズ事件[18]において，控訴院は，応募資格，教育訓練，昇進の見込みの違い等も考慮に入れることができ，フルタイム消防士はパートタイム消防士に比べてより高い等級への昇進を見込まれて採用されていた等として同一労働性を否定した。他方，貴族院は，両者に重複している消火活動等の「中心的な業務」とそれ以外の付加的業務の業務全体に占める重要性や程度を再検討すべきであるとして差戻した。同事件は，フルタイム・パートタイム労働者間に不可避な付加的業務の違いを過度に強調すべきではないとする一方で，業務の範囲や責任の程度の違いは，「同一労働性」の争点のなかで格差の合理性を根拠づける要素になりうることを示している。

クーツバンク事件[19]では，銀行統合に向けた作業完了に対する賞与を無期労働者にのみ支給する取扱いについては，有期労働者に対する不利益取扱いであるとされた。勤続年数や経験と当該手当との間に合理的理由が認められれば，有期労働者に対する不利益取扱いとは認められない一方で，同判決は，勤続年数と当該手当との間に関連がない場合には雇用形態によって取扱いに差を設けることには合理性がないと判断されたものと解される。オブライアン事件[20]では，報酬が日給制で支払われ，資格をもつ裁判所職員（holder）にはパートタイム規則が適用にならない旨定めていた（同規則17条）が，当該例外規定に合理性はなく，賃金決定方式が異なっていても，日給制のパートタイム判事と月給制のフルタイム判事を職域年金制度の適用に関し異なる取扱いにすることは認められないと判断された。シャーマ事件[21]では，パートタイム講師の年間の総労働時間につき，労働協約に基づき前年度の3分の1までしか保障しないとするフルタイム労働者には存在しない規定がパートタイム労働者には存在し当該規定

---

17) これに関する邦文文献として，帆足まゆみ「第7章 非典型労働者の平等処遇」森ます美＝浅倉むつ子編『同一価値労働同一賃金原則の実施システム』(2010年) 265頁等。
18) *Matthews v Kent & Medway Towns Fire Authority* [2006] IRLR 367 (HL); [2004] IRLR 697 (CA).
19) *Coutts & Co Plc v Cure* [2005] ICR 1098 (EAT).
20) *O'Brien v Ministry of Justice (formerly Department for Constitutional Affairs)* [2013] UKSC 6 (SC).
21) *Sharma v Manchester City Council* [2008] IRLR 336 (EAT).

に基づき労働時間を減らされたため，パートタイム労働者への不利益性が認められた。パートタイム講師の中には当該労働協約の適用がなく，フルタイム講師と時間比例に基づきすべて同じ労働条件が適用になる者もいたため，当該労働者は「パートタイム労働者」という雇用形態であることを理由とした不利益ではないという会社側の主張は退けられている。職務内容とは直接関係のない労働協約上の有利な労働条件が争点になり，フルタイム・パートタイム労働者間の同一労働性は特に審査されずに，原告の主張が認められた事例であるといえる。そのほか，日給制のパートタイム労働者と月給制のフルタイム労働者との職域年金制度の適用に関する異なる取扱い[22]，パートタイム労働者とフルタイム労働者との休日に関する異なる取扱い[23]，あるいは労働時間の長さに対する付加手当の有無等が争われている[24]。

IV　分析・検討

　性差別禁止原則と不利益取扱い原則に関する裁判例から導かれる両原則の類似性・共通点として以下の3点を指摘したい[25]。第1に，非正規労働者に関する裁判例では，基本給以外の手当格差をめぐるものが多いが，正規・非正規労働者間で賃金決定方式が異なっていても，両原則とも差別の認定を行うことは可能となっている。さらに性差別禁止原則では，職務に関連のない手当の場合には，「同一労働」か否かに関わらず手当支給の合理性が検討され，不利益取扱い禁止原則でも，同一労働性を審査することなく結論を導いていると思われる裁判例がみられる。日本では，正規労働者には職能給，非正規労働者には職務

---

22) *Moultrie v Ministry of Justice* [2015] IRLR 264（EAT）.
23) *McMenemy v Capita Business Services Ltd* [2007] IRLR 400（CS）.
24) *James v Great North Eastern Railways* [2005] UKEAT/0496/04/SM（EAT）.
25) なお，両原則の異なる点として，①古典的な差別禁止とは異なり雇用形態間に適用される不利益取扱い禁止原則については，契約自由の原則が支配する領域であり，経済的利益との調整を予定したものであること，②差別禁止原則が両面的規制であるのに対し，不利益取扱い禁止原則は有利な取扱いを禁止していない片面的規制であること等が指摘されている（本誌掲載緒方論文参照）。

給として賃金が支払われることが多く，賃金決定方式が異なっているので両者の比較が難しいという批判がある[26]。しかし，イギリスの裁判例を参考にすれば，日本でも，少なくとも職務関連以外の手当が問題となる場面では正規・非正規労働者間で賃金決定方式が異なっていることは，不合理性を判断する際の障害にはならないのではないかと考える。また，どちらの原則とも，手当や有利な労働条件に関して，形式的な名称ではなく，個別具体的な趣旨・目的を勘案し，両者間の格差の合理性が判断されている。

第2に，因果関係に関する点である。不利益取扱いを受けている理由が，「女性」という性別，あるいは「パートタイム労働」「有期」という雇用形態によるものなのか，それ以外の理由によるものなのか，すなわち「唯一の理由」である必要があるのか，因果関係があれば足りるのかという点である。一般に，直接差別や不利益取扱い禁止の場面では，性別や雇用形態を理由に「異なる取扱い」にしていることから差別意図が認定される。他方，間接差別では，差別意図を問わず統計結果から当該属性に対する不利益が推定される。イギリスの不利益取扱い禁止原則に関する裁判例の中には，当該雇用形態ゆえの不利益かどうかを問うことなく，格差の違法性を認定している裁判例がある。そこでは同一雇用の場において，不利益取扱いを受けていない有期労働者グループ・パートタイム労働者グループが存在している場合にも，当該雇用形態であることを理由とした処遇格差であると認定されている。この点は，間接差別の発想と共通した特徴があるものと思われる[27]。

第3に，客観的正当性に関する点である。イギリスの不利益取扱い禁止原則では「正当性」が争点とされた裁判例はまだ見当たらないが，パートタイム規則に付属するイクスプラナトリーノートや学説の中で，不利益取扱い禁止原則の場面でも性差別禁止原則における正当性の判断基準を参考に判断するものとされており[28]，両原則の間で今後類似の判断基準が用いられる可能性が高い。ま

---

26) X運輸事件判決・大阪高判平22・9・14労経速2091号7頁等参照。
27) C. Barnard and B. Hepple, 'Substantive Equality' (2000) 59 CLJ 579.
28) S. Honeyball, Honeyball and Bowers' Textbook on Labour Law, 11th ed. (Oxford University Press, 2015), p. 270.

た，性差別禁止原則における直接差別の賃金格差の場面では，賃金決定に諸要素が含まれることから，正当性については均衡テストではなく，緩やかな「性別以外の実質的要因」という文言が用いられている。その中には使用者の経営活動の効率性に関する理由も含まれると解されており，常に厳格な正当性判断・運用がなされているわけではないようである。性差別禁止原則においても，状況や実態に応じた柔軟な判断がなされており，不利益取扱い禁止原則でも，この点は連続性・類似性のある判断がなされるものと思われる。

　なお，イギリス法を参考にする際にはいくつかの留保がある。まず賃金決定方式としてイギリスでは一般に職務給がとられており，正社員に職能給を採用する日本とは異なっている。また不利益取扱い禁止原則に関する判例の蓄積は乏しく，特に有期労働者については，雇止めや解雇に関する裁判例はあるものの処遇格差に関する裁判例はほとんど見あたらず，今回取り上げた裁判例の多くはパートタイム労働者に関する裁判例であるという点である。さらに，性差別禁止原則に関する裁判例の中には，育児・家事責任を理由にフルタイム勤務からパートタイム勤務に変更した労働者（無期契約労働者）の処遇が問題になっているという点である。日本における短時間正社員とフルタイム正社員との労働条件格差が問題になるケースと類似しており，必ずしも「有期労働」であることが理由になっていない可能性がある。

　これまで日本では，賃金，諸手当や有利な労働条件の処遇について，それらの趣旨・目的を精査することなく，正規か非正規かという形式的な雇用形態の区分だけで，支給・不支給等を決定してきた企業が少なくない。非正規労働者の深刻な格差問題を考えれば，これまでは法規制の対象にならなかった処遇格差を労契法20条の不合理性のスクリーニングにかけることにより，労働者それぞれの働きに見合った「公平な処遇」に近づく可能性が高まるのではないかと考える。その際には，本稿におけるイギリスの分析結果も部分的には参考になるのではないかと思われる。

（あべ　みお）

労働条件（待遇）格差の
「不合理性（合理性）」の内容と課題

水　町　勇一郎

（東京大学）

I　「労契法20条」モデルの意義

　2012年8月に成立した改正労働契約法は，期間の定めがあることによる不合理な労働条件の禁止を定めている（20条）[1]。2014年に成立した改正パートタイム労働法は，これと同様の不合理な待遇の禁止を定め（8条），2015年の改正労働者派遣法と同時に成立したいわゆる「同一労働同一賃金推進法」では，雇用形態の異なる労働者について待遇の相違が不合理なものとならないよう制度の共通化の推進を図り，派遣労働者の待遇について派遣先労働者との均等・均衡待遇の実現を図るために3年以内に法制上の措置を含む必要な措置を講じることが定められている（6条）。さらに，2016年6月に閣議決定されたニッポン一億総活躍プランでは，同一労働同一賃金の実現（非正規労働者の待遇改善）に向けて，労働契約法，パートタイム労働法，労働者派遣法を一括改正する等の方向性が示されている。

　このような近年の法律改正・政策の基底には，「不合理な労働条件（待遇）の禁止」という労契法20条を基本モデルとして（またはこれを「合理的でない労働条件（待遇）の相違の禁止」等に改めて），正規労働者と非正規労働者の待遇格差問題にアプローチしようとする動きを看取することができる。この動きのな

---

[1]　本条の背景，経緯および内容については，水町勇一郎「非正規雇用と法」荒木尚志ほか編『岩波講座現代法の動態3　社会変化と法』（岩波書店，2014年）29頁以下，水町勇一郎「不合理な労働条件の禁止と均等・均衡処遇（労契法20条）」野川忍ほか編『変貌する雇用・就労モデルと労働法の課題』（商事法務，2015年）311頁以下など参照。

かで最も重要な鍵となるのは，待遇格差の「不合理性」または「合理性」の内容である。

Ⅱ　労働条件（待遇）の相違の「不合理性（合理性）」の内容

1　「不合理」性の考慮要素

現行の労契法20条によれば，労働条件の相違の不合理性は，①職務の内容，②職務内容・配置の変更の範囲，③その他の事情を考慮して，判断するものとされている。この不合理性は，個々の労働条件（給付）の性質・目的に応じて，これらの諸事情のうちその性質・目的に適った事情を考慮し，個別具体的に判断される。この点は，かりに労契法等が改正され「合理的理由のない労働条件（待遇）の相違の禁止」等の規定となったとしても，基本的には変わらない。

2　給付（労働条件）の性質・目的による分類と判断基準

この不合理性（合理性）の判断において，どのような性質・目的の給付（労働条件）にどのような事情が考慮されるかについては，フランス，ドイツなどEU諸国の議論の蓄積が参考になる。いずれの国においても，正規・非正規労働者間の待遇格差の合理性については，個別の給付の性質・目的に基づいて個別に判断する（最終的には裁判所が判断する）という枠組みがとられており，給付の性質・目的に沿った判断（判例等）の蓄積がみられる。このフランス・ド

2）阿部未央「不合理な労働条件の禁止―正規・非正規労働者間の待遇格差」ジュリ1448号（2012年）62頁，緒方桂子「改正労働契約法20条の意義と解釈上の課題」季労241号（2013年）25頁以下，水町・前掲注1）331頁以下，深谷信夫ほか「労働契約法20条の研究」労旬1853号（2015年）46頁以下［沼田雅之］など。平成24年6月19日第180回国会参議院厚生労働委員会会議録23頁［金子順一厚生労働省労働基準局長（当時）答弁］，平24・8・10基発0810第2号第5の6(2)オも参照。

3）フランスでは，パートタイム労働者，有期契約労働者，派遣労働者とフルタイム・無期・直接雇用労働者間の平等原則（労働法典L.3123-10条・L.3123-11条，L.1242-14条・1242-15条，L.1251-18条1項・L.1251-24条1項）に加えて，判例によって形成された一般的な法原則としての同一労働同一賃金原則（Cass. soc. 29 octobre 1996, n° 92-43680, Bull. Civ. V, n° 359, p. 255 et s.）をめぐる解釈（同原則は正規・非正規労働者間にも適用

シンポジウムⅡ（報告④）

イツの議論をもとにしつつ，日本の実態や問題状況に照らして整理・分類すると，さしあたり，次のように分けて不合理性（合理性）を検討することが考えられる。

第1に，職務内容と関連性の高い給付（基本給，職務手当，教育訓練など）については，職務内容，労働（労務給付）の質[4]，職業経験[5]，資格，職業格付け[6]，学位[7]，勤続年数[8]，採用の緊急性[9]などの違いが合理性を基礎づける事情となりう

される一般的な法原則と位置づけられている）が参考になる。ドイツについては，パートタイム労働者，有期契約労働者，派遣労働者に対する不利益取扱いの禁止原則（パートタイム労働・有期労働契約法4条1項・2項，労働者派遣法9条2号）における「客観的な理由」をめぐる解釈等が参考になる（水町勇一郎『『格差』と『合理性』―非正規労働者の不利益取扱いを正当化する『合理的理由』に関する研究」社会科学研究62巻3・4号（2011年）125頁以下参照）。

4) ①Cass. soc. 26 novembre 2002, n° 00-41633, *Bull. civ.* V, n° 354, p. 347; ②Cass. soc. 20 février 2008, n° 06-40085 et n° 06-40615, *Bull. civ.* V, n° 38. 前者の事件（①）では，同じ格付けで同一の職務・ポストに就いている他の労働者より賃金が低いこと，後者の事件（②）では，ある技術職・管理職員の昇給額が同僚と比べて低いことについて，破毀院はいずれも，それを正当化する「提供された労働の質の違い」の存在を使用者は立証できていないと判断した。

5) Cass. soc. 15 novembre 2006, n° 04-47156, *Bull. civ.* V, n° 340, p. 330. この事件では，ホテルの警備員について，前職における職業経験の違いが賃金の違いを正当化する理由になるとされた。もっとも，その後の他の判例（Cass. Soc. 11 janvier 2012, n° 10-19438, inédit）では，前職での職業経験の違いは，採用の時点で，かつ，当該ポストの要請や実際に求められる責任と関連性をもつ場合にのみ，賃金の違いを正当化しうるとされた（Auzero (G.) et Dockes (E.), *Droit du travail*, 30e éd., 2016, pp. 762 et s.）。

6) Vgl. LAG Hamm vom 19. 12. 1991 DB 1992, 858.

7) 学位の違いのみでは，同じ職務に従事する労働者間の基本給の相違を正当化する客観的な理由とはならない（Cass. soc. 16 décembre 2008, n° 07-42107〔学位が違うといってもそれらが同等の水準のものである場合，報酬の相違の正当化理由とはならない〕）が，当該職務の遂行にとって有用なものでありその取得に必要とされる教育訓練の水準・期間が異なるような学位の違いについては，基本給の相違の正当化理由となりうる（Cass. soc. 17 mars 2010, n° 08-43088〔2697.45ユーロ，1966.10ユーロ，1870.24ユーロという報酬の違いの正当化理由となる〕，Cass. soc. 12 novembre 2014, n° 12-20069, 13-10274〔20％の報酬の違いの正当化理由となる〕）。

8) Cass. soc. 20 juin 2001, n° 99-43905. この判決では，同じ業務に就く2人の労働者間の報酬の違いについて，在職期間が基本給の要素として組み込まれているとすれば，両者の在職期間の違いは報酬の違いを正当化する要素となりうるとされた。

[10)]
る。例えば,職務内容が違えば基本給を異なるものとすることも合理的と考えられ,また,職務内容だけでなくキャリア展開に応じて設定されている基本給や特別手当などについては,キャリアコースの違いが基本給や特別手当の違いを説明できる内容のものであれば合理性を基礎づける事情となる[11]。ここで注意すべき点は,単にこのような事由の違いが挙げられるだけでただちに基本給等の違いが正当化されるわけではなく,それらの点で真に相違があると認められ(相違の真実性),それが基本給等の給付の違いを説明できる内容のものであるか(給付との関連性)がそれぞれ検証されている点である。また,かりに給付(基本給等)の違いに合理的な理由があり同一の取扱い(均等処遇)が求められないとしても,その違いは,前提条件(職務内容等)の違いに応じてバランスのとれたもの(均衡を失しないもの)であること(均衡処遇)が求められる。この均衡処遇の要請は,正規・非正規労働者間にキャリア展開等を理由として著しい格差が設けられていることの多い日本に固有の要請である[12]。

---

9) Cass. soc. 21 juin 2005, n° 02-42658, *Bull. civ.* V, n° 206, p. 181. この事件では,保育園長の病気休暇期間中にその臨時代替として雇用された園長に対しより高額の報酬を支払ったことについて,保育園閉鎖を回避するための緊急の必要性に基づいたものであり,法的に正当化されると判断された。
10) AUZERO (G.) ET DOCKÈS (E.), *Droit du travail*, 30ᵉ éd., 2016, pp. 762 et s.; Schaub/Koch/Linck/Treber/Vogelsang, Arbeitsrechts-Handbuch, 16.Aufl. (2015), S. 430f. (Linck).
11) Cass. soc. 3 mai 2006, n° 03-42920, *Bull. civ.* V, n° 160, p. 155. この事件では,労働協約により職業能力向上のためのキャリアコースが設定され,そのコースに進んだ労働者とそうでない労働者との間で,職務が同一であるにもかかわらず賃金格差が生じていることにつき,キャリアコースが異なることを考慮すると両者は同一の状況にあるとはいえず,同一労働同一賃金原則に違反しないと判断された。
12) 労契法20条の「不合理な労働条件の相違の禁止」のなかに「均等」と「均衡」の双方の要請が含まれることについては,前掲注2)[金子答弁],平24・8・10基発0810第2号第5の6(2)オ,2015年同一労働同一賃金推進法6条1項・2項のほか,岩村正彦=荒木尚志=島田陽一「鼎談 2012年労働契約法改正—有期労働規制をめぐって」ジュリ1448号(2012年)34頁以下,阿部・前掲注2)61頁以下,緒方・前掲注2)25頁以下,岩村正彦「有期労働契約と不合理労働条件の禁止」ジュリ増刊『労働法の争点』(有斐閣,2014年)156頁以下,奥田香子「改正パートタイム労働法と均等・均衡待遇」季労246号(2014年)22頁,両角道代「パート処遇格差の法規制をめぐる一考察—「潜在能力アプローチ」を参考に」野川忍ほか編『変貌する雇用・就労モデルと労働法の課題』(商事法務,2015年)362頁以下等参照。

第2に、勤続期間と結びついた給付（退職金・企業年金、昇給・昇格、年休日数など）については、勤続期間の違いが合理性を基礎づける事情となりうる。例えば、一定期間の勤続を要件とする退職金・企業年金、昇給・昇格など、当該企業における在職期間（勤続年数）に応じて発生・増加する給付については、在職期間が短く当該給付の要件を満たさない有期契約労働者等にそれを支給しない、または、その短い期間に応じた低い給付とすることも、合理性を欠くものではないと解釈されている。ここで重要なのは実際の勤続期間の違いであり、有期労働契約の更新によって勤続期間（通算契約期間）が長くなっている労働者については、その期間に基づいて処遇することが求められる。また、短い時間しか就労していない短時間労働者についても、その勤続期間の長さに応じた給付をしなければならない（例えば企業年金の適用範囲から除外してはならない）と解されている。

第3に、会社への貢献に対して支給される給付（賞与、移動手段の快適度など）については、会社への貢献度の違いが合理性を基礎づける事情となりうる。例えば、賞与・特別手当が過去の一定期間の勤務や企業業績に応じて支給される賃金後払的性格および功労報償的性格をもつ場合には、短時間労働者、有期契約労働者、派遣労働者についても、賞与の算定基礎期間に労務を提供し企業業績に貢献していれば、その期間の勤務および会社への貢献の度合いに応じて賞与を支給することが求められる。なお、使用者が賞与を裁量的に決定し支給す

また、「均衡」待遇の水準を考えるうえで、厚生労働省『「多様な正社員」の普及・拡大のための有識者懇談会報告書』（2014年）が、いわゆる多様な正社員（職種や勤務地の限定のある正社員）の賃金水準（均衡処遇）について、いわゆる正社員の9割超ないし8割とする場合が多いと指摘していることが、1つの参考となる（http://www.mhlw.go.jp/stf/houdou/0000052513.html）。

13) Cass. soc. 17 mars 2010, n° 08-43135; AUZERO (G.) ET DOCKES (E.), *Droit du travail*, 30e éd., 2016, p. 289.

14) BAG vom 21.2.2013—6 AZR 524/11〔有期労働契約の更新による雇用期間を勤務期間として考慮に入れないことは平等取扱原則に反する〕。

15) BAG vom 25.10.1994 AP Nr.40 zu §2 BeschFG 1985—3 AZR 149/94; BAG vom 27.03.2014 AP Nr.6 zu §16 TV-L.—6 AZR 571/12. 労働時間が短いゆえの管理費用の高さは、短時間労働者を給付から排除することを正当化する客観的な理由とはならないと解釈されている（BAG vom 15.05.1997 AP Nr.9 zu §3 BAT—6 AZR 40/96）。

る場合も，使用者が裁量をもつこと自体は，同等の前提状況に置かれている労働者間で賞与に差をつけることの客観的な理由とはならず，使用者はその支給基準を事前に検証可能な形で定めておかなければならないとされている[17]。また，会社への貢献に応じて支給される給付で，その貢献の度合いに量的な違いがある場合には，その違いによって説明可能な（均衡を失していない）給付の量的な違いは合理的と考えられうる[18]。

　第4に，会社からの収入で生計を立てている者に対する生活保障的な給付（家族手当，住宅手当など）については，扶養家族の存在，住宅の賃貸，収入の額など，それらの給付の支給要件として設定されている基準が給付を基礎づける事情として説明可能なものであれば，それらの事情が合理性を基礎づける事情となりうる。パートタイム労働者等がこれらの要件を満たしている場合には，同様に（パートタイム労働者ついては時間比例計算で）支給しなければならないと解されている[19]。なお，これらの基準は，実質的に性差別をもたらしうるもの（間接差別）として別の考慮がはたらく可能性があること（雇用機会均等法7条参照）には注意が必要である。

　第5に，同じ会社・場所で就労する者として必要な費用・設備・制度等に係る給付（通勤手当，出張旅費，社員食堂，社内保育施設，休憩室，化粧室，安全管理，健康診断，病気休業など）については，その契約形態にかかわりなく，同様の状況に置かれている労働者に対しては，基本的に同様に給付することが求められる[20]。改正労契法の国会審議や施行通達で指摘された通勤手当，食堂の利用，出

---

16)　Vgl. BAG vom 28.3.2007―10 AZR 261/06＝AP Nr. 265 zu §611 BGB Gratifikation〔3025ユーロの年末特別手当〕.

17)　Cass. soc. 10 octobre 2012, n° 11-15296; Cass. soc. 13 janvier 2016, n° 14-26050.

18)　Cass. soc. 1 juillet 2009, n° 07-42675, *Bull. civ.* V, n° 168; Cass. soc. 27 janvier 2015, n° 13-22179. これらの事件では，いわゆる幹部職員（cadres）が負う責任や拘束の重さ等を考慮し，労働協約によって幹部職員に認められた追加の有給休暇付与や交通移動手段の快適度等は客観的に正当化されうるものと判断された。

19)　BAG vom 27.7.1994 AP Nr. 37 zu §2 BeschFG 1985〔住宅資金貸付につきパートタイム労働者にも労働時間数に比例して支給すべき〕；BAG vom 19.10.2010 AP Nr.25 zu §29 BAT―6 AZR 305/09〔地域手当の配偶者加給につきパートタイム労働者に比例付与とすることは差別禁止原則に違反しない〕.

張旅費，安全管理については，このような性質をもつ給付として，有期契約労働者等にも特段の事情がない限り同一の給付をすることが求められている[21]。

第6に，労働時間の長さや配置にかかわる給付（時間外労働手当，休日労働手当，深夜労働手当，食事手当など）については，労働時間の長さや配置の違いが合理性を基礎づける事情となりうる。例えば，時間外労働手当の目的が一定時間を超えて労働することによる労働者の肉体的負担を補償することにある場合には，短時間労働者についてもフルタイム労働者と同じ労働時間を超えた場合にのみ同手当を支給することは，合理的なものといえる[22]。これに対し，日曜・祝日手当や深夜手当が日曜・祝日や深夜の時間帯に働かせることによって家族との自由な時間を奪ってしまうことへの代償目的で支給されている場合には，その時間帯に勤務するパートタイム労働者等にも同様に手当を支給しなければならない[23]。

第7に，雇用保障（優先的に人員整理の対象とすることの可否）については，例えば短時間労働者であることから当然に優先的な人員整理の対象とすることは合理的であるとは認められず，会社との結びつきの度合い（勤続年数，雇用継続の期待など）[24]，社会的保護の必要性（被扶養者の数，再就職の困難性など）[25]が合理性を基礎づける事情となりうると考えられる。

なお，これらの分類および事情は例示にすぎず，また，これらの性格が1つの給付のなかで重なり合って存在していること（例えば職務内容と関連する部分〔職務給部分〕と勤続期間に関連する部分〔勤続給部分〕とが併存している基本給など）

---

20) Schaub/Koch/Linck/Treber/Vogelsang, Arbeitsrechts-Handbuch, 16. Aufl. (2015), S. 433 (Linck).
21) Cass. soc. 15 octobre 2014, n° 13-18006〔食事手当の額に差を設ける場合，それを客観的に正当化できる前提状況の具体的な違い（職務遂行の条件の違い等）を明らかにしなければならない〕。
22) BAG vom 5.11.2003 AP Nr.6 zu §4 TzBfG; BAG vom 16.6.2004 AP Nr. 20 zu §1 TVG Tarifverträge: Großhandel.
23) BAG vom 23.2.2011 AP Nr.5 zu §24 TVöD─10 AZR 299/10; BAG vom 25.9.2013 AP Nr. 24 zu §4 TzBfG─10 AZR 4/12.
24) 日立メディコ事件・最一小判昭61・12・4労判486号6頁，労契法19条2号参照。
25) ドイツ解雇制限法（Kündigungsschutzgesetz）1条3項参照。

もある。その具体的な内容は個別の事案ごとにそれぞれの給付の性質・目的に照らして判断されることになる。重要なのは、これらの点を参考に労使で話し合い、使用者が各制度の合理性を検証し説明することによって、制度の納得性を高めていくことである。この点については、一方で、各企業の賃金・処遇制度の多様性を考慮すると、その合理性判断においては、労使で協議し合意に至るプロセスを重視することが考えられるが、他方で、とりわけ正規・非正規労働者間の待遇格差問題については、労使合意そのものがアウトサイダー（非組合員等）に対する差別を生み出すもととなるという懸念もある[26]。これらの点を考慮すると、単なる労使合意ではなく、関係する非正規労働者も参加しその声を反映させる形で実質的な話合いを行うことが、手続面で合理性を基礎づけるうえで重要な要素となると考えるべきであろう[27]。また、使用者から関係する労働者全員に事前に給付の内容と支給基準が周知されていることが、その合理性を検証するためにも重要なポイントとなる[28]。

III 課　題

本稿で述べてきた議論の蓄積を基礎としつつ、「不合理性」または「合理性」の内容等についての理解の促進を図ることが、第1の課題である。この点については、2016年9月現在、政府として「ガイドライン」を策定する作業が進められている。さらに、これらの議論を踏まえつつ、司法判断の根拠規定の整備、

---

26) LYON-CAEN (A.), À travail égal, salaire égal: Une règle en quête de sens, *Revue de Droit de Travail*, 2006, pp.17 et s. ドイツでは、労働協約（またはその労働契約による援用）によって派遣労働者への不利益取扱い原則と異なる定めをすることが認められており（労働者派遣法9条2号3文）、労働組合と派遣会社等との間で派遣労働者の賃金を低く設定する動きが広がっていたが、連邦労働裁判所は2010年12月14日の判決（BAG vom 14.12.2010-1 ABR 19/10, NZA 2011, 289）で著しく低い賃金を設定していたキリスト教系組合連合（CGZP）の協約能力自体を否定し、同連合が締結した労働協約を無効とすることによって労使自身による格差の設定に歯止めをかけた。

27) V. Cass. soc. 27 janvier 2015, n° 13-22179, 13-25437 et 13-14773.

28) Cass. soc. 10 octobre 2013, n° 12-21167, inédit (Auzero (G.) et Dockes (E.), *Droit du travail*, 30e éd., 2016, p.759).

シンポジウムⅡ（報告④）

使用者の説明義務の整備等を図る法律の一括改正等を行うことも検討されている。

また，これらに加えて，労使による待遇改善の具体的な取組みを推進する法政策を展開していくことも重要な課題となる。ここでは，事業主による行動計画や情報開示，職務評価・職務能力評価の手法の導入・普及を推進していくことが考えられ，これを促すための認定マーク，税制・社会保険制度上の優遇，公共調達契約入札上の優遇等，政策的インセンティブの付与のあり方を検討することも課題となる。[29]

これらの労働条件面での均等・均衡待遇の実現とあわせて，主婦等の就業調整を生み格差問題の要因の1つとなっている社会保険の適用範囲の限定，[30]企業内の配偶者手当問題についても，踏み込んだ政策的対応が必要である。

さらに，業務委託・自営業者化によるコスト削減の動きが，EU諸国だけでなく日本でも広がっている。非正規労働者の待遇改善にとどまらず，業務委託・自営業者化に対する根本的な対策を検討することも急務である。

（みずまち　ゆういちろう）

---

[29] 「政策的インセンティブシステム」の比較法的分析として，水町勇一郎「世界の労働法理論の潮流と日本の労働法改革の位相」法の支配179号（2015年）74頁以下参照。

[30] 健康保険・厚生年金保険については，2012年8月に成立した年金機能強化法により，その適用範囲が拡大される（健康保険法3条1項9号，厚生年金保険法12条5号。2016（平成28）年10月施行）が，これによっても，社会保険が適用されない短時間・低賃金労働者は存在し，その枠内で就業調整が行われる可能性があるという構造的問題は，根本的には解決されていない。

有期契約労働者の待遇格差是正と職務評価

森 ま す 美
(昭和女子大学)

I 「不合理な労働条件の相違」と職務評価

　本稿の目的は，労働契約法20条が対象とする多様な労働条件のなかでも「職務内容と関連性の高い給付」である賃金（基本給）に焦点を当て，ILO推奨の国際標準の「職務評価システム」を用いて有期契約労働者と正規労働者間（以下，有期・正規間と省略）の賃金格差の「不合理性」を検証し，ILO第100号条約が規定する同一価値労働同一賃金原則[1]に基づいて賃金格差を是正することを提起することである。

　有期・正規間の賃金格差の不合理性の検討に当たっては，他の労働条件と同じく，労働契約法20条の「考慮要素」3項目が適用される。後に詳述するように，これら3要素のうち，「職務の内容」及び「当該職務の内容及び配置の変更の範囲」という要素は，職務評価システムの評価ファクターによってその相違を評価することが可能である。

　周知のように，同一価値労働同一賃金原則は，異なる職種・職務に従事する男女労働者，あるいは，男性職と女性職の労働の価値が同一または同等であれば，性の違いにかかわらず同一の賃金を支払うことを求める原則である。この原則では，男女の従事する職務の価値が「同一価値」でない場合でも，職務の価値に比例した賃金の支払いを求める「比例価値労働比例賃金」[2]がその論理にかなった拡張概念として認められている。[3]

---

1) Equal pay for work of equal value. アメリカ，カナダではペイ・エクイティ（Pay equity）とも呼ばれている。
2) Proportionate pay for work of proportionate value.

シンポジウムⅡ（報告⑤）

表1　日本における同一価値労働同一賃金・職務評価の実践例
　　　―男性・女性間及び正規・非正規間への適用

①商社の総合職（男性）と一般職（女性）の職務評価・公平な賃金 　　ペイ・エクイティ研究会（1997）『WOMEN AND MEN PAY EQUITY 1997 商社における職務の分析とペイ・エクイティ』ペイ・エクイティ研究会
②京ガス：男性〈ガス工事〉監督職と女性〈積算・検収〉事務職の職務評価・公平な賃金 　　「京ガス男女賃金差別事件に関する意見書―同一価値労働同一賃金原則の観点から」（森意見書）2001年1月25日　京都地方裁判所に提出
③兼松：女性〈事務職〉と男性〈一般職〉5組の職務評価・公平な賃金 　　「兼松男女賃金差別事件　同一価値労働同一賃金原則に基づく控訴人（事務職）および比較対象者（一般職）の担当職務の評価に関する鑑定意見書」兼松男女賃金差別事件職務評価委員会2005年6月20日　東京高等裁判所に提出
④医療・介護サービス職の職務評価・公平な賃金 　　（看護師＝正規・男女，施設介護職員＝正規・男女，ホームヘルパー＝非正規・男女，診療放射線技師＝正規・男女）　森ます美・浅倉むつ子編（2010）『同一価値労働同一賃金原則の実施システム―公平な賃金の実現に向けて』有斐閣
⑤スーパーマーケット販売・加工職（7部門）の職務評価・公平な賃金 　　（正規従業員・役付きパート・一般パート）同上書 　　④，⑤→日本における同一価値労働同一賃金原則の実施システムの構築 　　「得点要素法」による職務評価システム，職務評価の手法を提示（森・浅倉 2010）
⑥図書館職員の職務評価と是正賃金 　　大槻奈巳（2013）『聖心女子大学論叢』No. 121
⑦自治体の正規職員・非正規（嘱託・臨時）職員の職務評価と公平な賃金 　　遠藤公嗣編著（2013）『同一価値労働同一賃金をめざす職務評価―官製ワーキングプアーの解消』旬報社

出所）筆者作成

　第100号条約は，労働の「価値」の評価の方法について明確な措置を定めていないが，ILO は分析的な職務評価手法と言われる，知識・技能，負担，責任，労働環境の4大ファクター及びサブファクターとポイントに基づいて職務の価値を測定する「得点要素法」（point factor method）を，ペイ・エクイティ（同一価値労働同一賃金原則）の目的に最も適した方法として推奨している[4]。
　欧米先進諸国において性別職務分離がもたらす低賃金女性職と高賃金男性職

3）　Gunderson, Morle, *Comparable Worth and Gender Discrimination: An International Perspective,* Geneva: International Labour Office, (1994), pp. 23-29. 森ます美『日本の性差別賃金―同一価値労働同一賃金原則の可能性』（有斐閣，2005年）161-162頁を参照。

間の賃金格差の是正を目的として1970～80年代に登場したペイ・エクイティ運動にとって,「同一賃金」の原則を異なる職種・職務間に拡大すると同時に,伝統的な職務評価制度のジェンダー・バイアスを排して,性に中立な職務評価ファクターと評価方法を採用することが重要な課題であった。

　私たちは,これまでILO推奨の「得点要素法」を用いて表1に掲載した職務評価実践を行ってきた。男女賃金差別事件である②京ガス事件と③商社兼松の事件では,職務評価結果を「鑑定意見書」として裁判所に提出した。2001年9月の京ガス事件京都地裁判決は,女性事務職と男性工事監督職の同一価値労働を認め,賃金格差が労働基準法4条違反であることを認定した。

　有期・正規間の賃金格差の是正を課題とする本稿では,正規従業員とパートタイム労働者間に同一価値労働同一賃金原則を適用した「スーパーマーケット販売・加工職の職務評価」について取り上げる。

II　スーパーマーケット販売・加工職の職務評価実践[5]

1　販売・加工職の職務評価システム

　同一価値労働同一賃金原則の実施プロセスは,大きくは4つの段階から成っている。第1に職務評価対象となる職種および職務分析による職務の確定,第2に職務評価システムの設定,第3に職務評価の実施,第4に職務の価値を表す職務評価点に基づいて賃金を是正することである。

　表2は,販売・加工職の職務評価システムである。4大ファクターの下に販売・加工職の職務内容を考慮した12のサブファクターを採用し,最高得点は

---

4)　ILO, *Promoting Equity: Gender-Neutral Job Evaluation for Equal Pay: a step-by-step guide,* Geneva, International Labour office, (2008)（林弘子訳『衡平の促進―性中立な職務評価による同一賃金　段階的ガイドブック』一灯舎, 2014年）を参照されたい。

5)　首都圏のスーパーマーケット3社の店舗で, 鮮魚・水産, 精肉・畜産, 惣菜など7部門で販売・加工職として働く正規従業員, 役付きパート, 一般パートを対象に2008年5～6月に実施。労働者自身が担当する職務を評価した。回答者数は, 正規従業員127人（14.0%）, 役付きパート188人（20.8%）, 一般パート590人（65.2%）である。職務評価の詳細は, 森ます美＝浅倉むつ子編『同一価値労働同一賃金原則の実施システム―公平な賃金の実現に向けて』（有斐閣, 2010年）を参照されたい。

シンポジウムⅡ（報告⑤）

表2　スーパーマーケット販売・加工職の職務評価ファクターと得点配分

ファクター	ウェイト(%)	評価レベルと得点				最高得点計
4大ファクター・12サブファクター	100.0					1,000
(1)仕事によってもたらされる負担	20.0	レベル1	レベル2	レベル3	—	200
1．重量物の運搬・継続的立ち仕事などによる身体的負担	8.0	20	50	80		80
2．人間関係や仕事に伴う精神的ストレス	6.0	20	40	60		60
3．時間の制約に伴う精神的・身体的負担	6.0	20	40	60		60
(2)知識・技能	32.0	レベル1	レベル2	レベル3	レベル4	320
4．仕事関連の知識・技能	13.0	60	85	110	130	130
5．コミュニケーションの技能	10.0	50	80	100		100
6．問題解決力	9.0	40	70	90		90
(3)責任	30.0	レベル1	レベル2	レベル3		300
7．商品管理に対する責任	10.0	30	70	100		100
8．人員の育成・管理に対する責任	10.0	30	70	100		100
9．利益目標の実現に対する責任	10.0	30	70	100		100
(4)労働環境	18.0	レベル1	レベル2	レベル3		180
10．転居を伴う転勤可能性	6.0	0	30	60	—	60
11．労働環境の不快さ	6.0	20	40	60		60
12．労働時間の不規則性	6.0	20	40	60		60

注1）　職務評価点の最高点は1,000点。最低点は340点である。
　2）　評価レベルは「仕事関連の知識・技能」のみ4段階である。
出所）　本文注5）掲載の森ます美＝浅倉むつ子編（2010）92頁

1000点で，各ファクターへの得点配分のウェイトと，ファクターの各レベルの得点が一望できる（最低点340点）。

　表3は，評価ファクターとレベルの具体的な定義である。労働者はこの定義に照らして各自が担当する職務あるいは仕事全般を評価していく。

　労働契約法20条の「考慮要素」と職務評価ファクターの関係について述べると，表2，表3から明らかなように，当該職種・職務に対する賃金の不合理性／合理性を判断する際の考慮要素である「職務の内容」は評価ファクターによってトータルに評価されることが理解されよう。他方，正規労働者が対応する

表3　スーパーマーケット販売・加工職の職務評価ファクター一覧

(1) 仕事によってもたらされる負担

1. **重量物の運搬・継続的立ち仕事などによる身体的負担**：仕事が身体に及ぼす負担の大きさをはかります。体が冷える，暑さによる体力の消耗なども含みます。
   - レベル1．身体への負担はあまりない。
   - レベル2．身体への負担はある程度ある。
   - レベル3．身体への負担はとてもある。

2. **人間関係や仕事に伴う精神的ストレス**：職場の人間関係や顧客への対応など仕事がもたらす精神的ストレスの大きさをはかります。
   - レベル1．精神的ストレスはあまりない。
   - レベル2．精神的ストレスはある程度ある。
   - レベル3．精神的ストレスはとてもある。

3. **時間の制約に伴う精神的・身体的負担**：所定の時間内に仕事を終わらせる，締め切りに間に合わせるなど，時間の制約がもたらす精神的・身体的負担の大きさをはかります。
   - レベル1．ほとんどない。
   - レベル2．時々ある。
   - レベル3．恒常的にある。

(2) 知識・技能

4. **仕事関連の知識・技能**：仕事に必要な商品・サービスの知識，加工・調理の技能，陳列作業（売場の演出），接客などに求められる知識と技能のレベルをはかります。
   - レベル1．必要な知識や技能は3カ月以内で習得できる。
   - レベル2．必要な知識や技能は3カ月以上1年未満で習得できる。
   - レベル3．必要な知識や技能は1年以上3年未満で習得できる。
   - レベル4．必要な知識や技能は3年以上で習得できる。

5. **コミュニケーションの技能**：顧客への対応，仕事上のチームワーク，販売や交渉などに必要なコミュニケーションの技能をはかります。
   - レベル1．担当部門内において，同僚や顧客とスムーズな意思疎通が求められる。
   - レベル2．他部門や店長との交渉，従業員や顧客との臨機応変なコミュニケーションが必要とされる。
   - レベル3．外部の取引業者等との交渉，顧客からの困難な要求に対処することを必要とされる。

6. **問題解決力**：問題が発生した際に，その解決に求められる判断や行動のレベルをはかります。
   - レベル1．問題は，作業手順や前例を参考に解決できる。
   - レベル2．新しい問題も発生するが，前例の応用や経験を活かして対応し，解決できる。
   - レベル3．多様な問題への対応や解決に，高度な判断や創造力が求められる。

(3) 責任

7. **商品管理に対する責任**：商品や現金の管理に対する責任の大きさを，問題への対処の仕方によってはかります。
   - レベル1．発生した問題を，上司あるいは担当部門に報告する。
   - レベル2．発生した問題を，上司の指示やマニュアルに従って解決に努める。
   - レベル3．問題の解決に責任があり，顧客への対応や対外折衝を行うことがある。

8. **人員の育成・管理に対する責任**：人員の育成と管理に対する責任の度合いをはかります。
   - レベル1．自分の仕事と勤務に対する責任がある。
   - レベル2．同僚とともに，シフトの作成・管理，人の調整，部下の教育などをする責任がある。
   - レベル3．自分だけでまたは部下を使って，シフトの作成・管理，人の調整，部下の教育などをする責任がある。

9. **利益目標の実現に対する責任**：仕事が利益目標の実現に影響を及ぼす程度をはかります。
   - レベル1．利益目標への責任は軽微である。
   - レベル2．利益目標の実現に対しては，間接的な影響を及ぼす。
   - レベル3．利益目標の実現に直接関わり，大きな影響を及ぼす。

(4) 労働環境

10. **転居を伴う転勤可能性**
    - レベル1．転居を伴う転勤はない。
    - レベル2．転居を伴う転勤可能性は低い。
    - レベル3．転居を伴う転勤可能性は大きい。

11. **労働環境の不快さ**：扱う商品や仕事をする場所などにより臭い，汚い，暑い，寒いなど労働環境に生ずる不快さの度合いをはかります。
    - レベル1．不快さはとくにない。
    - レベル2．不快さはあるが，衣服や装備などで対処すると，相当に軽減できる。
    - レベル3．著しい不快さがあり，衣服や装備などで対処しても，あまり軽減できない。

12. **労働時間の不規則性**：シフトの変化や，早出・残業・休日出勤の有無など労働時間の不規則さの程度をはかります。
    - レベル1．シフト・労働時間ともにほぼ規則的である。
    - レベル2．シフトはときどき不規則になる，あるいは，早出・残業・休日出勤がときどきある。
    - レベル3．シフトは常に不規則である，あるいは，早出・残業・休日出勤が多い。

出所）本文注5）掲載の森ます美＝浅倉むつ子編（2010）92-93頁

可能性の高い「職務の内容及び配置の変更の範囲」については，担当職務の変更がしばしば配置転換や転勤に伴って生ずることに鑑みて，表2の「労働環境」のなかにサブファクターとして「転居を伴う転勤可能性」を設定し，ウェイト6％を付している。

但し，考慮要素の「職務の内容及び配置の変更の範囲」は，あくまで異動や転勤，それに伴う職務内容の変更の"可能性"という当該職務に伴う環境要因を評価するものであることに留意する必要がある。それを考慮すると，可能性としての「職務の内容及び配置の変更の範囲」という考慮要素に，有期・正規間の賃金の相違を合理化する要素として大きな意味付けを与えることは問題であり，有期労働者に対する根拠のない差別をもたらす要因になりかねない。

2 同一価値労働同一賃金原則と均等待遇・均衡待遇

表4は，スーパーマーケットの正規・パート従業員の職務評価結果である。職務評価によれば，「仕事全般の価値」は正規従業員（755.5点）を100とすると，

表4 スーパーマーケット正規従業員・役付パート・一般パートの「職務の価値」と「公平な賃金」

（単位：点，円）

	職務の価値	現在の賃金額		ペイ・エクイティによる公平な賃金額	
	「仕事全般」の職務評価点	月収換算の時給	年収換算の時給	月収ベース（是正額）	年収ベース（是正額）
正規従業員	755.5 100.0 (N=121)	1,854 100.0 (N=120)	2,153 100.0 (N=107)	1,854 (±0)	2,153 (±0)
役付パート	698.6 92.5 (N=179)	1,301 70.2 (N=177)	1,377 63.9 (N=146)	1,714 (413)	1,991 (614)
一般パート	586.2 77.6 (N=494)	1,016 54.8 (N=524)	1,024 47.6 (N=461)	1,438 (422)	1,671 (647)

注1) 網掛けは，正規従業員＝100とした該当項目の比率。
　2) 職務評価点の最高点は1,000点である。
　3) 賃金額（円）は，小数点以下を四捨五入した。
出所) 本文注5）掲載の森ます美＝浅倉むつ子編（2010）の表3-11，表3-15から作成

役付パート92.5、一般パート77.6であった。ところが賃金は、「月収換算の時給」では、役付パートで正規の約70％（1,301円）、一般パートは正規の約55％（1,016円）しか支給されていない。この職務の価値から大きく乖離した不合理な賃金格差を是正して、職務の価値に比例した合理的な賃金を算出したのが「ペイ・エクイティによる公平な賃金額」である。

このように正規労働者と有期契約労働者の担当職務を評価することによって、賃金格差の不合理性が客観的に明らかになり、正規労働者と同一価値労働に従事している労働者には均等な同一賃金を支払い（均等待遇）、他方、正規労働者よりも職務評価点が低い有期契約労働者には、比例価値労働比例賃金の原則に則って相違の程度に均衡した比例賃金を支払うこと（均衡待遇）が可能となる。

Ⅲ 同一価値労働同一賃金原則の正規・非正規間賃金格差への適用を巡る議論

ところが、正規・非正規間賃金格差への同一価値労働同一賃金原則の適用に関しては、何らかの立法がない限り、直ちに適用できないことが、人権保障に係る「差別的取扱い禁止原則」と雇用形態に係る「不利益取扱い禁止原則」を峻別する立場から指摘されている。[6]

これに対して法理論的には、本誌掲載の緒方論文並びに水町（2015、2013）[7]

---

[6] 独立行政法人労働政策研究・研修機構「雇用形態による均等処遇についての研究会報告書」（2011年）20頁は、EU対象国において、「同一（価値）労働同一賃金原則」は、人権保障に係る「均等待遇原則（差別的取扱い禁止原則）」の賃金に関する一原則と位置づけられるものであり、性別等とは異なり当事者の合意により決定される雇用形態の違いを理由とする賃金格差に関しては、何らかの立法がない限り、直接的に適用可能な法原則とは解されていないと述べている。本報告書を批判的に検討した森ます美「今日の『均等・均衡待遇政策』論議への批判—同一価値労働同一賃金原則の実施に向けて」女性労働研究56号（2012年）7-28頁も参照されたい。

[7] 水町勇一郎「不合理な労働条件の禁止と均等・均衡処遇（労契法20条）」野川忍ほか編著『変貌する雇用・就労モデルと労働法の課題』（商事法務、2015年）は、「日本の問題状況に照らすと、雇用形態による処遇格差問題を人権保障のための差別禁止問題と明確に区別して捉え、両者を峻別した法的アプローチをとることには、慎重にならざるをえない」、「また、雇用形態格差の問題について『同一（価値）労働同一賃金』の実現に向けた手法を取ること

が言及する「差別禁止と平等取扱いの非峻別論」に依拠するところであるが，同原則の正規・非正規間への適用の正当性について私の視点からも若干述べたい。

　第1に，スーパーマーケットの事例でみたように正規・非正規間でのペイ・エクイティ実践は技術的には何ら支障はないことである。第2に，2015年の「労働力調査」（総務省統計局）によれば，当事者の自主的な合意によらない「不本意非正規労働者」が315万人（16.9％）にのぼること。第3に，日本社会では女性の低賃金も，非正規労働者の低賃金も通底した同一の社会構造から生じていることである。すなわち，「男性稼ぎ主」規範に基づく男性正規労働者への「家族扶養賃金」とセットで維持されてきた，外部労働市場における主婦パートの低賃金が，性と年齢を問わない非正規労働者の低い賃金水準を規定していることである[8]。これらを考えれば，男女間と同じく正規・非正規間にも同一価値労働同一賃金原則を適用することは法政策としても何ら矛盾はないといえる。

Ⅳ　今後の法改正の方向——「合理的理由のない処遇格差の禁止」への疑問

　さて現在，厚生労働省に設置された同一労働同一賃金の実現に向けた検討会において法律改正のあり方と「合理的理由」に関する「ガイドライン」の策定について議論が進められている。法律上の規定については「合理的理由のない処遇格差（不利益取扱い）の禁止」原則の採用が提示されている[9]。疑問は，日本においてこの原則の採用だけで非正規労働者の賃金は改善されるのだろうか

　　は，理論的にも政策的にも誤りといえるものではない」と述べている。水町勇一郎「『差別禁止』と『平等取扱い』は峻別されるべきか？―雇用差別禁止をめぐる法理論の新たな展開」労旬1787号（2013年）48-59頁。
8)　森ます美「『価値の承認』・『資源の配分』の実証研究―ペイ・エクイティ研究の意義」大沢真理編『ジェンダー社会科学の可能性第2巻　承認と包摂へ―労働と生活の保障』（岩波書店，2011年）を参照されたい。
9)　厚生労働省「第3回　同一労働同一賃金の実現に向けた検討会」で配布の水町勇一郎氏によるプレゼンテーション資料，「資料2-1　同一労働同一賃金の推進について」および「資料2-2　同一労働同一賃金の推進について（補足【Q＆A】と【参考文献】）」を参照。

ということである。水町（2011）[10]は，「EU 実態型」と言われるこの法原則が主流となっているフランスの状況を「『同一労働同一賃金原則』自体の相対化現象がみられる」と指摘している。すなわち，フランスでは相対化される前提として「同一労働同一賃金原則」が機能しているのである。これに比較して，「同一労働／同一価値労働には同一賃金を支払う」という原則，慣行，意識もない日本で，「合理的理由」についての「ガイドライン」[11]だけが提示されたならば，どういうことが起こるだろうか。まず想定されるのは，正社員の職能給を合理化する理由として，この賃金は「職務内容だけでなくキャリア展開に応じた賃金」であるといった主張がなされ，職能給の本質，すなわち「職務遂行能力」という特定の職務とは関連しない属人的な能力を基準に，職業キャリアの評価とはとても言えない人事考課（成績・情意・能力考課）によって賃金が決まる職能給の実質や，人事考課が有するジェンダー・バイアスなどは不問に付され，正規・非正規間，男女間の賃金格差がこれまで以上に合理化されかねないことである。

　これらを考慮すると，「合理的理由のない処遇格差（不利益取扱い）の禁止」原則の前段に，職務内容と関連する基本給については，「同一または同等，同一価値の職務（労働）であれば同一賃金を支払う」という原則が法律にしっかりと明記されることが不可欠である。

V　同一（価値）労働同一賃金の実現に向けた当面の課題

　最後に，同一（価値）労働同一賃金の実現に向けた当面の課題を3点指摘して本稿を閉じたい。1つは，上述したように，「ガイドライン」並びに改正法に「同一労働・同一価値労働に同一賃金」の原則を明記すること。2つには，

---

10) 水町勇一郎「『同一労働同一賃金』は幻想か？―正規・非正規労働者間の格差是正のための法原則のあり方」RIETI Discussion Paper Series 11-J-059（2011年）10-11頁参照。

11) 前掲注9）資料2-1において水町氏は，フランス，ドイツの判例から，労働の質の違い，勤続年数の違い，キャリアコースの違い，学歴，（取得）資格，職業格付けの違いなどが，同一労働に対する賃金の違いを正当化する客観的な理由（合理的な理由）として認められると解釈されていることを指摘している。

有期契約労働者に不利な労働契約法20条の「当該職務の内容及び配置の変更の範囲」という考慮要素を削除し，雇用形態に中立な要素を採用すること。3つ目は，現在，厚生労働省が推奨している職務評価の活用をさらに推し進めることである。但し，奨励する職務評価制度をILO推奨の国際標準に差し替えることが必須である。[12]これについては，稿を改めて詳述したい。

（もり　ますみ）

---

[12] 厚生労働省は，パートタイム労働者と正社員の均等・均衡待遇を図る目的で「要素別点数法による職務評価の実施ガイドライン」を提示し，「職務（役割）評価」を推奨している。しかし，この職務評価手法には，2つの大きな問題がある。1点目は職務評価項目が「知識・技能」と「責任」の2大ファクターのみで，非正規労働者にとっては不利なものとなっていること，2点目は職務（役割）評価によって同等労働と評価されたパートの賃金是正の段階で「人材活用の仕組みや運用など」の賃金に対する影響を考慮するためと称して，「活用係数」を設定し，比較対象となる正社員の賃金を当初から80％等に減額し，それを比較の基準としてパートの賃金額を是正することである。

《シンポジウムⅢ》
職場のハラスメント問題への新たなアプローチ

シンポジウムの趣旨と総括　　　　　　　　　　　　　島田　陽一

職場におけるハラスメントの現状と課題　　　　　　　内藤　忍
　　──集団的・予防的対応の必要性──

ハラスメントに係る使用者の義務・責任　　　　　　　滝原　啓允
　　──新たなアプローチとしての修復的正義の可能性──

ハラスメントと紛争解決手続及び救済の方法・内容　　柏﨑　洋美
　　──修復的職場実践の検討──

《シンポジウムⅢ》 職場のハラスメント問題への新たなアプローチ

シンポジウムの趣旨と総括

島　田　陽　一
(早稲田大学)

Ⅰ　シンポジウムの趣旨

　労働関係におけるハランスメントの問題は，現代において解決すべき重要な課題となっている。このことは，個別労働関係紛争解決促進法に基づく相談件数においては，このところ「いじめ。ハランスメント」が首位を占めていることに象徴される。
　セクシュアル・ハラスメントについては，これを性的自己決定権という人格権の侵害と捉え，加害者および加害者の使用者の民事責任を認める裁判例が1990年代に登場し，また，男女雇用機会均等法は，事業主のセクシュアル・ハランスメント防止義務を規定するに至っている。
　また，いわゆるパワー・ハラスメントについても，人格権侵害として，被害者の救済を認める裁判例が定着し，2012年には，厚生労働省「職場のいじめ・嫌がらせ問題に関する円卓会議」が「職場のパワーハラスメントの予防・解決に向けた提言」を発表するなどの動きがある。
　さらには，最近では，女性の妊娠・出産・育児をめぐる権利行使に対する不利益取扱いが社会的にマタニティ・ハラスメントと呼ばれるようになり，最高裁判例は，女性労働者の権利行使に対する不利益取扱いを原則的に違法とする判断を示し，行政通達においてもこの判例に沿った改正が行われている。
　以上のようなハラスメントについて個別的な救済法理の発展に関しては，労働法学は，相当程度の貢献をしてきたと言える。しかし，ハラスメントの問題は，これまでのような個別救済法理の発展だけでは，問題の根本的な解決

には至らないことも事実である。

　労働関係のハラスメントの問題は，防止が重要であり，また，仮に発生した後でも，その労働関係が正常に服する，すなわち被害者がその職場において従来通りの勤務が保障され，かつ，ハラスメントの発生原因がその職場から除去されることが必要なのである。それは，加害者に対する厳正な対応だけにとどまるべきではなく，その職場というコミュニティ全体の問題であるとの認識を前提にハラスメントを起こした職場環境そのものの見直しが必要である。企業におけるダイバーシティの促進が社会的に求められるなか，その実現のための方策を明らかにすることは労働法学の重要な課題となっている。

　従って，労働法学は，個別救済としてのハラスメント法理をさらに発展させるだけではなく，同時に，ハラスメントを防止し，また，それが発生した場合の労働関係の修復を展望した法理を構築することが必要になっているということができる。この課題は，ハラスメントが決して被害者の個別的問題ではなく，職場における集団的な問題であると認識しなければ解決できないであろう。集団的労使紛争の解決について，正常な労使関係の構築が課題とされるように，ハラスメントの解決にも正常な職場環境の実現こそが目標とされるべきなのである。その際には，労働法学において，修復的司法ないし修復的正義の考え方を取り入れることが必要なのでないかと考える。

　このミニ・シンポでは，以上のような問題意識を持って，①ハラスメントに関する現状認識を明らかにし，②修復的正義の観点からハラスメントに関する使用者の義務を見直し，③ハラスメント紛争解決の新しい手続きを検討する。修復的司法を労働法学に取り入れる試みは発展途上であり，このミニ・シンポでの報告も，議論誘発的な問題提起にとどまる。

II　報告の概要

　第1報告は，内藤忍会員（日本労働研究研修機構）による「労働関係におけるハラスメント現状とその法的課題」である。内藤報告は，「職場のいじめ・嫌がらせ」もしくは「パワーハラスメント（パワハラ）」と呼ばれる問題が都道

府県労働局における労働相談でも第1位となっており、労働審判でも相当な割合を占めている現状を指摘した上で、日本においては、男女雇用機会均等法に事業主のセクシュアル・ハラスメントに関する措置義務が規定されているほかは、ハラスメントに関する特別法ないし特別な規定はないため、ハラスメントに関する紛争は、裁判所において、通常の損害賠償法理などで民事的な救済が行われるにとどまる現状が説明された。

しかし、ハラスメントは労働者の人格権を侵害したり、これによってメンタル疾患を引き起こしたりする可能性がきわめて高く、事後的な金銭賠償では十分に損害が回復されない。従って、ハラスメントについては、事前の予防が何より重要である。そこで、ハラスメントの予防に資する、もしくは、紛争発生初期における行為の中止につながる法政策が検討されるべきとした。

また、ハラスメントは、単に被害者の個人的な問題ではなく、それを発生させた職場全体の問題として捉えなければ、ハラスメントの発生原因を払拭することができないことから、修復的正義の手続きなどの手法を取り入れることが重要であるとした。

第2報告の滝原啓允会員（中央大学）の報告「職場いじめ・ハラスメントに係る使用者側の義務・責任」は、これまでのハラスメントの使用者の義務および責任に関する学説・判例を消化し、とくに安全配慮義務と職場環境配慮義務との異同を総括した。そして、職場環境配慮義務という概念が、単なる個別事案の事後的な救済だけではなく、ハラスメントを職場全体の問題と捉えて職場環境を整える使用者の責任の根拠として適切であると主張した。

そして、ハラスメントのない職場を構築していくためには、修復的正義の手続きを導入することが必要であるとした。修復的正義の手続きの導入において、使用者は、この手続きの実践について便宜供与も含め、これを支援し、また、その結果を真摯に受け止めることが求められる。ただし、修復的正義の手続きにおける使用者の役割が法的に職場環境配慮義務に根拠付けられると考えられるかは今後の検討課題である。

第3報告は、柏﨑洋美会員（京都学園大学）の「ハラスメントと紛争解決手続及び救済の方法・内容」である。この報告は、ハラントメントに関する紛争解

シンポジウムⅢ（報告①）

決手続の現状を分析し，ハラスメント問題の加害者及び使用者が，損害賠償請求等の支払によって事件を解決したとするだけでは，ハラスメントの発生を減らし職場全体の改善につなげるためには，十分ではないと指摘した。すなわち，被害者である労働者が，当該職場において従来どおりの勤務が保障され，かつ，ハラスメントの発生原因が除去されることが必要なのであり，現状の紛争解決手続には限界があると指摘した。今後は，ハラスメントに関しては，個別的・事後的救済から，集団的・予防的対応を強化するべきであり，離職及びメンタル疾患を回避するため紛争発生初期における行為の中止につながる対応が検討されるべきとした。そのために，衛生委員会制度に着目し，ハラスメントに関する事案も所管事項とする制度的な提案を行った。また，カナダの労働組合の修復的実践の例を紹介し，日本での導入可能性についても問題提起した。

Ⅲ　議論の概要

　内藤報告に対しては，まず，浅野毅彦会員（早稲田大学院）から，ハラスメントの事前防止の実効性を高めるために，使用者にどのようなインセンティブを与えることが考えられるかという質問があった。これに対して内藤会員からは，イギリスにおけるハラスメント防止のための行為準則を使用者が遵守していた場合に，使用者に対して命じられる補償金を減額するという手法が紹介された。また，これに関連して，イギリスにおける職場での平等代表の設置が，使用者のハラスメント防止措置に対するチェック機能を果たしていることが紹介され，日本でも使用者のハラスメント防止措置の実効性を高めるためには，職場におけるチェック体制を整えることが重要であることが指摘された。
　次に山下昇会員（九州大学）から，同僚間のハラスメントを今後どのように法的に捉えていくかという趣旨の質問があった。内藤会員は，同僚間のハラスメントがハラスメントのなかでも統計的に相当数を占めており，その取扱いが重要であるとの認識を示した上で，使用者の責任としては，不法行為責任の問題として考えているとの応答があった。
　滝原報告に対しては，吉川研一同志社大学教授（非会員）から，ご自身の地

方調整委員の活動を踏まえて，ハラスメントに関する使用者の義務の制定法上の根拠に関して労働契約法5条を考えているか，また，判例においては，ハラスメントを不法行為と捉えるものが主流ではないかとの質問があった。滝原会員は，最近の裁判例の傾向からも労働契約法5条から職場環境調整義務を導き出す例もあり，理論的には労働契約法5条をハラスメントに関する使用者の義務の制定法上の根拠を構成することは可能であろうとの応答があった。また，判例においては，不法行為上の注意義務でも労働契約上の義務でも職場環境整備義務を述べているが，労働契約上の信義則を強調するのは，単に事後的な紛争解決ではなく，事前防止などを使用者の義務と考えるためであるとした。

山下会員からは，修復的正義の手続きを使用者の法的責任のなかに取り込むことの法的根拠について質問があった。滝原会員は，ハラスメントが個別的な事案であっても，そこで提起されているのは，職場全体の問題であり，ハラスメントが発生する職場環境自体を改善することが使用者の義務であるという方向で考えているとした。

傍聴の弁護士の方からパワー・ハラスメント事案を想定して，修復的正義の手法が重要であるとわかったとした上で，実際の場における修復的正義手続きの担い手の養成についての質問があった。滝原会員は，修復的な手続きにおいては，ファシリテーターの役割が極めて大きいので，諸外国の刑事司法における具体例を参考にしつつ，今後検討したいとの応答があった。

田中建一会員（東洋大学）からは，修復的正義の手続きの有効性を踏まえながら，修復に失敗した場合，とくにそれが二次ハラスメントの危険性について質問した。これに対して，滝原会員は，諸外国の修復手続きの有り様を簡単に紹介するともに，二次ハラスメントを防ぐためには，ファシリテーターの役割が大きいとの応答があった。また，修復的正義の手続きはADRのような個別的な紛争解決ではなく，問題を集団的に捉えて，コミュニティーの問題として考えるものであることが強調された。

桑原昌宏教授（愛知学院大学，非会員）からは，修復的正義の手続きをセクシュアル・ハラスメントの事案に適用する研究が2000年代初頭からあること，また，修復的正義の手続きがカナダの先住民の共同体の意思形成手段にルーツが

あることなどが紹介された。

　柏原報告に対しては，山下会員からハラスメント防止において衛生委員会などの活用を提起しているが，どのような立法論を考えているのかという質問があった。これに対して，柏原会員は，基本的に労働安全衛生法において衛生委員会の検討事項のなかにハラスメントを取り入れることを念頭に置いていると答えた。

　山崎文夫会員（平成帝京大学）は，フランスにおけるハラスメントに関する使用者の法的責任に関する最近の破毀院判例を紹介し，結果安全債務の根拠として，憲法上の健康に関する権利などを背景に認めている状況を説明した。そして，破毀院判例は，フランスにおいて日本の安全衛生委員会にあたる組織がハラスメントを所管していること，使用者にハランスメント防止義務があるだけではなく，ハラスメント防止計画を立てることが義務付けられていることなどの具体的状況を前提とした立論であることに留意すべきことの指摘があった。

　石井保雄会員（獨協大学）は，報告者がカナダのルバツコシア州の労組が行っている修復的手続きを取り上げていることに対し，カナダの小さな州のことだけを取り上げても日本への修復的手続き導入の根拠としては説得力がないのではないかとの疑問を呈した。これに対して，内藤会員から，この事例は，あくまで修復的司法の具体的な実例として提示したにとどまるとの応答があった。

IV　ま　と　め

　ハラスメントという事象を個別的な問題として捉えるのではなく，職場における集団的な問題として捉えることなしにはハラスメント問題の真の解決はないという問題提起は大方の参加者の賛同を得られたと評価できる。そして，その手法として修復的正義の手続きの導入が有効であるとの問題提起も肯定的に受け止められた。そして，修復的正義の手続きが近代社会以前のコミュニティにおける意思形成手段にルーツがあるなど，職場集団の再生という観点から重要な指摘がなされた。

　もっとも，修復的正義の手続きというこれまでの労働法学にはあまりなじみ

のない手法を軸とする問題提起であり，また，報告者の構想もなお抽象的であったことに起因して，修復的正義手続きの導入を含め，職場からハラスメントの発生する土壌を根絶するためにどのような理論が必要とされ，また，政策的な課題があるかは必ずしも明らかにならなかったように思われる。今後の議論の発展に期待したい。

（しまだ　よういち）

職場におけるハラスメントの現状と課題
―― 集団的・予防的対応の必要性 ――

内 藤　忍
（労働政策研究・研修機構）

I　はじめに

　職場におけるセクシュアルハラスメント，いじめ・嫌がらせ，パワーハラスメント，マタニティハラスメントなどと呼ばれる行為（以下，これらを「ハラスメント」と総称する場合がある）に関する問題が，裁判・労働局における相談（件数）・マスコミ等により顕在化するようになっている。後述するように，ハラスメントを受けたことをきっかけに退職する人もいる。また，深刻化すると被害者にメンタルヘルスの不調をもたらすこともある。そうすると，ハラスメントの被害を受けただけでなく，体調不良により仕事ができなくなり，休職，退職，再就職の困難などの影響が生じる。仕事に従事できないということは，賃金を一部もしくは全部得られなくなるということでもあり，本人や家族の経済生活にも大きな影響を及ぼすことにもなる。しかも，都道府県労働局の「いじめ・嫌がらせ」事案のあっせん処理においては，当事者が望む解決（例えば「謝罪」）よりも金銭合意が導かれやすく，かつ，その合意額は被害者の受けた損害を賠償するにはあまりにも低い額となっている。

　本稿は，ハラスメントに関する現状の紛争解決のあり方が当事者の真の救済を難しくしているではないかという問題意識から，ハラスメントをめぐる現在の紛争解決の問題点の検討を通じ，この問題のあるべき法政策を模索しようとするものである。以下では，本稿が対象とする「ハラスメント」の分類を行った上で，職場におけるハラスメントの背景・要因，そして紛争解決上の課題の検討を通じて，職場におけるハラスメントの問題について，個別的・事後的救

済のみならず，より集団的・予防的対応に重きを置くことの必要性を論じる。

II 「ハラスメント」の分類

セクシュアルハラスメント，いじめ・嫌がらせ，パワーハラスメント，マタニティハラスメントなどの用語については，現在，法的な明確な定義もなく，文脈により様々な意味に用いられている。本稿で対象とするハラスメントを明確にするために，以下ではいくつかの基準による分類を行う[1]。

第一の基準は，「差別的なものであるかどうか（一定の（差別）事由に基づくハラスメントであるかどうか）」である。差別的なものとして，人種，障害，性別に基づく行為などのほか，セクシュアルハラスメントも差別的なものとして類型化できる。妊娠・出産や育児休業取得等に関するハラスメントも差別的なものに該当する。なお，これについては，2016年3月に男女雇用機会均等法（以下，均等法）と育児介護休業法に，使用者に対する措置義務が導入された。ここ数年，法学以外の領域，マスコミ，政治的文脈等で「マタニティハラスメント」の問題が指摘されてきたが，その背景の一つとして，既に均等法9条3項において妊娠・出産に関する不利益取扱いの禁止，育児介護休業法10条において育児休業取得等に関する不利益取扱いの禁止が規定されているにもかかわらず，遵守されていないという問題（法の実効性が確保されていないという問題）が存在している。

第二は，「管理職等が職務上の地位を利用したものであるかどうか」である。この基準により，管理職等が職務上の地位を利用した行為を行う場合と，同僚間で行為が行われる場合とに分けられる。前者が「狭義のパワーハラスメント」であり，前者後者を含めたものが，どんな関係性における行為も含まれるとする厚生労働省の「職場のいじめ・嫌がらせ問題に関する円卓会議ワーキンググループ」（2012年）の報告で採用された「職場のパワーハラスメント」（広義のパワーハラスメント）に該当する。

---

1) 分類については，具美英「韓国における職場内いじめに関する紛争事例と法制度の状況」労旬1858号（2016年）9頁も参照。

第三は,「組織ぐるみのものであるかどうか」である。会社が組織ぐるみで,労働者をやめさせるために行ういじめ(追い出し部屋等を含む)や孤立化させるために行ういじめ,労働組合を壊滅させるための行為等がこれに該当する。

　第四は,「組織内部の構成員による行為であるかどうか」である。加害者が組織内部の構成員であるか(指揮命令を受ける派遣労働者は含む),顧客や取引先等の第三者であるかという分類である。なお,セクシュアルハラスメントについては,均等法上,顧客や取引先等が加害者に含められうると解釈されている(同法セクハラ指針2(2))。一方,「パワーハラスメント」については,厚労省の報告書では,「同じ職場で働く仲間に対して……職場環境を悪化させる行為」と概念化されており,第三者による行為を「職場のパワーハラスメント」の概念には含まないとされている[3]。

III　職場におけるハラスメントの背景・要因

　職場のハラスメントを生じさせる主な要因については,一般的に,個人的なものととらえられることが多い[4]。ハラスメントの予防が検討される際,組織風土や職場環境の改善ではなく,どういった具体的言動をしてはいけないのか(=各個人がどういった具体的な言動さえしなければいいのか)といった議論に終始することが多いことがそれを象徴している。

　しかし,欧米の心理学の先行研究[5]では,個人的要因よりも,組織的要因に着目した研究が多い。Hoel & Salin(2003)は職場いじめ(bullying)の組織的要

---

2) 厚生労働省「職場のいじめ・嫌がらせ問題に関する円卓会議ワーキンググループ報告」(2012年1月30日発表)。
3) 筆者は,セクシュアルハラスメントと同様に,第三者による行為も「職場のパワーハラスメント」に該当するとすべきだと考えている。内藤忍「『職場のいじめ・嫌がらせ問題に関する円卓会議』提言と今後の法政策上の課題―労使ヒアリング調査結果等を踏まえて」季労238号(2012年)11頁以下。
4) 労働者を対象にした調査でも,「パワハラ行為をする人の個人的な問題だと思う」という項目について「そう思う」と回答した人は54.6%(複数回答)と過半数にのぼった。全日本自治団体労働組合『自治労パワー・ハラスメント10万人実態調査報告書』自治労賃金資料No. 191(2010年)39頁。

因について，①変化する職務の特性，②職場環境，③組織文化及び組織風土，④リーダーシップの4つに分類している[6]。①については，従業員の攻撃的行為と組織変革の頻度の関連性が報告されている[7]。組織内で経営管理の変革，賃金減額，パートタイマーの起用のうち一つでも経験した従業員は，職場で攻撃的行為を行いやすいという。②の職場環境については，仕事のストレスの原因となるものが多い職場ほど，従業員が職場で対人的な葛藤やいじめ体験を報告している[8]。③の組織文化及び組織風土については，競争的な組織風土ではいじめ経験が多く報告されている[9]。④のリーダーシップについては，部下に対して支援的なリーダーシップをとる上司がいる職場ほど，職場いじめによる悪影響は少なく[10]，反対に，リーダーが専制的であればその職場のいじめは多いという報告がある[11]。もちろん，ハラスメントのような職場の反社会的行動については，個人的要因が全く無関係であるということではなく，個人的要因と状況要因（組織的要因を含む）が交互作用するという分析も有力である[12]。

　一方，組織的要因については，問題対処の経験がある日本の使用者や労働組

---

5) 心理学の領域における先行研究については，田中堅一郎「荒廃する職場の犠牲者―職場の迫害，職場いじめに関する心理学的研究の展望」日本大学大学院総合社会情報研究科紀要 No.7（2006年）1頁以下参照。
6) Hoel, H. & Salin, D., Organizational antecedents of workplace bullying. In S. E. Einarsen, H. Hoel, D. Zapf, & C. L. Cooper (Eds.), *Bullying and emotional abuse in the workplace: International perspectives in research and practice*. (pp. 203-218.) London: Taylor & Francis, 2003.
7) Baron, R. A. & Neuman, J. H., Workplace violence and workplace aggression: Evidence on their relative frequency, and potential causes. *Aggressive Behavior*, 22, 1996, p. 161.
8) Einarsen, S., Raknes, B. I., & Matthiesen, S. B., Bullying and harassment at work and their relationships to work environment quality: An exploratory study. *European Work and Organizational Psychologist*, 4, 1994, p. 381.
9) Vartia, M., The sources of bullying: Psychological work environment and organizational climate. *European Journal of Work and Organizational Psychology*, 5, 1996, p. 203.
10) Einarsen et al, *supra* note 8.
11) Vartia, *supra* note 9.
12) Folger, R., & Skarlicki, D. P., A popcorn metaphor for employee aggression. In R. W. Griffin, A. O'Leary-Kelly, & J. Collins (Eds.), *Monographs in organizational behavior and industrial relations* (Vol. 23, pp. 43-81) Greenwich, CT: JAI Press, 1998.

合の担当者からも多く指摘されている。彼らを対象に,「パワーハラスメント発生の背景・原因」を尋ねたところ,回答の上位5つは,「人員削減・人材不足による過重労働とストレス」,「職場のコミュニケーション不足」,「会社からの業績向上圧力,成果主義」,「管理職の多忙・余裕のなさ」,「就労形態の多様化」(複数回答)といった,組織的要因といえるものであり,「行為者の資質やハラスメント意識の欠如」との回答は相対的に少なかった[13]。これまで多くの相談を受け対処してきた公的機関も,「職場のいじめ・嫌がらせ」が問題となってきた理由について,「経営環境・職場環境の変化」を挙げてきた[14]。

したがって,ハラスメントの背景には,個人的要因のみならず,組織的要因が大きく存在しているが,経験ある担当者以外の一般的な認識は未だ十分ではない。

IV 紛争解決の観点からみた課題

ハラスメントの紛争はいかに「解決」されているのか。6つの都道府県労働局が2011年度に受け付けたあっせんのうち,内容から「いじめ・嫌がらせ」に分類された284件を対象にしたJILPTの調査から[15],いくつかの課題を指摘する。

1 離職率の高さ

都道府県労働局にいじめ・嫌がらせであっせんの申請がなされた事案において,問題となった行為が起きた勤務先との雇用関係が終了していたケースは,申請前の時点で66.5%(退職51.4%,雇止め7.0%,解雇8.1%),申請後の時点では83.8%(退職67.3%,雇止め7.7%,解雇8.8%)にのぼっていた。あっせんで合

---

13) 『職場のいじめ・嫌がらせ,パワーハラスメント対策に関する労使ヒアリング調査―予防・解決に向けた労使の取組み』資料シリーズ No. 100(労働政策研究・研修機構,2012年)。
14) 21世紀職業財団「職場におけるパワーハラスメントの防止のために〔3版〕」(2011年)3頁,東京都産業労働局「職場のいじめ―発見と予防のために」(2011年)8頁。
15) 『職場のいじめ・嫌がらせ,パワーハラスメントの実態―個別労働紛争解決制度における2011年度あっせん事案を対象に』資料シリーズ No. 154(労働政策研究・研修機構,2015年)。1については34頁以下,2については33頁以下,3については50頁以下。

意が得られ，局での手続上，形式的には「解決」「終了」となっていても，8割以上の労働者が会社を去る結果となっている。

2 メンタルヘルスへの影響

いじめ・嫌がらせのあっせん事案の資料において，行為を受けた後に申請人がメンタルヘルス不調になったとする記載があるものは35.2％（本人主張のみ14.1％，診断書あり21.1％）と，1/3以上にのぼった。また，メンタル不調になっているケースにおいては，不調との記載がないケースと比べ，あっせん申請前に既に休職している割合がとても高く（不調・休職15.2％，不調でない・休職2.3％），休職者の多くは，あっせん申請後に退職という結果になっている。ハラスメントの被害を受けただけでなく，体調不良により仕事ができなくなり，休職，退職，再就職の困難などの影響が生じ，収入が減少する中，治療のための費用捻出もしなければならず，本人や家族の生活に大きな経済的な影響も生じることになる。

3 申請人の請求内容と合意内容

一方，労働局におけるいじめ・嫌がらせのあっせんでは，申請人の請求する内容や金額がなかなか認められていないという実態がある。最も多い請求内容は「金銭」（請求率96.1％，重複計上）であり，これは合意率が比較的高いが（請求内容別にみた合意率は35.2％），「謝罪」（請求率20.4％），「人事上の措置（申請人・行為者の異動や行為者の処分）」（同6.0％），「事実確認」（同5.3％），「行為の中止」（同4.2％），「解雇の撤回，退職後の再雇用，傷病休職後の復職」（同2.5％）については，謝罪の合意率が15.5％で，残りが合意なしのため合意率0％となっている。たとえ労働局に行き着いたとしても，申請人が希望する「謝罪」，「人事上の措置」，「行為の中止」といった請求は認められることが非常に少ない。

そして，合意できたとしても，その金額が問題である。いじめ・嫌がらせのあっせんの合意金額の平均値は281,236円，中央値は200,000円と低い。正規労働者と非正規労働者で値が変わることから，合意金額は申請人の月額賃金に比

例していると考えられ，申請人が受けた行為やその損害額を賠償するための金額にはなっていない。時には，解雇予告手当相当分や未払いの賃金を含めた合意金額になっていることもあり，いじめ・嫌がらせに対する賠償部分がほとんどないケースも見受けられる。この合意金額のレベルでは，行為とその影響（離職や体調不良等を含む）について十分に賠償されえない。

V　おわりに——個別的・事後的救済から集団的・予防的対応へ

以上で述べたように，ハラスメントをめぐる現状の紛争解決について，特に「いじめ・嫌がらせ」のあっせん事案処理からは，①申請後に離職する人が多い，②メンタルヘルス不調になる申請人が多い，③「謝罪」や「行為の中止」などの希望する請求内容が合意できず，金銭合意も低額となることが多いという課題が抽出された。

これらから，第一に，ハラスメント問題への早期の介入の必要性が示唆される。とはいえ，行政が介入・監督することはその人員上あまり現実的ではないだろうから，労使がハラスメントのより早期の段階で自律的に介入できる，もしくは，予防できるしくみを法が作り出すことができないだろうか。ハラスメントがメンタルヘルス不調の要因となる可能性に鑑み，これを労使の委員が参加する衛生委員会の調査審議事項とすることや[16]，イギリスのナショナルセンターTUC（労働組合会議）が国の補助金を得て研修・養成している「平等代表」（equality representatives）の制度も参考となるだろう。平等代表は，各職場で労働者側の立場で，ハラスメント問題を含む平等・差別問題について活動する基盤となりつつある。

第二に，③の「行為の中止」の希望に関連して，裁判では，エール・フランス（仮処分命令）事件（千葉地決昭60・5・9労判457号92頁）で請求を認めたが，西谷商事事件（東京地決平11・11・12労判781号72頁）では「生命，身体又は名誉といった人格的利益以外の人格的利益を内実とする人格権」についても侵害行

---

[16] 成田赤十字病院の衛生委員会におけるハラスメントの取組みの事例として，鈴木郁雄「安全衛生活動を医労連の柱に」医療労働574号（2014年）15頁。

為の差止ができる場合があるとしたものの，請求を認めず，差止請求の難しさを示した。この点，行政委員会方式ではあるが，オーストラリアの公正労働委員会（Fair Work Commission）が，申立てから14日以内にいじめ行為の中止に適切なあらゆる命令を出しており，参考になる。

　第三に，Ⅲで紹介したように，ハラスメントの発生には個人的要因ばかりでなく，組織的要因が影響している。労使が要因についての認識を持ち，組織風土や職場環境の改善について取り組むことが重要である[17]。

　最後に，ハラスメントをめぐる問題は，被害者が報復やプライバシーが明らかになることなどを恐れ，早期に顕在化しにくい。そのため，対応が遅れ離職・メンタル不調などを招くことになる。また，現在の労働局のあっせんの金銭合意のレベルでは，離職や健康について十分に賠償・回復されないから，特にこのハラスメントについては，予防が何より重要といえる。したがって，従来の事後的な個別救済だけではなく，ハラスメントの予防に資する，もしくは，メンタル罹患・離職を回避するための紛争発生初期における行為の中止につながる法政策が真剣に検討されるべきではないだろうか。

（ないとう　しの）

---

17) カナダの労働組合 Nova Scotia Government & General Employees Union（NSGEU）では，修復的正義／司法（Restorative Justice）の手法により，当事者のみならず，ハラスメントが起きた職場の構成員が皆で新しい価値を創造するという取組みを行っている。Susan Coldwell, "Addressing Workplace Bullying and Harassment in Canada, Research, Legislation, and Stakeholder Overview: Profiling a Union Program", in Workplace Bullying and Harassment: 2013 JILPT Seminar on Workplace Bullying and Harassment, JILPT Report No. 12（June 2013），p. 154.

ハラスメントに係る使用者の義務・責任
――新たなアプローチとしての修復的正義の可能性――

滝 原 啓 允

（中央大学）

I　はじめに

　本稿では，これまでのハラスメントに係る使用者の義務・責任論を振り返りつつ，現状を踏まえ，ハラスメントに関し新たなアプローチが必要なのか論じる。また，それが必要であるならば，如何なるアプローチが妥当し，そしてそれがどのような効果をもたらすのかにつき考察する。

　具体的には，私法上の義務論を検討の基本的対象とし，職場環境配慮義務ないし安全配慮義務を取り上げつつ，修復的正義の可能性につき言及したい。

　なお，さしあたって本稿では「ハラスメント」を「職場における人格的利益侵害行為」として捉える。

II　ハラスメントに係る使用者の義務・責任論の形成と展開

1　労働関係における特殊性

　労働関係においては，労働と人格との不可分性・集団性・継続性などの特殊性が意識されるべきで，これらは労働契約における特質としても理解される。これらはすべての労働関係に妥当するわけではないが，多くの場合における特性といえよう。以下ハラスメントとの関連でこれらをみたい。

　第一に，労働と人格は切っても切り離せない関係にある。そのため，労務提供の際，当該労働者の人格に対し何らかの侵害が生じる可能性は決して低くない。第二に，労働は集団的・組織的に展開されるため，人格と人格との衝突は

ほぼ不可避的に生じる。そして、それは一方的な攻撃として生じる場合もあり、ハラスメントとして対処すべきものは少なくないだろう。第三に、多くの労働契約が長期の継続を予定し、あるいは殆どの労働者がそれを期待していることからすれば、自らが属する職場を構成する他者との中長期に亘る人間関係が円滑で良好である状態が望ましいことはいうまでもない。前二者からすれば、ハラスメントは労働それ自体に内在する危険の一つとして指摘でき、後一者からすれば、そうした危険が惹起した際の適切対処が不可欠であろうことが導かれる。これらからすれば、職場を支配し管理する使用者は、ハラスメントという危険について、予防と事後対応とを核としつつ対処すべきこととなろう。そして、それに係る義務・責任を果たすことが使用者に要請される。

2 ハラスメントに係る使用者の義務

働きやすい職場環境を整備・維持・実現することを内容とする職場環境配慮義務[1]が、ハラスメント対処に最も適合的であることについて異論は少ないだろう。同義務の形成に大きな役割を果たしたのは、1990年前後のセクシュアル・ハラスメント（以下「セクハラ」）を巡る議論[2]であった。そもそも同義務の原初的形態は安全配慮義務の拡張を企図していたが、それは法律論として「かなりラフ」であるとの批判[3]を招来した。その後、両者の重畳もあり得るとしつつも、身体に対する危険防止義務を安全配慮義務とし、労務遂行を困難にするような精神的障害が生じないよう職場環境を整備すべき義務を職場環境配慮義務として論じるものが現れた[4]。精神的人格価値に着目した職場環境配慮義務と身体的

---

1) 学説のみならず、三重セクシュアル・ハラスメント（厚生農協連合会）事件（津地判平9・11・5労判729号54頁）、社会福祉法人和柏城保育園事件（福島地郡山支判平25・8・16労働判例ジャーナル20号6頁）など裁判例でも散見される表現であり、適正・良好・快適といった価値を職場環境に包含させ得る。

2) これを振り返るものとして、松本克美「セクシュアル・ハラスメント―職場環境配慮義務・教育研究環境配慮義務の意義と課題」ジュリ1237号（2003年）137頁など。

3) 奥山明良「法律問題としてのセクシュアル・ハラスメント―問題の所在とその法的アプローチ」法セ423号（1990年）14頁、17頁。

4) 山田省三「セクシュアル・ハラスメントの法理―福岡地方裁判所平成元年（ワ）一八七二号損害賠償請求事件鑑定書」労旬1291号（1992年）30頁、39頁。

シンポジウムⅢ（報告③）

人格価値に着目した安全配慮義務とを一定程度区別し，付随義務論の文脈で債務不履行構成（民法415条）を用いるとの法的方法は，理論的に明快であった。

　精神的人格価値か身体的人格価値かといった，保護領域における本来的中核域（核心）に関する差異など，両義務における相違は少なくない。また，訴訟実務においては，退職・休職に至った場合に職場環境配慮義務を妥当させ，自殺や傷害といった結果が生じた場合には労働災害との連関もあって安全配慮義務を妥当させるといった傾向がみられる。ただ，必ずしもすべてがそうではなく，さらにそもそも各義務の各保護領域の重なり合いも近時においては少なくないところであって，ハラスメントへの対処として両義務は混交状態にあるともいえよう。また，職場環境配慮義務または安全配慮義務の規範的根拠については，信義則（労働契約法3条4項，民法1条2項）に求められようが，後者のみならず前者の規範的根拠を労働契約法5条に求める裁判例もみられる。

　ともかく，使用者においてはハラスメントに関し一定の義務が生じる。通常私法上の効力はないとされるものの，男女雇用機会均等法11条2項に基づく指針はセクハラにつき，(1)方針の明確化及び周知・啓発，(2)相談に応じ適切対応するために必要な体制整備，(3)事後の迅速かつ適切な対応などを事業主に求めている。この内容そのものは，セクハラのみならず広くハラスメントについても妥当し得る。すなわち，予防と適切な事後対応は，ハラスメントに係る使用

5）　これにつき詳細は，滝原啓允「職場環境配慮義務法理の形成・現状・未来—行為規範の明確化にかかる試論」法学新報121巻7・8号（2014年）473頁，484頁以下。

6）　すなわち，主として言辞による侵害がなされた(1)川崎市水道局事件（横浜地川崎支判平14・6・27労判833号61頁）と(2)社会福祉法人和柏城保育園事件（福島地郡山支判平25・8・16労働判例ジャーナル20号6頁）とを比較するに，前者には安全配慮義務が，後者には職場環境配慮義務がそれぞれ妥当しており，あるいは，言辞・強要事案の(3)誠昇会北本共済会病院事件（さいたま地判平16・9・24労判883号38頁）と(4)医療法人社団恵和会事件（札幌地判平27・4・17労旬1846号64頁）とを比較しても，前者には安全配慮義務が，後者には職場環境配慮義務がそれぞれ妥当し，侵害行為それ自体と両義務との関係は判然としない。一方，結果に着目するに，(1)と(3)は自殺事案だが，(2)と(4)は懲戒解雇または休職事案となっており，両義務との関係で本文で述べたような一定の傾向がみてとれる。

7）　前掲注1）社会福祉法人和柏城保育園事件。

8）　「事業主が職場における性的な言動に起因する問題に関して雇用管理上講ずべき措置についての指針」（平18厚労告615号）。なお同指針3(3)ロ①は後述の修復的正義に親和的である。

者の私法上の義務内容の核としても捉えられ，その懈怠の違法性については個別具体的な事情に応じ裁判上判断がなされる。適切な事後対応がなされない場合，被害者の精神面においてダメージが拡大する可能性が高いが，実際の事案をみるに，ハラスメントに対し適切妥当な措置が講じられないまま重大な結果が生じる場合は少なくない。また，いわゆる「パワーハラスメント」において問題となる教育指導については，それを行う者に対する研修等を充実させる必要が生じ，教育指導で用いる言辞の選定・コミュニケーションの程度や指導を受ける者の理解力・真意を適切に伝達し得たか否かなどへの留意が，教育指導を行う者において十分なされるべきであろう。

3　法的責任論

ハラスメントに係る義務への違反は，付随義務違反として使用者に債務不履行責任を生じさせるか，または注意義務違反として不法行為（使用者）責任（民法709条，715条）を生じさせるかのいずれとも構成し得るところ，訴訟実務では選択的併合がなされる場合が少なくない。

しかし，学説においては，債務不履行構成による使用者への責任追及を支持するものが複数見られる。すなわち，同構成のメリットとして，(1)使用者における行為規範（義務内容）の明確化・具体化が図れるという点，(2)他人責任としての使用者責任とは異なり使用者による積極的な職場環境への配慮・整備が促進される点，(3)過去の損害に対する構成（不法行為構成）ではなく，契約上の本来の内容回復を図ることで過去の清算のみならず将来に向けて一定の措置を強制するという形での法的責任追及が可能となる点などが挙げられている。

---

9) なお，「職場内の人権侵害」を生じさせないようにするとの文脈で「パワーハラスメント防止義務」を述べたものとして日本土建事件・津地判平21・2・19労判982号66頁。
10) たとえば，前掲注6）川崎市水道局事件，国・京都下労基署長（富士通）事件・大阪地判平22・6・23労判1019号75頁など。
11) アークレイファクトリー事件・大阪高判平25・10・9労判1083号24頁を参照。
12) 松本・前掲注2）140頁，土田道夫『労働契約法』（有斐閣，2008年）116頁。
13) 山田省三「JR西日本日勤教育における労働者の人格権―鑑定意見書（2007年4月3日大阪地裁提出）」労旬1764号（2012年）28頁，29頁。

なお、ハラスメント事実を認識または容易に認識し得た場合の懈怠等について、会社法429条1項の役員責任が肯定される場合もみられる[15]。

4 課題ないし視点の転換

これまで述べてきたような義務・責任論がこれまでハラスメントに対し果たした役割は大きく、とりわけ法的紛争における救済の局面において今後も発展が見込まれよう。しかし、その一方において、ハラスメントについては、課題が複数認識される。すなわち、第一に、ハラスメントの加害者が実際には当該事業体における構造的「犠牲者」である可能性[16]（経営層に追いつめられた中間管理職等）など、組織的・構造的な不具合があったとしても、それは看過されがちである。つまり、個別的で結果的な救済では見過ごされてしまう問題があり得る。第二に、被害者が求めているのは金銭的賠償のみではない。加害者による謝罪もさることながら、当該被害者の離職回避・復職支援のためにも、他の労働者のためにも、適正な職場環境が回復ないし再構築されるべきであろう。第三に、ハラスメントを防ぐための適正な職場環境は、最終的には個々の労働者によって構築され得るが、使用者による（他律的）研修は個々の労働者の（自律的）反ハラスメント規範意識涵養に必ずしも結びつかない場合[17]が散見される。さらにいえば、幾度もハラスメント紛争が生じる職場もみられる。

これらからすると、個別的な被害者救済もさることながら、ハラスメント問題を集団（コミュニティ）において捉えることが必要不可欠なように解される。それは、使用者における意識改革をもたらし得る。また、労働者の能動的関与を得ることで、職場環境それ自体の回復ないし再構築が促進されるとともに、予防ないし再発防止策の自律的形成の契機にもなり得よう。

---

14) 唐津博「労働者の『就労』と労働契約上の使用者の義務—『就労請求権』と『労働付与義務』試論」下井古稀『新時代の労働契約法理論』（信山社、2003年）157頁、190頁。
15) サン・チャレンジほか事件・東京地判平26・11・4労判1109号34頁。
16) 西谷敏『人権としてのディーセント・ワーク—働きがいのある人間らしい仕事』（旬報社、2011年）271頁。
17) 海遊館事件・最一小判平27・2・26労判1109号5頁における事案等。

III　ハラスメントに対する修復的正義の可能性

1　修復的正義という思想

　上で述べたような状況に適合的と思われるのが，「修復的正義[18] (restorative justice)」という「ものの見方」である。修復的正義は，相互協力のもと対話を促し被害の回復を促進させ新たな価値をも創造しようとするものであり，具体的には被害者と加害者そしてコミュニティの3者が進行役のもとで直接対話するモデルとして実践されることが多い。当初日本には刑事司法における「修復的司法」として紹介されたが，修復的正義はその文脈に留まるものではない。すなわち，修復的正義は，一定のコミュニティを維持しながら狩猟や採集のために移動を続けるような伝統的社会において人々が用いたコンフリクト解決法であり，あるいは，南アフリカ共和国におけるアパルトヘイト後の真実和解委員会における思想でもあり，学校でのいじめに対し用いられる手法でもある。また，カナダなどではハラスメントへの対処法として用いられている。[19]

　当該「害 (harm)」がなぜ発生したのかを考察し，悪化した関係を修復し新たな関係を構築し直す過程において，コミュニケーションを重視し，ニーズと責任と期待とを明らかにしつつ，将来に向けてポジティブな価値を生じさせようとする試みが修復的正義といえよう。いわば一種の正義論ないし思想である。誤解されがちだが，もとあった関係性を回復するのみならず，仮にもとあった関係性に問題があるのであれば，新しい価値を生じさせながら新たな関係性を構築させようとするのが修復的正義である。よって，問題のある状況を再びそ

---

18)　紙幅に限界があり，都度脚注を付すことができないが，本稿における修復的正義については，Howard Zehr, *The Little Book of Restorative Justice,* (Good Books, 2002), 高橋則夫『修復的司法の探求』(成文堂，2003年), 同『対話による犯罪解決—修復的司法の展開』(成文堂，2007年), 宿谷晃弘＝安成訓『修復的正義序論』(成文堂，2010年), 山下英三郎『修復的アプローチとソーシャルワーク—調和的な関係構築への手がかり』(明石書店，2012年) などを参照した。なお，本稿は，修復的正義について「純粋モデル」論を念頭とする。

19)　Susan J. Coldwell, 'Addressing Workplace Bullying and Harassment in Canada, Research, Legislation, and Stakeholder Overview: Profiling a Union Program', (2013) 12 JILPT Report 135.

のまま「回復」させることは修復的正義の哲学に合致せず，あるいは，深刻な被害において被害者と加害者とが直接対話せずに，それぞれ異なる方向性に別離していく（それぞれが新たな関係性を得ることとなる）ための修復的正義も存在することとなる。つまり，被害者のニーズ次第で実践の方法は変容し得る。

2　ハラスメントに対する修復的正義の可能性とその効果

Ⅱの1で述べた労働関係における特殊性のうち，集団性と継続性は，修復的正義が前提とするところや想定する価値と親和的である。なぜなら，修復的正義はコミュニティの存在を前提にするが職場それ自体は一つのコミュニティとして捉え得るし，地域社会等における人間関係の存続に関心を有する修復的正義は特定の使用者における中長期的な労働に伴う人間関係の円滑かつ良好な継続という価値を包摂し得るからである。また，労働と人格の不可分性という文脈においても，その根底にあるのは人格への深慮といえ，これが修復的正義と調和的であることはいうまでもない。よって，修復的正義という思想は労働関係に適合的といえよう。

ハラスメントの背景としては[20]，(1)人員削減ないし人材不足による過重労働とストレス，(2)それが引き起こす職場のコミュニケーション不足，(3)それらと労働組合組織率低下とに伴う職場の問題解決力低下などが指摘される。修復的正義は，職場に問題解決力を付与し得るし，コミュニケーションを促進させ，過重労働やストレス等から生じる害を考察することに資するだろう。そして，Ⅱの4で述べた課題との関係では，実践の場で被害者へのケア（加害者らによる謝罪や心の整理など）がなされ適正な職場環境が回復ないし再構築されようことはもとより，なぜ当該被害が発生したのかを考察する際に，職場ないし組織それ自体が抱える課題について考慮せざるを得ず，適切な事後対応ないし教育指導のあり方などについても模索がなされよう。また，修復的正義の実践の場への同僚労働者等の出席は，労働者における自律的な意識涵養に資するだろう。

よって，ハラスメントにおける修復的正義の実践は，使用者における義務が

---

[20] これにつき，内藤忍「『職場のいじめ・嫌がらせ問題に関する円卓会議』提言と今後の法政策上の課題—労使ヒアリング調査結果等を踏まえて」季労238号（2012年）2頁など。

精緻化される契機を生じさせ，当該職場に新たな価値を付与し，あるいは増進させ得る。すなわち，修復のみならず今後における予防といった効果を生じさせることとなる。修復的正義は，使用者における一種の「義務」ないし「責任」（それが法的義務や法的責任の次元まで昇華するかは別として）の創出装置として，さらには新たな価値の創造装置として機能し得ることとなろう。

3　修復的正義と使用者における義務論との関係

修復的正義が有用であるとして，これを使用者における義務論の文脈で，如何に捉えるべきであろうか。まず，職場を支配管理するのが使用者であることからすれば，当該職場における危険への対処は使用者側の義務となろう。そして，その危険が，ある被害者とある加害者との人間関係における個別的なハラスメントとして表出した場合，当該被害者との関係では使用者に義務違反が生じ，さらには当該職場を構成する他の労働者からしても一定の危険が具体的に認識されたこととなる。そうすると，当該被害者との関係では適切な事後対応が，以外の労働者との関係においては当該危険に類似した事象が生じ得ないようにするという予防的対処が，それぞれ使用者に求められることとなろう。そうした二つの要請は，Ⅱの1及び2で述べたハラスメントに係る使用者の義務における事後対応と予防という内容とエコーし，また，両要請を同時に充足させ得る手法として修復的正義が想起されよう。そうした意味合いにおいて修復的正義は使用者における義務論に取り込むことが可能である。修復的正義の実践それ自体のイニシアチブは自律性の観点から労働者側にあってしかるべきであるが，使用者はそれをサポートし，適宜の便宜を供与し，実践の結果を真摯に受け止めるべきであろう。修復的正義の実践には労働者の協力が不可欠だが，それは義務の互恵性（reciprocal nature）から要請が可能と解する。

Ⅴ　おわりに

本稿のような議論をなすとき，セクハラなど「第2世代の雇用差別」に関し構造的アプローチを提唱したスタームの論考[21]が想起されよう。スタームは修復

シンポジウムⅢ（報告③）

的正義に近似する議論をなしているが，修復的正義との関係は明示していない。
一方，スタームの議論を受けつつ，修復的正義の主要な論者であるゼアやブレイスウェイトの著作などを参照し，雇用差別への修復的正義の可能性を論じるものもみられる。雇用差別ないしハラスメントを念頭にする場合，あるいは，労働関係において生起する他のコンフリクトに対処する場合にさえ，修復的正義はその底流に存在すべき思想として有用であろう。なぜなら，Ⅱの4ないしⅢを通じ述べたように，修復的正義は労働関係に適合し，「自律」を重視しつつ当該問題における「害」及び「関係性」に着目することで実に様々な客体に「修復」をもたらすのみならず，当該職場コミュニティにおける省察と変革とを促進させるからである。これらは個別的救済との相違といえよう。修復的正義は根源的な哲学として機能するだけでなく，諸外国では職場のハラスメントを含む諸領域で幅広いプログラムが展開されているところ，実践の局面でも示唆に富む。

　しかし，一方において課題も少なくない。ハラスメントを念頭に使用者の義務・責任論の文脈において修復的正義を立論する場合，その法的位置付けや規範的根拠といった法理論的課題につき議論を深化させる必要がある。また，実践における進行役の養成，労働組合の役割や参加者ないし担い手の見極めといった制度設計的な課題も生じることになる。

　〔付記〕　本稿は，JSPS科研費15H06618による研究成果の一部である。

（たきはら　ひろみつ）

---

21) Susan Sturm, 'Second Generation Employment Discrimination: A Structural Approach', (2001) 101 Colum. L. Rev. 458. 紹介文献として，山川隆一「現代型雇用差別に対する新たな法的アプローチ」アメリカ法2002-2号（2002年）365頁，水町勇一郎『集団の再生──アメリカ労働法制の歴史と理論』（有斐閣，2005年）166頁，相澤美智子「スターム『第2世代の雇用差別──構造的アプローチ』」日労研669号（2016年）76頁など。
22) スタームのそれは修復的正義における「最大化モデル」論に近い。
23) e.g., Zehr, supra, note 18; John Braithwaite, Crime, Shame and Reintegration, (Cambridge, 1989); J. Braithwaite, Restorative Justice and Responsive Regulation, (Oxford, 2002).
24) Deborah Thompson Eisenberg, 'The Restorative Workplace: An Organizational Learning Approach to Discrimination', (2016) 50 U. Rich. L. Rev. 487.

ハラスメントと紛争解決手続
及び救済の方法・内容
――修復的職場実践の検討――

柏﨑 洋美

（京都学園大学）

I　はじめに

1　態様の変化

　職場におけるハラスメントは，元々存在していたが[1]，被害者から裁判所に訴えがなされたことが契機となり，問題とされ，多様化していった。当初は，セクシュアル・ハラスメントが問題となった。具体的には，沼津セクシュアル・ハラスメント事件[2]及び福岡セクシュアル・ハラスメント事件[3]が挙げられる。次いで，川崎市水道局事件[4]を契機に，パワー・ハラスメントが問題となった。さらに，広島中央保健生協（C生協病院）事件[5]を契機に，マタニティー・ハラスメントが問題となった。このように，職場におけるハラスメントは，多様化が進んでいる。

　そして，これら判例においての救済は，次のようになっている。沼津セクシュアル・ハラスメント事件及び福岡セクシュアル・ハラスメント事件では，不法行為及び債務不履行に基づいて慰謝料等の支払が認容された。川崎市水道局事件では，国家賠償法に基づく損害賠償の支払が認容された。広島中央保健生協（C生協病院）事件では，軽易作業への転換を求めた妊婦の降格が違法・無

1）　柏﨑洋美『労働者へのセクシュアル・ハラスメントに関する紛争解決手続―新たな位置づけの検討〜カナダ法とイギリス法を中心として』（信山社，2014年）3-11頁。
2）　静岡地裁沼津支判平2・12・20判タ745号238頁。
3）　福岡地判平4・4・16判時1426号49頁。
4）　東京高判平15・3・25労判849号87頁。
5）　最一小判平26・10・23労判1100号5頁，広島高判平27・11・17労判1127号5頁［差戻審］。

効とされ不法行為及び債務不履行による損害賠償の支払が認容された。このように裁判によるハラスメントの救済は，その性質上，個別的・事後的救済にとどまることになる。

したがって，本稿においては，ハラスメント問題についての効果的な紛争解決手続に関し，一定の制度的問題提起を行なうものである。

2　紛争解決手続の多様化

それでは，職場のハラスメントの紛争解決手続及び救済の方法・内容は，どのようになっているのか。

近似，都道府県労働局において，新たな取組があった。すなわち，2016（平成28）年4月，厚生労働省は，都道府県労働局に，「雇用環境・均等部（室）」を設置した。部は，北海道・東京・神奈川・愛知・大阪・兵庫・福岡の7局であって，その他の局は，室である。そして，厚生労働省は，パワー・ハラスメント及び解雇等に関する相談窓口並びにマタニティー・ハラスメント及びセクシュアル・ハラスメント等に関する相談窓口を1つにした。また，個別の労働紛争を未然に防止する企業指導等の取組と，調停・あっせん等の解決への取組を，同一の組織で一体的に進める，ハラスメント全般の取組を実施した[6]。

他方，裁判所における紛争解決手続のほかに，労働審判及び労働委員会によるものが存在する。

ところが，我が国の紛争解決手続においては，各紛争解決手続の間に，連携及び協力関係が予定されていない場合が多い[7]。また，被害者は，ハラスメントの紛争解決手続に，迅速性・低廉性・柔軟性を求めていることが多い[8]。そこで，本稿においては，議論誘発的な問題提起を含めて，以下，ハラスメントの紛争解決手続の実態，及び，救済の方法及び内容，職場環境の改善及び修復的職場実践の考え方を，以下検討する。

---

6)　大臣官房地方課「全国厚生労働関係部局長会議　労働分科会資料　平成28年1月19日（火）」参考資料2。

7)　野田進「イギリス労働紛争解決システムにおける調停—ETとACASの制度の関連について」季労229号（2010年）134頁。

Ⅱ　現在の紛争解決手続の実態

　現在のハラスメントの紛争解決手続は，労働局等によるものもあるが，裁判における不法行為及び債務不履行による損害賠償請求及び慰藉料等の支払の事後的救済が中心となっている。この場合，原告となった労働者は，訴えを提起する前に退職している場合が多い状況である。

　さらに，ハラスメント特有の問題として，ハラスメント行為がなされた際に，両当事者の言動の認定が困難な場合が多いことが挙げられる。それと共に，加害者が，自らが行なったハラスメント行為を問題と認識していない場合が多い。

　他方，ハラスメント行為の差止請求の難しさも存在する[9]。

　これまでの状況から，当該ハラスメント問題の加害者及び使用者が，損害賠償請求の支払をして，事件を解決したとするだけでは，職場全体の改善につなげるのは，困難であると考えられる。

　ハラスメント事件の特徴としては，①職場という継続的な人的関係の中で発生すること，及び，②職場全体に関わる集団的な性格を持つことが多い，などということが挙げられる[10]。

　その結果，被害者を「職場から排除」することを目的として，職場で働く同僚・労働者として認めないというのが，ハラスメントの本質であり，敵対的行為がハラスメントとなって現れる[11]。また，雇用形態や階層が大きく異なる労働者の間で被害が顕在化することも，特徴として挙げられる[12]。

　したがって，被害者である労働者が，当該職場において従来どおりの勤務が保障され，かつ，ハラスメントの発生原因が除去されることが必要なのである。

---

8)　柏﨑・前掲注1)書11頁。
9)　西谷商事事件・東京地決平11・11・12労判781号72頁では，差止請求を認めていない。
10)　淺野高広「労働紛争処理・解決と労働者に対するワークルール教育」日本労働法学会誌126号（2015年）79-80頁。
11)　木下潮音＝徳住賢治＝山本圭子「最近のハラスメントをめぐる判例動向―企業の防止対策と課題」労判1123号（2016年）12頁［木下潮音］。
12)　木下潮音ほか・前掲注11)13頁［木下潮音］。

よって，現状の紛争解決手続では，限界があると思われる。

さらに，ハラスメントに関しては，個別的・事後的救済から，集団的・予防的対応を強化するべきであり，離職及びメンタル疾患を回避するため紛争発生初期における行為の中止につながる対応が検討されるべきと思われる。

Ⅲ　救済の方法及び内容──職場環境の改善及び修復的職場実践の考え方

このような状況から，事前の予防の強化をし，ハラスメント自体の発生を減少させるよう，職場環境を改善することが，効果的である。

現在，ハラスメント事件の紛争解決は，裁判においては，損害賠償請求等でなされることが多い。ところが，パワー・ハラスメントの紛争解決の内容として，会社に「謝罪」を請求する割合が顕著に多いことが判明している[13]・[14]。

さらに，加害者が，自らのハラスメント行為を問題と認識していない場合が多い。このような状況から，職場レベルでの防止をめざして，職場へのフィードバックが重要であると考える。なぜなら，当該ハラスメント問題は，解決できたとしても，その職場には，ハラスメントを発生させる潜在的な原因が存在する場合が多いからである。

それゆえ，就業規則にハラスメントを禁止する旨や，懲戒処分に該当することを規定し，ハラスメントに関する様々な研修を行なっても，ハラスメント自体の発生を防止できない場合が存在する。

これまで，個別的なハラスメントの救済法理の発展においては，労働法学は，相応の貢献をしてきたと言える。しかし，これまでのような個別救済法理の発展だけでは，問題の根本的な解決には至らないことも事実である。そこで，職

---

13) 特に，パワー・ハラスメントについて，菅野和夫「まえがき」JILPT 資料シリーズ No. 154「職場のいじめ・嫌がらせ，パワーハラスメントの実態──個別労働紛争解決制度における2011年度のあっせん事案を対象に」(2015年)。

14) 北米と日本の謝罪の背景及び効果に着目し，紛争解決に修復的司法を議論誘発的に提起する論考として，アナリーゼ・エーコーン（翻訳：桑原昌弘「すみません──北米と日本の紛争処理における謝罪」Sumimasen, I am Sorry: Apology in Dispute Resolution in North America and Japan）愛知学院大學論叢法学48巻1号（2007年）131頁。

場環境の改善及び職場の修復を志向した取組を，以下に展望する。

1　職場へのフィードバック

職場へのフィードバックとして，職場環境改善の実効性を高めるために，均等法11条に規定されるセクシュアル・ハラスメントの措置義務をハラスメント全般へ適用する。

また，被害者のメンタルに与える影響も大きいことから，恒常的に設置されている衛生委員会の活性化を行なうのが効果的である。衛生委員会は，労使が協議する形式を採っているので，労使双方の視点から問題を取り扱うことが可能である。また，加害者が処分を受けるだけでは，加害者の内面は変わらないことが多い。したがって，衛生委員会において，職場環境を改善して，ハラスメントを防止するための訓練であり，カナダの労働組合で行なわれている「修復的職場実践」(restorative workplace practice) の導入を検討する。この取組は，近似，我が国のある中学校において，「修復的対話」として，効果をあげているものでもある[15]。

2　衛生委員会の機能

衛生委員会は，労働安全衛生法18条に基づくものであって，労働者の健康障害を防止するための基本となるべき対策に関することを調査審議するものである。また，同法66条の8第1項によって，事業主は，労働者の健康の保持を考慮して要件に該当する労働者に対し，医師による面接指導を行なわなければならない。

3　衛生委員会の発展的な取組

次に，具体的な取組についてである[16]。衛生委員会には，産業医も出席するが，衛生委員会を開催するのみならず，産業医の職場巡視を行ない，労使が同行す

---

15) 読売新聞「教育ルネサンス　いじめをしないために　6」2016（平成28）年2月6日（土）21面。
16) 鈴木郁雄「安全衛生活動を医労連の柱に」医療労働574号（2014年）16頁以下。

る。

　この場合，事前に衛生管理者が職場巡視をして，当該職場の問題点をピックアップし，労使の委員も同行する。産業医の巡視は，衛生委員会の終了後に実施する。委員長・総務課長などの担当課長・組合側委員も同行して，巡視先の役職者及び労働者との意見交換も行なう。

　産業医の巡視報告書には，職場からの要望，産業医の勧告（労安衛法13条3項），他の参加者の意見を記載して，衛生委員会の承認後，事業主まで供覧して保存する。そして，産業医の勧告は，特に重要視して，職場環境が改善されるまで担当部署に進捗状況を確認する。

　特に，ハラスメントに関しては，職場ごとの聞き取り調査の報告会を開催し，次回の衛生委員会までに再発防止策を検討して，その進捗状況を毎月の委員会で報告する体制にする。各職場で検討したハラスメント再発防止策の進捗状況を，衛生委員会開催の前日までに事前に事務局まで報告させる。各職場からは，会議の参加者及び議事録を提出させる。

　その際，ハラスメントの行為者と推測された労働者には，別途，委員長及び総務課長などの担当課長による面談を実施する。ハラスメント行為が確定された場合には，予め懲戒処分が規定されていれば，処分を行なう。

4　修復的職場実践の導入

　ハラスメントの関係当事者にとって，問題を解決する手続としては，迅速・低廉・柔軟な解決が望ましい。離職及びメンタル疾患を回避するため紛争発生初期における行為の中止につながる対応が検討されるべきと思われる。

　ハラスメントのない職場をめざして，環境改善を行ない，職場の関係性を改善するために，カナダの労働組合で行なわれている「修復的職場実践」（restorative workplace practice）の我が国の衛生委員会への導入を検討する。[17]

　そもそも，「修復的職場実践」は，刑事法における「修復的司法」（restora-

---

17) Japan Institute for Labour Policy and Training, *Workplace Bullying and Harassment: 2013 JILPT Seminar on Workplace Bullying and Harassment,* JILPT Report No. 12, 2013, pp. 153-155.

tive justice）をベースにしたものである。これは，被害者と加害者双方の参加への合意が原則的に得られた場合に，話し合う方式である[18]。これは，被害者と加害者との関係修復のための対面方式であって，被害者の参加は，任意となっている。その対面方式において，損害賠償の合意に至ることも多い。けれども，合意に至ることが重要なのではなく，合意に至る対話を通じて，被害者感情が宥和されることが重要なこととなっている。

そして，「修復的司法」には，ミーティングと呼ばれているものと，カンファレンスと呼ばれているものがある。

ミーティングは参加者が少なく，被害者・加害者間の調停の意味合いが強いものである。カンファレンスは，参加者が多く，コミュニティーの癒し，又は，加害者の更生のために，家族・親族の潜在的な力を活用する等の目的が比重を増すものである。そして，公の機関に属して，訓練を受けたボランティアが，ファシリテーターとして参加することが多い[19]。

これを前提知識として，職場のハラスメントについて，前述したカナダの労働組合で行なわれている「修復的職場実践」を考察し，我が国の衛生委員会での導入を検討する。

カナダの労働組合とは，ノヴァスコシア州のノヴァスコシア政府・一般被用者労働組合（Nova Scotia Government & Employment Union: NSGEU）である。

この取組において，関係は，人間のすべてのレベルの対話，個人的関係，社会的，制度上などに関係するものと捉えられている。すなわち，「修復的職場実践」とは，関係性のアプローチである。このアプローチの中心的なことは，認識すること，理解すること，有害な関係に取り組むことである。

このアプローチは，個人間の紛争を解決するものでもなく，代替的な紛争解

---

[18] ストーカーの場合は，別々の独立したよい関係が望ましいので例外となる（高橋則夫「犯罪被害者と刑罰―修復的司法への道」青山法学論集48巻3号（2006年）161頁）。
[19] 前野育三「被害者参加の少年保護手続と修復的司法」光藤景皎先生古稀記念祝賀論文集編集委員会『光藤景皎先生古稀記念祝賀論文集 下巻』（成文堂，2001年）922-924頁。
　修復的司法の基本的な文献として，ハワード・ゼア（監訳：西村春夫＝細井洋子＝高橋則夫）『修復的司法とは何か―応報から関係修復へ』（新泉社，2003年），高橋則夫『修復的司法の探求』（成文堂，2003年）。

決手続でもない。「修復的職場実践」は，すべての正しい関係を確立するため，及び，理解するために，働きかけるものである。

　被害者・加害者・コミュニティー・そして労働組合から派遣されたファシリテーターが，参加して話し合い将来へ向かって，事件の背景及び原因を話し合う。事件において，何が起きたのかを理解することは，換言すれば，何が組織的な問題であるかということである。

　加害者が，加害行為の影響を認めることを促され，支援される。他方，被害者は，害があったことを認めること及びそれを修正する機会を提供される。

　「修復的職場実践」において，焦点は，加害行為を理解し，どのように回復し得るかということである。修復的職場実践及び職場におけるステイクホルダー（係争物受寄者）は，ターゲットとなった被害者・加害者・コミュニティーであり，それぞれ以下のことが要求される。

　まず，ターゲットとなった被害者においては，情報，真実を告げること・正直であること，不利な状況を変えるための力を身に着けること，原状回復を求め又は弁明することが要求される。

　次に，加害者においては，説明義務，変化することへの促進・変換，コミュニティーの中に融和することを促進及び支援，差止めの必要性が要求される。

　コミュニティーにおいては，事件への対応，コミュニティーを形成するための機会，相互の説明義務，互いに関与を示すことを促進，コミュニティー・職場の健康を促進するための条件の育成，公平な手続の体験が要求される[20]。

　そして，この手法の核心は，同僚から同僚への理解の促進が，職場のハラスメントについて議論をはじめること，及び，解決を促進するための効果的な方法であることを理解することである[21]。

　この手法は，我が国のある中学校のいじめにおいても，2015（平成27）年4月に導入され，一定の効果をあげている。その方法は，クラスから3名ないし5名の「サポートメンバー」を選び，加害者，被害者の双方から話を聞いて謝

---

20) Japan Institute for Labour Policy and Training, *op. cit.* (note17), pp. 153-155.
21) Nova Scotia Government & Employment Union, NSGEU Bully-Free Workplaces, http://nsgeu.ca/nsgeu-bully-free-workplaces/ (last visited Dec. 9, 2015).

罪の仲介をし，また，加害者の立ち直りを支援する。当事者への聞き取りや話合いには，担任や学校側も同席し，意見などを整理する[22]。

この「サポートメンバー」が，職場においては，ファシリテーターとなって，関係改善を勧めていく。

Ⅳ　おわりに

ここまで，ハラスメントと紛争解決手続及び救済の方法・内容を，議論誘発的に問題提起してきた。ハラスメントは，異質な人への理解より，同質な人との帰属意識を優先するものである。また，ハラスメントは，職場の生産性を低下させ，欠勤並びに，肉体及び精神の健康をも低下させる行為である。

裁判においては，個別的・事後的に救済を求めてきたが，ハラスメントが多様化していることを斟酌すると，集団的・予防的対応の取組を進めていく時期に来ていると考えられる。集団的・予防的対応を，行政等がすべて監督することは，マンパワー上，非現実的であって，各職場において，自律的に取り組む仕組みが必要であると考えられる。

そのためには，就労しやすい職場環境をめざして，ハラスメントの発生を減少させ，ハラスメントが発生した場合には，事後の関係を修復することが展望される。

（かしわざき　ひろみ）

---

[22]　読売新聞・前掲注15)記事。

個 別 報 告

有期労働契約の濫用規制に関する基礎的考察　　　　　　　　　　　　　岡村　優希
　　——EU 有期労働指令・イギリス法との比較法的研究——
経済統合下での労働抵触法の意義と課題　　　　　　　　　　　　　　　山本　志郎
　　——EU 法の展開をてがかりに——
日韓の集団的変更法理における合意原則と合理的変更法理　　　　　　　朴　　孝淑
中国労働法の賃金決定関係法における政府の関与に関する法的考察　　　森下　之博

有期労働契約の濫用規制に関する基礎的考察
—— EU 有期労働指令・イギリス法との比較法的研究 ——

岡 村 優 希

(同志社大学大学院)

I はじめに

　本稿は，有期労働契約の濫用規制に関する法的問題のうち，特に，有期契約の更新を正当化するための客観的事由，及び，雇用の継続性について，EU法・イギリス法との比較法的考察を通じた基礎的研究を行うことを目的とする。前者は濫用規制の柔軟性に，後者は濫用規制の実効性に関するものである。

　日本においては，2012年の労契法改正によって有期労働契約に関する法制度が整備されたが，その18条・19条は有期契約の利用自体に一定の制約を課す濫用規制として位置付けられる。これらのうち，裁判例・学説の蓄積という点で課題のある新設の18条に着目すれば，基本的には5年超という期間的要件のみによって無期転換が認められていることから，主に次のような点について，比較法的見地からの基礎的研究が必要であると考えられる。

　第一に，濫用規制の基本的要件について。有期契約は，労使双方の利益となりうることから，絶対的に禁止されるべきものではない。もっとも，どのような場合にこれを認めるべきかについては，様々な具体的事情を斟酌する必要性があるところ，期間的要件のみによって濫用規制の適用の有無を判断するとなれば，このような要請に応えることは困難と考えられる。この点，EU法は，有期契約更新の正当化事由として客観的事由という規範的概念を導入することで，具体的事情を斟酌する制度的枠組みを設けており，5年超という期間を基準として無期転換を機械的に認める日本法の濫用規制に比べて柔軟な運用が可能となっている。もちろん，日本における濫用規制が雇止め規制を中心に発展

個別報告①

してきたのに対し，EU 法においては雇止め規制が必ずしも念頭に置かれているわけではないという法制度の違いには留意すべきであるが，無期転換制度に関する比較法的考察の対象としては重要と考えられる。本稿では，欧州司法裁判所（以下，CJEU）における先例との関係性を明らかにしたうえで，EU 法の意義を詳細に検討する。

　第二に，雇用の継続性判断について。濫用規制においてはある程度長期にわたる雇用の継続が要件とされる例が多いが，ここで雇用の継続性が容易に否定されるとなれば規制の適用範囲は著しく限定されることになる。それ故，継続性の問題は規制の実効性を左右する要諦であるといえるが，未だ充分に研究されているとは言えない側面がある。この点，EU 法が継続性判断を加盟国法に委ねているところ，イギリス法に示唆に富む議論が存在する。

　以上の諸点に照らし，本稿では，EU 法である有期労働指令を先例との関係に留意しながら検討し，次いで，イギリス法における雇用の継続性判断に関する議論について考察したうえで，日本法に対する示唆を得ることとする。

II　有期労働指令（EU 法）[1]における濫用規制

1　濫用防止措置（measures to prevent abuse）序説

　枠組み協約（以下，協約）は，無期契約が原則的な雇用形態であることを前提としたうえで，有期契約の反復継続的な利用から生ずる濫用を防止する枠組みを樹立することを目的の1つとしている。この目的に対応して，協約5条1項は，有期契約の更新を正当化する客観的事由を要求すること（a号），反復継続的な有期契約の最長継続期間を設けること（b号），有期契約の更新回数の制限を設けること（c号）という3つの濫用防止措置を列挙したうえで，こ

---

[1]　Council Directive 1999/70/EC of 28 June 1999 concerning the framework agreement on fixed-term work concluded by ETUC, UNICE and CEEP [1990] O. J. L 175/43. 有期労働指令はソーシャルダイアログの結果として締結された有期労働に関する枠組み協約の実施を目的としているので（有期労働指令1条，及び，EC 条約139条（現在は EU 機能条約155条）参照），本稿では，その内容を中心に検討する。

れらのうち1つ以上の採用を加盟国に要求している。これらの違反に対してどのようなサンクションを設けるかについては，基本的には加盟国の裁量に委ねられているが，協約は無期転換を想定している（同条2項b号参照）。その理由として，協約においては，有期契約を例外と位置付けることで使用者による無期契約に関する法的規制の回避を防止することが目されていることから，連続的な有期契約の利用を前提とする雇止め規制でなく，無期転換が念頭に置かれている点が挙げられる[2]。

ここで着目すべきは，協約が，有期契約が状況によっては労使双方の利益に適合するものであることを前提としていることから（一般的考慮事項8），5条1項a号において，連続的な有期契約の利用を絶対的に禁止するのではなく，客観的事由による正当化の余地を残している点である。それ故，ここでいう客観的事由という規範的概念の内容を明らかにすることは，濫用規制の運用の柔軟性の観点から重要であるが，協約自体には定義規定が置かれておらず，解釈問題となる。

2 有期契約の更新を正当化するための客観的事由

有期契約の更新を正当化するための客観的事由の具体的内容として「制定法や二次的立法が有期契約の締結を要求していること」を挙げていたギリシャ国内法規定が協約5条1項a号に適合するかが問題となったAdeneler事件において，CJEUは，5条1項a号所定の「客観的事由」の内容を明らかにした[3]。

(1) 先決裁定要旨（Preliminary Rulings）

協約上定義されていない「客観的事由」の意義と範囲は，協約によって追求されている目的やその5条1項a号の文脈を基礎に決定されなければならない。協約が有期契約を一定の分野においての又は一定の職業及び事業活動について

---

2) *See* Christophe Vigneau, Kerstin Ahlberg, Brian Bercusson, and Niklas Bruun, Fixed-term Work in The EU: A European Agreement Against Discrimination and Abuse (National Institute for Working Life, 1999), at pp. 21, 40, 67-69.

3) Case C-212/04 Konstantinos Adeneler and Others v Ellinikos Organismos Galaktos [2006] ECR I-6057.

個別報告①

の雇用の特徴として認識しつつも雇用関係の一般的な形態は無期契約であるという前提に立って締結されており，有期契約が労使双方の必要性に応ずるのは一定の状況に限られることから，この分野においては安定的雇用（stable employment）の利益が労働者保護に関しての主要な要素であるとみなされている。したがって，5条1項 a 号は，特に，労働者の地位が不安定になることを防止すべく，有期契約の連続的な利用から生じる濫用を防止することを意図している。

　この目的の達成にあたり，加盟国には裁量の余地が認められているが，これには，EC 条約249条（現在は EU 機能条約288条）第3段落，及び，有期労働指令前文第17に関連して解釈される同指令2条第1段落によって，共同体法が課している結果を確保するという観点から制約が存在する。

　このような状況に照らすと，「客観的事由」概念は，当該職務を特徴づけるが故に，特定の文脈において連続的な有期契約の利用を正当化できるような明確かつ具体的な事情を参照することで解釈されなければならない。これらの事情は，特に，そのような契約が締結された職務の特定の性質及びそれら職務の本来の性質，又は，場合によっては加盟国の適法な社会政策目的の実現から帰結されうるものである。一方で，単に実定法又は二次的立法による一般的かつ抽象的な方法で連続的な有期契約の利用を認めている国内法規定は，純粋に形式的な性質によるにすぎず，その利用を，問題となっている事業活動の固有の特徴及びそれが遂行される状況に関係する客観的な特徴の存在によって明確に正当化しないものであり，濫用という結果をもたらす現実的な危険性を有するものであるので，「客観的事由」には合致しない。国内法規定が自動的に，かつ，さらなる精密な検討もなしに連続的な有期契約を正当化できるということを認めることは，不安定雇用から労働者を保護するという協約の目的を実際上顧慮しないものであり，無期契約が雇用関係の一般的な形態であるという原則を無意味なものにしてしまう。

　(2)　先決裁定の分析

　　(a)　本件先決裁定の位置付け　　本件先決裁定には，有期契約の利用を正当化すべき客観的事由の内容についての一般論を提示したという点で，重要な

先例的意義がある。本件の規範を前提として，その後，同裁判所において具体的な判断が蓄積されていくこととなる。例えば，CJEU は，他の労働者の代替目的の有期契約について，恒常的な必要性を満たすものでない限りは，ここでいう客観的事由に該当しうると判断している[4]。ここでは，当該代替労働の一時的性格という職務の本来の性質が，客観的事由の有無に際して斟酌すべき具体的事情として重視されている。また，本件の規範は各加盟国の国内裁判所等においても踏襲されている[5]。さらに，CJEU が，協約 4 条 1 項における「客観的事由」を 5 条 1 項のものと同義に解していることから，上記一般論の射程は内容規制にも及ぶものとなっている[6]。

(b) EU 法の解釈方法論[7]　一般に，法規範の解釈に際しては，その基本的態度が問題となりうるところ，CJEU は，問題となる規定の文言が明確であるか否かを考慮することで，文理解釈（literal interpretation）のみを行うのか，文脈的解釈（contextual interpretation）や目的論的解釈（teleological interpretation）を加味するのかを判断している。つまり，EU 法の規定に用いられている文言が明確な場合には，法的確実性（legal certainty）を確保して判決の予測可能性を高めるという観点や，機関間バランス原則（principle of inter-institutional balance）のもと CJEU の役割は立法ではなく解釈にあるという観点から，文言の通常の意味にしたがった解釈のみを行うべきであるとされている。これに対して，当該文言が不明確な場合には，CJEU による司法審査権限の行使が必要となるので，文理解釈に加えて①文脈的解釈や②目的論的解釈が用いられる。①では，問題となっている規定の EU 法の規範体系における位置付けといった規範内在的要素を考慮した体系的解釈（systematic interpretation）[8]

---

4) Case C-586/10 Bianca Kücük v Land Nordrhein-Westfalen [2012] ECR I-000.
5) 例えば，フランス法について，奥田香子「EC 指令の国内法化によるフランス労働法制への影響」労働研究雑誌590号（2009年）59-60頁。
6) Case C-307/05 Yolanda Del Cerro Alonso v Osakidetza-Servicio Vasco de Salud [2007] ECR I-7109.
7) この部分の記述は，主に，Koen Lenaerts and Josérrez-Fons, To say What the Law of the EU Is: Methods of Interpretation and the European Court of Justice (EUI AEL; 2013/09) に拠った。

個別報告①

や立法の準備作業（travaux préparatoires）といった規範外在的要素を考慮した解釈が相互補完的に行われる。また，②では，EU法の実効性（effet utile）を確保するための機能的解釈（functional interpretation），EU法によって追求されている目的に照らした狭義の目的論的解釈（teleological interpretation *stricto sensu*），及び，当該解釈がもたらす結果に焦点を当てた結果主義的解釈（consequentialist interpretation）といった3種類の解釈が行われる。[9]

このような判断は，もともと，基本条約であるが故に規定が抽象的なものとなりやすい一次法の解釈が問題となった事例において形成されたものであったが[10]，その後，その射程が二次法である規則や指令の解釈にも拡張されている[11]。これらの先例は主に労働法以外の分野について蓄積されてきたところ，本件先決裁定には，これを有期労働法分野において踏襲したという意義がある。

(c) 本件における文脈的・目的論的解釈の具体的内容

本件で問題となった「客観的事由」が文言から一義的にその内容を確定できない規範的概念であることから，上記の文脈的・目的論的解釈が行われている。

ここでは，無期雇用原則のもとで，有期契約が労働者の地位を不安定にし，安定的雇用の利益を脅かすものであることを前提に，客観的事由を限定的に解釈する方向性が示されている。CJEUの先例においては，すでに，協約が無限定な有期契約の利用を防止することで労働者保護の主要な要素である安定的雇用の利益を確保することを企図していると判断されていたところ[12]，本件はこれを客観的事由の限定的解釈の根拠として援用した。その一方で，協約は，若干の分野等に限っては，有期契約が労使双方の利益に資するものであることを考

---

8) 具体的には，EU法が体系的に一貫している完全なものであるとの前提のもと，問題となっている規定がEU法の他の規定や原則と矛盾することを避ける解釈論や無意味な規定の重複を回避して全ての規定に効力を付与する解釈論が展開される。
9) ②は①と相互補完的に行われるものであり，特に機能的解釈は当該規定の体系上の位置付けを前提として実効性付与の方向性が模索される。
10) *e.g.*, Case 337/82 St. Nikolaus Brennerei und Likörfabrik, Gustav Kniepf-Melde GmbH v Hauptzollamt Krefeld [1984] ECR 1051.
11) *e.g.*, Case C-17/03 Vereniging voor Energie, Milieu en Water and Others v Directeur van de Dienst uitvoering en toezicht energie [2005] ECR I-4983.
12) Case C-144/04 Werner Mangold v Rüdiger Helm [2005] ECR I-9981.

慮しているので（一般考慮事項8），有期契約の更新を絶対的に禁止しているわけではなく，客観的事由により正当化できる場合であれば，有期契約の濫用を防止できるという判断のもと，その更新を認めている（一般考慮事項7，5条1項a号）。

そこで，本件において，CJEU は，安定的雇用（有期契約の利用を抑制する方向性）と労使双方の利益の確保（有期契約の利用を拡大する方向性）の調和をとり，適切な状況下での有期契約の限定的利用を実現するため，①指令の国内実施に関する加盟国の裁量には制約があるという EU 法の体系（EC 条約249条（現在は EU 機能条約288条），有期労働指令前文第17・2条第1段落)(体系的解釈），②一般考慮事項に記載されている無期雇用原則や，労使双方の利益確保等の立法時の議論（規範外在的要素を用いた解釈），③協約5条1項a号が濫用防止による安定的雇用の利益の確保を目的としていること（狭義の目的論的解釈），及び，④国内法化に際して加盟国の裁量を制約しなければこのような EU 法上の目的が達成できないという不都合性（機能的解釈，結果主義的解釈）等を相互補完的に考慮することで，上記の判断を示している。この判断によれば，客観的事由について典型的なものを類型化する立法が存在したとしても，当該職務の置かれた状況が連続的な有期契約の利用を正当化しうるほどのものであるかが個別具体的に精査されることとなり，場合によっては，法定の類型のもとでの利用が濫用と評価されることもありえ，その後，実際にそのように判断された例もある[13]。

Ⅲ　イギリス法における濫用規制

協約5条は，有期契約の初回の利用を規制するものでなく，更新による一定の期間・回数にわたる契約の反復継続を前提としている。それ故，雇用の継続性は濫用規制の実効性を左右する重要概念となるが，協約は，その定義を加盟国の国内法に委ねているところ（5条2項a号），イギリス法に示唆に富む議論が存在する。

---

[13]　*supra* note 4, at paras 36-39.

個別報告①

1 イギリス法の概要

(1) 無期転換制度

イギリスでは,有期労働指令を遵守すべく,2002年有期被用者(不利益取扱禁止)規則[14](以下,有期被用者規則)が制定された。有期被用者規則8条は,協約5条1項a号,及び,b号に対応するものとして,無期転換制度を定めている。ここでは,基本的には雇用が4年間継続すること及び客観的事由がないことの2点を要件として,有期契約の無期転換が認められている。[15]

(2) 雇止め規制

イギリスでは,不公正解雇制度上,雇止め規制が設けられている(1996年雇用権法(Employment Rights Act 1996, 以下,96年雇用権法)94条1項,95条1項b号)。ここでは,基本的に2年という期間的要件によって規制の適用の有無が判断されたうえで(同法108条1項),実体的・手続的な解雇の公正性判断が行われる。[16]

2 雇用の継続性判断

(1) 問題の所在

上記の通り,無期転換制度では4年以上,雇止めについては2年以上の雇用の継続が要求されているので,その適用を回避したいと考える使用者には,雇用の継続性を否定するインセンティブが生じる。具体的には,空白期間を設けることや契約当事者を変更することが想定されるが,このような場合でも,雇

---

14) Fixed-term Employees (Prevention of Less Favourable Treatment) Regulations 2002 SI 2002/2034.
15) ここでいう客観的事由は,協約5条1項a号のものと同一と解されており,上記で検討した判断が妥当するので,4年以上の期間にわたる場合の有期契約の更新を正当化するための明確かつ具体的な事情が存在するか否かが精査されることとなる(Ball v University of Aberdeen [2008] Case no S/101486/08)。
16) 解雇の公正性の判断においては,当該解雇が本質的に公正な事由に基づいて行われたか(主に実体的規制),及び,使用者が合理的に行動したか否か(主に手続的規制)が審査される(Simon Deakin, Gillian S Morris, Labour Law (Hart Publishing, 2012), at p.504)が,契約期間が2年未満の場合には,94条の適用が排除されるので(108条1項),2年の契約の継続が規制の適用要件となっている。

用の継続性は維持されうるのか。以下では，この問題について，期間内在的要素（空白期間）と当事者内在的要素（契約主体の変更）に大別して検討する。

(2) 期間的要素（空白期間）

制定法上，雇用の継続性を否定するための空白期間は，雇用契約の有無を基準として，原則1週間である（96年雇用権法210条）。それでは，被用者が，断続的に労務を提供し，場合によっては1週間の空白期間が生じてしまう場合，雇用の継続性は否定されるのであろうか。これは，特に，随意被用者（causal employee）[17]の場合に問題となる。この者については，1日単位等の極めて短期の契約が一定期間にわたって断続的に締結される場合があるので，形式論を推し進めれば，空白期間が生じやすく，雇用の継続性が否定される余地が大きくなる[18]。

この点，裁判所は，コモンロー上，包括的契約（umbrella [global] contracts）という概念を導入し，断続的な個々の契約を綜合する形で，雇用の継続性を維持する法理を形成している。包括的契約の成否を判断する際には，債権債務関係の相互性（mutuality of obligation）が認められるかが重要な基準となる。これは，使用者が被用者に対して労働の申込みをしなければならない場合であり，被用者がこの申込みに対して諾否の自由を有していないと評価されるときに認められるものである[19]。例えば，使用者が，教育を受けたえり抜きの一定の被用者層に限定して申込みをしており，被用者の側としても，当該労働が主要な収入源であるが故に，常勤の被用者となんら異ならないような病気等といった差し迫った理由がない限りは積極的に申込みを承諾し，ほぼ毎週最大で25時間労働しているという事実関係があれば，実質的に申込み・承諾が義務付けられていると評価でき，相互性を肯定しうる[20]。しかも，相互性の判断は，契約によっ

---

17) Douglas Brodie, The Employment Contract: Legal Principles, Drafting, and Interpretation (Oxford University Press, 2005), at p. 17. 例えば，ツアーコンダクター等がこれに該当する場合が少なくない。

18) *Ibid.* at p. 27.

19) Hugh Collins, K. D. Ewing and Aileen McColgan, Labour Law (Cambridge University Press, 2012), at p. 179.

20) Carmichael v National Power Plc [1999] ICR 1226 (CA).

個別報告①

て左右されないとされる場合がある。例えば,「断続的に締結される契約は,合意があったそれぞれの場合に限定して用いられる別々のものである」と契約上で定められていたとしても,使用者が交渉力・情報の面で圧倒的に優位に立っている点に鑑み,債権債務関係の相互性が肯定される例が見られる[21]。

しかしながら,上記事件[22]の上級審においては,このような義務付けが契約からは読み取れないとして,形式論を優先させる形で相互性が否定された[23]。

このように,イギリスにおいては,具体的な判断方法に差異があるとはいえ,形式的に1週間の空白期間が生じたとしても,コモンロー上,包括的契約の成立を認めることで,一定の場合に,雇用の継続性を維持するための法理が形成されている。

(3) 当事者内在的要素(契約当事者の変更)

(a) 問題の所在　上記の通り,無期転換制度では4年以上,雇止めについては2年以上の雇用の継続が要求されているが,高度に発展した資本主義社会においてはこの期間に組織再編等が行われる場合も少なくないので,雇用の継続性判断には困難を伴う。つまり,現代社会における使用者のほとんどは法人であり,その多くは企業集団を形成して組織形態を様々に変化させながら経済活動を行っているので,雇用に関して責任を負わせるべき使用者の範囲について継続的な特定が困難となる[24]。企業グループを形成する具体的態様としては,親会社や持株会社が,機能分化・節税目的から子会社を設立する場合などが想定されるところ[25],雇用管理がグループ内の複数の法人格にまたがって行われる場合も少なくない。それでは,使用者の法人格が途中で変更される場合,雇用の継続性は維持されるのか。使用者の変更には合併などによって労働契約が承継される類型も想定されるが,本稿では,継続性がより否定されやすい再雇用類型に焦点を当てて検討する。

---

21) Stevedoring and Haulage Services v Fuller [2001] IRLR 627.
22) Carmichael v National Power Plc [1999] ICR 1226 (HL).
23) Collins, Ewing and Aileen, *supra* note 19, at p.180.
24) I. T. Smith, Gareth Thomas and David Mead, Industrial Law (Lexis Nexis UK, eighth edition, 2003), at p.30.
25) Collins, Ewing and Aileen, *supra* note 19, at p.212.

(b) 関連使用者（associated employers） 通常の法原則からすれば，法人格が否認される事例はかなり限定的であるので，企業グループのうち一つの企業のみが使用者となることができるのであり，特に，子会社との雇用関係は，親会社とのいかなる雇用関係をも含意するものではない[26]。しかしながら，このような立場を厳格に貫くと，従事する職務に全くと言って良いほど変更がない場合であっても，形式的に使用者が交代しさえすれば，雇用の継続性が否定され，雇用保障に欠けるという不都合が生じてしまう。

そこで，このような事態に対処すべく，96年雇用権法218条6項は「関連使用者（associated employers）」概念を用いることで，制定法上，雇用の継続性を維持することを企図している。具体的には，被用者が第一使用者（first employer）との雇用を終了し，第二使用者（second employer）と雇用契約を締結した場合，契約当時，当該第二使用者が当該第一使用者の関連使用者であるときには，当該被用者の雇用期間は，契約時を境に，第二使用者との間のものとしてカウントされる（a号）。そのうえで，使用者の変更は雇用の継続性を否定せず，第一使用者との間の雇用期間は，第二使用者との間のものとして通算されることとなっている（同項b号）。ここでは，法人格否認法理（piercing the corporate veil）の適用を前提に第一使用者と第二使用者を同一の法人格として扱うのではなく，あくまで別法人であることを前提としたアプローチが採られている。法人格を否定できなくとも，関連使用者性が認められれば，前使用者との間で締結されていた有期契約の期間を通算して，濫用規制の適用要件である期間の充足性が判断される。

それでは，どのような関係が成立していれば関連使用者と評価されるのであろうか。同法231条によれば，「間接・直接を問わず，ある会社が他の会社に支配（control）されている場合，又は，双方の会社が第三者に支配されている場合」に，第一使用者と第二使用者は関連使用者として扱われることになる。ここでは支配関係の有無が関連性の判断基準となっているところ，これを認めるにあたっては，単なる事実上の支配よりも強力な関連性が求められ，具体的に

---

[26] *Ibid.* at p. 213.

個別報告①

は議決権の過半数の保有が求められる[27]。その理由は、議決権の過半数を有していれば、解雇・再雇用を含めた実質的な支配や主要な意思決定を行うことができるという点にある[28]。

　この過半数ルールはかなり厳格に運用されており、例えば、会社の法的形態が変化したに過ぎず、その実態には全くと言ってよいほど変化がない場合であっても、議決権の比率のみを根拠に、支配関係を否定する例も存在する[29]。もっとも、単独で過半数を有していなくとも、「複数の株主が合計で両者の株式の過半数を保有しており、かつ、これらの株主が実際上も統一的に行動している場合」に限定して、複数株主による支配関係を肯定する例も見られる[30]。

　このような立場に対しては、使用者が事業を営むうえでどのような法的形態を利用するかを自由に決定できる立場にあることに照らせば、被用者の権利を厳しく制限してしまう可能性があるとの批判が寄せられている[31]。つまり、特に、企業グループを形成している場合には、使用者が、単独の法人格のもとで別部門を設けて生産を行うのか、異なる法人格を持つ子会社を設立することでこれをなすのかといった点について広い裁量を有しているにもかかわらず、このような資本関係に拘束されたアプローチを採用してしまうと、使用者の自由裁量によって雇用保護法の適用範囲が左右されてしまうという結果を招くので、被用者の権利保障の観点から問題を残していると指摘されている[32]。さらに、法人格が必ずしも当該企業の経済的実態を反映しているとは限らないところ、使用者が意図的に雇用保護法の適用を免れるために法人格を操作したとしても、上記のアプローチのもとでは、被用者を保護することが困難となる。労働法における支配概念は、会社法上の形式的なものとは異なり、より実態面を考慮すべきであり[33]、過半数ルールには、基準としての明確性があるものの、使用者によ

---

27) Umar v Pliastar Ltd. [1981] ICR 727.
28) Da Silva v Composite Mouldings and Design Ltd. [2009] ICR 416.
29) Strudwick v Iszatt Brothers Ltd. [1988] ICR 796.
30) Zarb and Samuels v British and Brazilian Produce Company (Sales) Ltd. [1978] IRLR 78.
31) Hugh Collins, Associated Employers, ILJ 18(2) (1989), at p. 109.
32) *Ibid.*

る恣意的な法人格の操作から被用者を保護するという関連使用者概念の目的からすれば，課題が残されていると分析されている[34]。

　以上のように，関連使用者概念には，法人格を否定できなくとも資本関係があれば支配関係の存在が認められ，雇用期間が通算される点で被用者保護に寄与する一面があるが，他面では過半数ルールが厳格に適用されることにより，使用者が恣意的に法人格を操作した場合であっても，支配関係が否定されて継続性が維持できず，被用者の権利を制限してしまうという問題が残されている。

Ⅳ　日本法への示唆

1　濫用規制の在り方

　雇用確保と安定的雇用との調和を図るべく，有期契約の利用に関しては個別具体的な判断が求められるところ，EU法においては，「客観的事由」という規範的概念を有期契約更新の要件としたうえで，解釈上，当該職務の性質など，連続的な有期契約の利用を正当化できるような明確かつ具体的な事情を参照しなければならないとすることで，このような要請に応えることが可能となっている。これを国内実施するイギリス法は，新たに無期転換制度を設けたが，期間的要件による単純な無期転換を認めることなく，上記の客観的事由による正当化の余地を認めることによって，柔軟な運用が可能な制度設計となっている。

　これに対して，日本法は，基本的には期間的要件のみによって無期転換を認めており，比較的硬直的な制度となっているが，これでは，雇用機会がかえって縮小してしまう可能性もある。つまり，契約が諸事情により更新されたものの，当該有期労働者の従事する職務が将来的にはほぼ確実に消滅するという場合であっても，使用者の意に反して5年を超えさえすれば無期転換権が生じてしまうので，有期契約の利用そのものが抑制されてしまうことも想定される。例えば，工場でライン業務に従事している有期労働者が，受注数の減少によって労働力が余剰となったことを受けて，5年満了時に雇止めされようとしてい

---

33) Roy Lewis, Labour Law in Britain (Basil Blackwell, 1986), at p.149.
34) Collins, *supra* note 31, at pp.111-112.

個別報告①

たところ（3年＋2年契約），突発的な受注の急増に対応するために6ヶ月だけ契約を更新したという場合，受注分の生産が終了すれば当該職務は余程のことがない限り消滅するにもかかわらず，無期転換の申込みが可能となってしまう。これを避けるために，使用者は当該労働者を雇止めせざるをえず，雇用機会がかえって奪われる結果が生じうる。これに対して，EU法では，当該職務に関する具体的な事情等に照らして濫用規制の適用の有無を判断できることから，上記の状況であれば，一時的性格ゆえに有期契約の濫用性が否定される可能性も存在する（Ⅱ2(2)(a)参照）。要件としての不明確性から紛争が生じる可能性があるものの，EU法・イギリス法のような柔軟な運用を可能にする制度設計も検討に値する。

　もっとも，日本においては，無期転換制度が設けられる以前から，雇用継続に対する労働者の合理的期待等の規範的概念を適用要件とする雇止め法理が形成され，労契法19条に継承された。これは，雇止め規制を念頭に置いていないEU法，及び，期間的要件によって雇止め規制の適用の可否を画一的に判断するイギリス法と大きく異なる点である。この点を考慮すれば，上記のような比較法的見地から労契法18条について柔軟な運用を指向することは早計であり，むしろ，有期契約の柔軟な運用については19条で対処し，その対象から外れる領域のみを18条によって画一的に処理するのが日本法の規範体系に適合的であるとも言える。その一方で，19条と18条の間には，労働契約を有期契約として存続させるのか，無期契約としてこれをなすのかという差異が存するのであるから，18条に関して柔軟性確保を図ることが必ずしも規範体系に齟齬すると言い切れない側面もある。このように，無期転換の制度設計については，雇用機会の縮小という不都合性のみならず，19条との規範的関係性も視野に入れた検討が必要となる。

2　雇用の継続性判断

　濫用規制においては，一定の期間・回数の雇用継続が要件とされる例が多いことから，使用者による恣意的な法人格の操作や空白期間の作出によって継続性が否定され，その実効性が損なわれる可能性がある。

この問題に対して，イギリス法では，関連使用者概念や包括的契約概念の導入による対処が企図されているのに対して，日本法では，このような立法・判例法理は存在しない。そのため，法人格が切り替えられたとしても，法人格否認法理の厳格な要件を満たさない限り継続性を維持することができず，また，空白期間（最短で1ヶ月）についても形式的に判断せざるを得ないので，実効性確保の観点から問題を残している。上記の無期転換制度の硬直性と相まって，使用者には，法人格を切り替えて継続性を否定するインセンティブが生じやすく，雇用を安定化させるという無期転換制度の趣旨を十分に実現できない可能性がある。

　この問題に対処する方法としては，①労働法分野に限定して法人格否認の法理の要件を緩和する，②立法上，関連使用者概念類似の制度を導入する，③解釈上，「同一の使用者」（労契法18条）を通常の使用者概念（労契法2条2項）とは異なる規範的概念として捉え，濫用防止という観点から独自に判断することで事実的な支配関係を包含する形で規制する[35]等の方法が考えられる。もっとも，①については例外法理である法人格否認法理の適用を幅広く認めることで法人制度の安定性が害される，②については制度を設けたとしてもその運用において資本関係に拘束された判断方法を採用すれば事実的な支配関係を十分に考慮できず，一方で事実的な支配関係を重視すれば基準としての明確性が損なわれるというジレンマが存在する，③については「使用者」という同じ文言を異なる意味に理解する点で法的安定性を阻害する危険があるといった問題点があり，更なる検討が必要である。日本法においては，それぞれが持つ限界を意識した上で，継続性判断のための法的枠組みを設けることが重要と考える。

（おかむら　ゆうき）

---

[35]　荒木尚志＝菅野和夫＝山川隆一『詳説労働契約法〔第2版〕』（弘文堂，2014年）182頁においても，18条所定の「同一の使用者」を通常の使用者概念と異なる意味で解釈することが可能との見解が示されている。また，施行通達も，この概念を，原則として通常の使用者概念と同一と解しながらも，例外的に異なる意味に捉える旨を示唆している（第5　4(2)イ)。

経済統合下での労働抵触法の意義と課題
—— EU 法の展開をてがかりに ——

山 本 志 郎

(労働政策研究・研修機構)

I はじめに

　わが国労働法学において，労働抵触法的考察の重要性は既に共通認識になっているといってよい。¹⁾しかし，渉外性を有する労働関係の量的増大，すなわち国際化ないしグローバリゼーションと呼ばれる現象との関連での理論的関心を越えて，何故それを論じなければならないかという議論の実質的必要性については，十分に理解が得られているとはいえないように思われる。

　この点，欧州連合（EU）では，現実的かつより切実な，しかも個々の労働者と使用者の利害対立にとどまらない広がりをもつ問題として，労働抵触法の議論・立法の展開がみられる。すなわち，サービス貿易の自由化が人の移動を伴うなかで，「ソーシャル・ダンピング」や「底辺への競争」として批判される事態が生じ，これを規律するものとして，労働抵触法が登場するのである。

　なお「ソーシャル・ダンピング」という表現は，ある国家または企業が，各国の労働法規制の水準格差ないし多様性を背景として，社会的コストの低さを競争上の優位として用いる場合を広く指すものといえる。²⁾もっとも本稿で問題になるのは，そのうちでもとりわけ，ある加盟国から他の加盟国に労働者が送

---

1) わが国労働法学における検討の軌跡は，野川忍「国際化と労働法」日本労働法学会誌120号（2012年）66頁以下に端的にまとめられている。労働法学における代表的モノグラフとして，山川隆一『国際労働関係の法理』（信山社，1999年）と米津孝司『国際労働契約法の研究』（尚学社，1997年）を挙げることができる。なお最近の研究として，土田道夫「外国人労働者の就労と労働法の課題」立命館法学357・358号（2014年）80頁以下。

り込まれ，当該労働者が母国たる加盟国法上適法な雇用・労働条件そのままに，しかし受入国たる加盟国のそれを下回る形で働かされる場合である。

注目されるべきは，こうした問題が切実なものとして問われた背景に，EU が当初から統合の支柱としてきた，経済統合があったということである。というのも，EU 経済統合のもとにおいては，国際的なサービス提供の自由を享受する企業が，当該「ソーシャル・ダンピング」的な行為を，EU 法上保障されている国際的経済活動の自由の範疇内のものとして主張しうるからである。

そこで本稿は，今後わが国でも経済統合政策が進められるであろうという予測のもと，上記のような国際的経済活動の自由と労働抵触法の関係をめぐる EU 法の展開を踏まえ（Ⅱ），①経済統合下で労働抵触法に与えられる新たな意義を明らかにするとともに，②同時に投げかけられる新たな課題を指摘し（Ⅲ 1・2），さらにこの①②を踏まえ，③わが国労働抵触法のあり方に対して批判的な問題提起を行おうとするものである（Ⅲ 3）。

Ⅱ　EU 経済統合と労働抵触法

以下ではまず，EU 法における経済統合と労働抵触法との相克関係を確認する。とりわけ，越境的労働者配置（posting of workers/Arbeitnehmerentsendung）と呼ばれる，サービス貿易に労働力の移転を伴う場合の越境的な就労形態について，両者の相克関係が目立っている。

---

2) C. Barnard (2012), *EU Employment Law*, 4th ed., Oxford: OUP, 40; HSW/*Steinmeyer*, Handubuch des europäischen Arbeits-und Sozialrechts, München 2002, §11 Rn. 48 参照。
3) 経済統合とは，複数国による，ヒト・モノ・サービス・カネの国際的な移動に対する障壁の軽減もしくは撤廃またはその過程，と定義付けることができる。
4) 労働力の移転を伴わず，もっぱら輸出国内で労働が行われるケースについて，山本志郎「国外事業者への州公契約法上の最賃規制の EU 法適合性」労旬1850号（2015年）32頁以下を参照されたい。

個別報告②

1 EU 経済統合と越境的労働者配置

(1)[5] EU の重要な出発点であり，現在まで一貫してヨーロッパ統合の支柱をなしている基本コンセプトは，共通市場ないしは（現在の用語法でいえば）域内市場の創設である（EU 条約 3 条 3 項第 1 段落第 1 文）。

当該コンセプトの中核的要素となるのが国際的経済活動の自由であり，自由移動（free movement）または基本的自由（Grundfreiheiten）と呼ばれる（EU 運営条約26条 2 項も参照）。現在では EU 運営条約に，物品の自由移動，労働者の自由移動，開業の自由，サービス提供の自由，資本および支払いの自由移動という形で，モノ・ヒト・サービス・カネの自由な国際的移動が保障されている（それぞれ28条以下，45条以下，49条以下，56条以下，63条以下を参照）。

以上のようなコンセプトおよび要素による経済統合において直接的に目的とされていたのは，私的自治および私的イニシアティブに国境を開放し，比較優位の考えに則って国境を越えた競争を促進することであった。

(2) こうした枠組みのもと，サービス貿易の一環として，越境的労働者配置も行われることになる。これは要するに，使用者のサービス提供に伴う労働者の一時的な海外就労といえる。現行法（後述の越境的配置労働者指令の 1 条 3 項および 2 条 1 項）の定義に照らせば，企業のサービス提供の一環として，請負や派遣，グループ内出向や企業内転勤といった形で，労働者が国境を越えて一時的に通常働いている国ではない他の加盟国で労務を提供すること，と定義付けることができる。典型例が，労働力コストの低い国から高い国の建設現場（つまり労働集約的産業）への労働者配置である。

こうした働き方をめぐっては，各国における労働力コストの格差，越境的配置の増加を背景として，そして，とりわけ受入国（配置先国）での規制水準を明らかに下回る労働条件で労働者を働かせていた事例の発覚以来，「ソーシャル・ダンピング」との批判が頻繁に行われることになった。[6]

ところが，越境的労働者配置という形での労働力流入それ自体を，労働許可制度のような手法で妨げることは，EU 法上許されない。そのような規制がま

---

5) Dauses/*Müller-Graf*, EU-WiR, 31. EL, München 2012, A. I. Rn. 18, 117-118, 122 参照。
6) S. Lalanne（2011）150 *ILR* 211, 218-221 参照。

さに自由移動に反するものであることは，いうまでもないであろう[7]。

2 EU労働抵触法と越境的労働者配置

流入労働力の量的増加を防げないとすると，残るのは，配置先国での規制水準を下回るような労働条件で働かせることが許されるかという，いわば当該労働力の低廉性の程度の問題である。この問いに答えるには，渉外性ゆえ，まず労働抵触法によって準拠法が決せられなければならない[8]。そこで以下，EU労働抵触法の概要を確認し，越境的労働者配置についての準拠法を検討する[9]。

(1) 労働契約準拠法 EU法上の統一抵触法であるローマⅠ規則（EC）593/2008（OJ［2008］L 177, p.6）は，8条で労働契約準拠法について定める。同条1項は，わが国の法の適用に関する通則法（以下「通則法」）12条と同じく，出発点としては当事者による準拠法選択の自由を認め，しかし客観的連結による準拠法上の強行規定の適用を確保する，という連結政策を採用している。わが国と異なるのは，この強行規定の適用確保ないし国際私法上の当事者自治への制限が，有利原則という客観的基準により行われていることである。

客観的連結（同条2-4項）は，これもまたわが国と類似して，通常の労務給付地[10]（それが確定困難な場合には雇入れ営業所の所在地）を連結点とし，そのうえで，「より密接な関連」を基準とした回避条項が用意されている。

---

7) 詳細について，*Bayreuther,* DB 2011, S. 706; *Deinert,* Internationales Arbeitsrecht, Tübingen 2013, §10 Rn. 52 f.; *Schlachter,* NZA 2002, S. 1242, 1243参照。
8) なお本稿では，公法の適用範囲もまた，多くの場合一方的抵触規範によっているだけで，あくまで抵触法によって決せられるものと理解できることを前提とする（*Deinert,* a.a.O. (Fn. 7), §1 Rn. 32参照）。櫻田嘉章＝道垣内正人編『注釈国際私法 第1巻』（有斐閣，2011年）26頁以下［横溝大担当］も参照。

 わが国労働法学においては，山川・前掲注1）書が既に，「準拠法選択のアプローチ」と「地域的適用範囲の画定のアプローチ」という概念のもと，両アプローチを統一的に把握し，同旨を論じている（140頁以下，229頁参照）。
9) 詳細は，山本志郎「EU経済統合にみる労働抵触法の新たな課題」季労243号（2013年）89頁以下を参照されたい。なお，同90頁第2段落中の「連結点」という表現を，「単位法律関係」に改める。
10) もっとも，雇入れ営業所の所在地法の果たす役割は，EU法上は非常に限定的なものとされている（*Deinert,* a.a.O. (Fn. 7), §9 Rn. 119 f.参照）。

これらの抵触法規範によった場合，越境的労働者配置については，通例は送出し国法が適用されるものと解されている[11]。配置先国での労働があくまで一時的である場合，通常の労務給付地は送出し国とされ，そうでなくても，より密接な関連を理由として送出し国法の適用が主張されるからである[12]。

以上によれば，労働契約準拠法は送出し国法となるのであって，その基準を守っている限り，配置先国の規制水準未満で働かせることも，いわば合法的な「ソーシャル・ダンピング」として許容されることになる。

(2) 介入規範　しかし，こうした配置先国の労働者と企業にとっての強烈な競争圧力を防ぐため，配置先国は，ローマⅠ規則8条により導かれる準拠法に拘わらず，自国法の適用を確保しようとする。そしてこれに根拠を与えうるのが，ローマⅠ規則9条の介入規範（Eingriffsnorm/ 英語版では 'overriding mandatory provision'）である。この介入規範は，わが国では今日しばしば絶対的強行法規と呼ばれるものを[13]，立法上明記したものといえる。わが国においては，明文の規定こそ置かれなかったが，通則法の立法過程においても学説上も，このような絶対的強行法規が存在することは一般に認められている。

ある実質法が介入規範であるというためには，一定の資格の具備が求められ（ローマⅠ規則9条1項：「ある国家にとって，とりわけその政治的，社会的，または経済的な体制（organisation/Organisation）のような公益の保持のために，……その遵守が重大である強行規定」），その範囲は国内的強行規定より狭い[14]。

他方，そうした資格を有する強行規定を，実際に介入規範として性質決定するか，すなわち国際的ないし絶対的適用意思を与えるかは，制定国の裁量に委

---

11) ドイツからの視点として，*Kort*, NZA 2002, S. 1248, 1248; *Schlachter*, a.a.O. (Fn. 7), 1244参照。イギリスからの視点として，C. Barnard (2009) 38 *ILJ* 122, 123-124参照。また，S. Deakin (2008) 10 *CYELS* 581, 593-594; *Krebber*, Jahrbuch Junger Zivilrechtswissenschaftler 1997, 1998, S. 129, 130 も参照。

12) なお，専ら越境的配置のために雇われるような場合に，通常の労務給付地は配置先国であるとして，配置先国法を客観的準拠法としているものと理解できる見解もあったが（*Hanau*, in: Due/Lutter (Hrsg.), FS Everling, Baden-Baden 1995, S. 415, 425 f.），議論状況に影響を与えてはいないようである。

13) 一般的説明としてさしあたり，櫻田ほか・前掲注8）書34頁以下［横溝担当］，横山潤『国際私法』（三省堂，2012年）30頁以下を参照。

ねられる[15]。そして当該立法を行うこともまた制定国の裁量であるから，具体的な適用範囲もまた，基本的には制定国の政策により決せられるといえる[16]。

したがって，通常の連結によれば合法的「ソーシャル・ダンピング」が生じえたところ，配置先国は，介入規範という手段を用いることで，与えられた裁量の範囲内で自国法を適用し，それを防ぐことが可能だということになる。

3　両者の相克

(1)　以上のように越境的労働者配置は，一方では，自由移動原則（サービス提供の自由）という国際的経済活動の自由によって保障されるサービス貿易であり，他方その労働条件は，労働抵触法上，介入規範としての配置先国法の適用により規制されうるものであった。ところがこの自由貿易保障と労働条件規制との間に，相克関係が生じることになる。比較的に高水準な労働法制を有する配置先国からみた「ソーシャル・ダンピング」の防止は，他面からみれば，送出し国の企業（越境的配置企業）の競争上の優位を奪うものだからである。

法的にこうした越境的配置企業の利益を保護するのは，自由移動原則（サービス提供の自由）である。自由移動原則は，差別に限らず市場参入への「制限」を禁ずるものと解されており，介入規範という形での（高水準な）配置先国法の適用は，たとえ国内企業との平等な取扱いであっても，越境的配置企業のサービス提供の自由に対する制限として，EU法適合性を問われることになる[17]。

(2)　実際に注目を集めた事件として，リュフェルト事件がある[18]。本件では，

---

14)　*Deinert,* a.a.O. (Fn. 7), §10 Rn. 15; MüKoBGB/*Sonnenberger,* 5. Aufl., München 2010, Einl. IPR Rn. 41; MüKoBGB/*v. Hein,* 6. Aufl. München 2015, Einl. IPR Rn. 288 参照。同規則前文第37も参照。わが国でいう絶対的強行法規に関しては，例えば，西谷裕子「消費者契約及び労働契約の準拠法と絶対的強行法規の適用問題」国際私法年報第9号（2007年）42頁，横山・前掲注13)書31頁参照。

15)　*Deinert,* a.a.O. (Fn. 7), §10 Rn. 17, 26; StaudingerBGB/*Magnus,* Buch XIV, 14. Aufl., Berlin 2011, Art. 9 Rom I-VO Rn. 53 f. 参照。

16)　なお，公法の「属地性原則」という概念の不正確性について，*Deinert,* a.a.O. (Fn. 7), §1 Rn. 32, §10 Rn. 181 ff. 参照。

17)　以上については，山本・前掲注9)論文96-98頁，また，同「ヨーロッパ労働法研究序説」法学新報121巻7・8号（2014年）662-665頁を参照されたい。

個別報告②

　ドイツ・ニーダーザクセン州での公共工事において，下請けであったポーランド企業が，同州内の現場で使用していたポーランド人労働者に対し，同州公契約法上（の協約遵守規制によって）支払われるべき最低報酬額の，実に半分に満たない額しか支払っていなかった。問題は，当該越境的労働者配置について，当該州法上の報酬規制を及ぼすことができるか，ということであった。また，その後の欧州委員会対ルクセンブルク事件[19]では，越境的労働者配置に際して幅広く自国法を適用すべきとしていたルクセンブルク法の EU 法適合性が問われた。

　これらの事件で欧州司法裁判所（ECJ）は，EU 法違反を認定した。ECJ は，具体的には後述の越境的配置労働者指令を基準にして EU 法違反を認定したが，同指令がサービス提供の自由の具体化である，との ECJ の位置づけによれば[20]，この自由移動原則によって，配置先国法適用が EU 法に違反するものとされたことになる。「ソーシャル・ダンピング」が法的に保障されたのである[21]。

　これをもって，規制レジームの「輸出可能性」や「レジーム・ポータビリティ」が ECJ により認められたものと表現されることがある[22]。少なくとも，結果としては本質を突いているであろう。サービス貿易の自由化が，労働力だけでなく，いわばサービス輸出国の規制水準の輸入を伴ったということである。

18）　ECJ judgment of 3.4.2008, Case C-346/06 [*Rüffert*] ECR I-1989. 同事件について論じたものとして，橋本陽子「最低賃金に関するドイツの法改正と協約遵守法に関する欧州司法裁判所の判断」学習院大学法学会雑誌45巻1号（2009年）19頁以下。

19）　ECJ judgment of 19.6.2008, Case C-319/06 [*Commission v Luxembourg*] ECR I-4323. 同事件の評釈として，山本志郎「サービスの自由移動原則と国内労働法優先主義との衝突」労旬1740号（2011年）24頁以下。

20）　山本・前掲注9）論文100頁参照。

21）　Rödl, in: Fischer-Lescano/Rödl/Schmid (Hrsg.), Europäische Gesellschaftsverfassung, Baden-Baden 2009, S. 145, 152 参照。

22）　ニコラ・コントリス（山本志郎訳）「EU における労働者の越境的配置」比較法雑誌50巻2号（2016年）〔本稿脱稿時未刊〕，S. Deakin, *supra* note 11, at 587, 609 参照。

Ⅲ　労働抵触法の新たな意義と課題

　以上の EU 法の展開は，経済統合の中で労働抵触法に与えられる新たな意義を，また同時にその新たな課題を，示唆しているように思う。そして EU は，この課題への適切な答えを模索している最中といえる。他方，わが国において問われなければならないのは，仮に同様の課題が投げかけられた場合に，わが国労働抵触法理論がこれに十分な答えを提供しうるか，ということである。

1　意　義──多様性の中での公平な競争条件の決定

　そもそも，貿易自由化によって生じる「ソーシャル・ダンピング」の問題は，労働法制の水準格差ないし多様性に起因する。そこで考えられる１つのシンプルな解決方法は，統一実質法の形成である。しかしいうまでもないながら，各国の経済水準格差によっては，これは現実的でない。現に EU では，労働立法は主として最低基準の指令である[23]。各国法制が各国の文化・伝統に根付くものであるような場合，完全な統一が望ましくないような場合もありえよう。他方，EU の経験が示すように，最低基準としての統一実質法の形成を進めても，依然格差が残るから，「ソーシャル・ダンピング」防止には限界がある。

　そこで，同時並行的に，あるいはオルタナティヴとして，労働抵触法が必要になってくる。たしかに，抵触法は各国労働法制の水準格差をなくすものではない。しかし，適切な連結政策が採られる限りにおいて，労働抵触法規律は，各国法制の多様性を維持しつつも[24]，必要な労働者保護水準を確保し，かつ公平な競争条件を設定する役割を果たしうるものである。

---

23)　山本・前掲注17)論文652-653頁参照。
24)　ヨーロッパ抵触法を，「多様性の中での統一」を達成しようとするものと理解して，ヨーロッパの基本構造として位置付けることを主張するものとして，C. Joerges/F. Rödl (2009) 15 *ELJ* 1 参照。

2 課　題——国際的経済活動の自由との調整

　そしてこのような役割を果たしうる労働抵触法に対して，EUでは，まさに経済統合を進めるからこそ生じる，新たな課題が投げかけられている。すなわち，サービス提供の自由という国際的経済活動の自由との調整である。

　ところで，EUはこうした課題を，リュフェルト事件等で「ソーシャル・ダンピング」を法的に保障する判例が登場するまで放置していたわけではない。ここで，EUがどのように対応しようとしていたのかを確認しておこう。

　(1)　もともと，ECJは「ソーシャル・ダンピング」から自国市場を守ろうとする各国の措置を，一律に自由移動原則違反とはしていない。市場参入への制限禁止として理解される自由移動原則のもとでは，制限であっても，正当な理由がありかつ比例相当性が認められるものであれば許容される。そしてこの正当事由として，配置労働者の保護が認められてきた[25]。したがって個々の事案において，正当事由および比例相当性があるかということが問われてきた。

　問題はその具体化であるが，EU法は，いわゆる第2次法レベルで調整を図っているところに特徴がある。それが，越境的配置労働者指令96/71/EC（OJ [1997] L 18, p. 1: PWD）である。本指令は，一定の法源（法律や一般的拘束力のある協約・仲裁裁定）における一定事項（労働時間，有給休暇，最低賃金，労働者派遣の条件，安全衛生，妊産婦等の保護，差別禁止が含まれる）についての配置先国の規定が，介入規範として適用されるべきことを定める。ECJの解釈によれば，逆に，PWD上許容されている範囲を超えて配置先国が自国法を適用することは許されない[26]（この解釈には，未だに批判がある[27]）。

　PWDの特徴は，加盟国に対する，自国法規範の介入規範としての性質決定の，超国家的なレベルでの強制にある[28]。既述のとおりローマⅠ規則9条では，介入規範たる資格の定義は与えられているものの，その範囲内にある自国法に

---

[25]　以上，山本・前掲注9）論文98頁参照（同頁脚注86の 'Finalarte, para. 19' は 'para. 39' の誤植）。正当化事由たる「労働者」保護は，あくまで越境的に配置された労働者の保護であることについて，*Krebber,* EuZA 2013, S. 435, 444 も参照。

[26]　以上，山本・前掲注9）論文99頁参照。

[27]　最近のものとして，コントリス・前掲注22）論文参照。ECJのような解釈が生じえた背景について，山本・前掲注17）論文666-668頁参照。

絶対的適用意思を付与するかは，各国の裁量に委ねられる。しかしPWDは，それを強制しており，各国（配置先国）の「公益の保持」のために遵守が必要な規定の範囲の決定にまで踏み込んだ，特別な統一抵触法であるといえる。

(2) 本稿の関心から注目されるのは，判例上，PWDの範囲内の配置先国法適用については，サービス提供の自由による審査が免除されている点である[29]。結果としてPWDは，上記のような第2次法上の特別な統一抵触法でありながら，サービス提供の自由の確保と「ソーシャル・ダンピング」の防止（つまりは自国市場保護[30]）という2つの目的を，妥協的に調整するものとして機能している[31]のである。

このような第2次法による調整には，EU法上の規範の序列の観点からは疑問が残るといわざるをえない。ただ，ECJがその自由移動原則違反を問うていないのは，前述のように各国の裁量を制限するような，超国家的なレベルでの政治的妥協を尊重しているものとも理解できよう。

3　わが国労働抵触法理論への問題提起

翻ってわが国の労働抵触法は，同様の課題によく応えうるものであろうか。むろんそもそも，わが国が進める環太平洋パートナーシップ協定（TPP）のような経済統合政策が，EUの自由移動原則のような強力な国際的経済活動の推進を含みうるものか，ECJのような統一的司法裁判所の設立あるいは同様の機能を果たす制度がありうるか等，本来前提として検討が必要な事項は多く存在する。ただ少なくとも注意されるべきは，EUにおける越境的労働者配置のような問題は，「労働者」の自由移動（ないし移民受入れ）の枠組みではなくて，

---

28) *Deinert*, a.a.O. (Fn. 7), §10 Rn. 75 参照。実質法の形成は強制されない（ECJ judgment of 18.12.2007, Case C-341/05 [*Laval*] ECR I-11767, para. 68）。
29) 山本・前掲注9）論文100頁参照。
30) PWD立法時の関心につき，Krebber, a.a.O. (Fn. 11), 132参照。また，同指令に対応するドイツ国内法（AEntG）につき，BT-Drs. 13/2414, S. 6; MüArbR/*Rieble/Klumpp*, 3. Aufl., München 2009, §179 Rn. 124参照。
31) もともとPWDの目的はそうした調整にある。指令の前文第1-5段落，コントリス・前掲注22）論文や*Klumpp*, NJW 2008, S. 3473, 3476を参照。

個別報告②

あくまで企業の行う「サービス」の自由貿易の問題として，いわば抜け穴的枠組みにおいて発生してきたことである[32]。いずれにせよ以下では，わが国で同様の問題が起こりうることを前提として，ごく簡単に問題提起をしておきたい。

　（1）　ここでの課題へのEUの対応は，サービス提供の自由に対する正当な制限としての「労働者保護」たる介入規範（絶対的強行法規）の範囲を，PWDという第2次法によって具体化するものであった。そこで，わが国においても，まずは絶対的強行法規による対応が考えられる。

　わが国においては国内法としても統一法としても，ローマⅠ規則9条，ましてやPWDのような，絶対的強行法規に関する明文規定はない。解釈論上，絶対的強行法規か否かの判断においては，規律目的が私人間の利益調整かそれともそれを超えた国家政策の実現であるのかといった点を強調する見解や[33]，国家の政治的・社会的・経済的秩序の維持の目的とするものを絶対的強行法規とみる見解がある[34][35]。いわば，規律の公益目的が求められているといえよう。しかし，同様のことが要求されるEUにおける介入規範の適用は，確認したようにサービス提供の自由との相克に直面している。このように，抵触法理論の中では特別な法適用を導く公益目的であっても，国際的経済活動の自由への制限を必然的に正当化するものではなく，この正当化は別個に課題として残る。

　この点EUでは，介入規範たる配置先国法の適用は配置労働者の保護を追求するものであれば正当事由が認められ，比例相当性があれば国際的な経済活動の自由への制限が許容されていた。絶対的強行法規の適用については，このよ

---

32)　山本・前掲注9）論文96頁参照。
33)　村上愛「法の適用に関する通則法12条と労働契約の準拠法」一橋法学7巻2号（2008年）317頁。おそらく同旨のもと，刑罰や行政監督等の有無を重視するものとして，櫻田ほか・前掲注8）書290頁［高杉直担当］，土田・前掲注1）論文81頁。
34)　西谷・前掲注14）論文42頁，またおそらく米津孝司「グローバル化と労働法の抵触ルール」日本労働法学会誌120号（2012年）95頁（同・前掲注1）書211頁以下も参照）。
35)　山川・前掲注1）書173頁は，「準拠法選択アプローチ」と「地域的適用範囲の画定のアプローチ」（このアプローチが採られる法規は「自らが一方的抵触規則」であり，「絶対的強行法規」と呼ぶことができるとされる〔141頁〕）の使い分けの基準として，複合的ないくつかの要素を挙げており，そのうちには，規律の目的が私人間の利益調整かそれとも国家政策の実現かという点や，刑罰や行政取締などが予定されているかという点も含まれている。

うな，公益たる労働者保護による基礎付けが重要となりうる。そして前提として，当該公益たる労働者保護に何が含まれるかを検討する作業が必要となる。

ところで近時（10年以内）の学説の傾向としては，上記のような公益目的の有無を判断する具体的基準として，とりわけ刑罰規定や行政機関の介入の有無・度合いといったことが重視されているように思われる（前掲注33）の諸文献参照）。しかしこうした理解には，本稿の観点からすると不可避的な困難がある。すなわち，違反に対するサンクションが強ければ強いほど，それは国際的経済活動の自由への強力な制限のはずであり，それゆえ強い正当化が求められるはずだからある。これを踏まえれば，公益目的の有無の判断は規制方法の面から間接的になされるのではなくて，やはり実質的になされること（換言すれば何故そうした強い規制が正当化されるのかという規制趣旨の説明）が必要であろう。

(2) しかし考えてみれば，EUとは異なって，絶対的強行法規ではなくて，通則法12条のような通常の連結ルールによる処理もありうる。ただ，契約準拠法ルールもまた，その連結政策の正当性を，国際的経済活動の自由との関係で問われる可能性がある。そこで問題は，通則法12条が「ソーシャル・ダンピング」の防止の役割を，正当性を伴う形で適切に果たしうるかである。

思うに，実際に越境的配置のような事案で（EUでの一般的理解とは異なって）配置先国法が準拠法として指定されるかという問い以前に，本条には根本的な問題がありそうした役割を期待できない。根本的な問題とはすなわち，当事者自治の制限たる特別連結（1項）において，当該特別連結の発動如何を，労働者の意思にかからしめていることである。

前提として確認しておくべきは，この通則法12条1項の特別連結は，たしかに一見すればあくまで当事者自治の制限としての「労働者保護」であるけれども，しかし他方，（同条2項と3項の最密接関係地は同一であるから）客観的連結により与えられる保護を維持するものとなっており，客観的連結の正当性を示すものとしての「労働者保護」でもあるはずだということである。ところが労働者の意思表示による特別連結のもとでは，準拠法選択がある場合には労働者が

---

36) この意味で客観的連結が二重の機能を有することについては，AR-Blattei SD/*Franzen*, Nr. 920, Heidelberg 2006, Rn. 45, 121 参照。

個別報告②

その適用を主張しなければ客観的連結による準拠法は適用されないのであるから、結果として客観的準拠法は主観的に適用を排除できるものとしての地位から脱していない。このようにわが国通則法12条では、労働抵触法上の「労働者保護」が、いわば二重の意味で主観化されているといえるのである。

そして、こうした主観化された「労働者保護」に支えられた通則法12条による法適用が、国際的経済活動の自由への制限を正当化しうるものかには、疑問がある。そもそも、この連結政策に積極的な理由付けがあるかも疑問である。[37]

(3) 以上を踏まえれば、次のような批判的問題提起を行うことが許されよう。すなわち、わが国労働抵触法理論においては、国際的経済活動の自由との相克関係を見据えれば不可避であるところの抵触法上の「労働者保護」の具体化が、未だ十分には行われていないのではないだろうか、ということである。

これを敷衍すれば、次の2つの次元での具体化が求められる。まず絶対的強行法規に関しては、公益たる労働者保護という目的による基礎付けが重要となりえ、その際には、刑罰等の有無により間接的に公益目的を見出すのではなく、公益たる労働者保護とは何かを実質的に具体化する必要がある。次に契約準拠法ルールに関していえば、必要なのは、現在の通則法12条が採用するような抵触法上の「労働者保護」の主観化という、国際的経済活動の自由との関係での正当性に疑義のある連結政策に甘んじることではない。抵触法上の「労働者保護」の客観的具体化に、真正面から取り組むことが必要となろう。

Ⅳ 結びにかえて

以上の検討結果の要点を列挙すれば、次のようになる。

① 労働抵触法の新たな意義：経済統合下においては、各国の規制水準格差

---

[37] EUのような有利原則について以前から指摘されていた有利性比較の困難があったとはいえ、こうした連結政策は「結局、消費者契約の特則と平仄を合わせ」（小出邦夫編著『逐条解説 法の適用に関する通則法〔増補版〕』（商事法務、2014年）159頁）たものに過ぎないのではなかろうか。この点、別冊NBL編集部編『法の適用に関する通則法関係資料と解説』別冊NBL No.110（2006年）158-160頁〔法務省民事局参事官室担当〕も参照。

を背景とした「ソーシャル・ダンピング」の問題が生じる可能性が高いが，労働抵触法は，各国法制の多様性を維持しつつも，必要な労働者保護水準を確保し，かつ公平な競争条件を設定する役割を果たしうる。

② 労働抵触法の新たな課題：「ソーシャル・ダンピング」防止のための国内労働法適用は，経済統合下においては全く無制約に行えるものではなく，国際的経済活動の自由との調整を求められる可能性がある。

③ 問題提起：わが国労働抵触法に求められているのは，国際的経済活動の自由との相克の調整が問われる時代の労働抵触法の健全な発展に資するよう，抵触法上の「労働者保護」を具体化することである。これは，(i)絶対的強行法規の適用の場面では，それを基礎付ける公益たる労働者保護とは何かを実質的に具体化することであり，(ii)契約準拠法ルールに関しては，抵触法上の「労働者保護」を主観化するような連結政策ではなく，その客観的具体化に取り組むことである。

それでは，どのような方法および内容で，こうした具体化が行われるべきか。この点は，紙幅の関係上，残された課題として稿を改めて論じたい。[38]

（やまもと　しろう）

---

[38] 示唆的なものとして，コントリス・前掲注22)論文を参照されたい。

日韓の集団的変更法理における
合意原則と合理的変更法理

朴　孝　淑

（東京大学）

I　はじめに——合意原則と合理的変更法理

　雇用関係は，継続的な契約関係なので，経営環境や労働市場の変化等によっては，労働条件の変更が要請されることもありうる。しかし「契約は守られねばならず，契約当事者は合意したところにのみ拘束される」というのが近代市民法の大原則で，この原則によれば，使用者が労働者の同意なしに合意した契約内容を一方的に変更することはできないはずである。欧米では，この原則が基本的には妥当し，労働者の同意なしに契約内容を一方的に変更することはできないと解されている[1]。

　これに対して，日本及び韓国では，状況が異なる。日本では就業規則の不利益変更が合理的であれば，労働者が合意せず，さらには反対していてもその拘束力を認めるという合理的変更法理が判例上確立され，2007年の労働契約法（以下「労契法」という）では立法化された（同法9条，10条）。韓国では，判例において，就業規則の不利益変更には集団的同意を要するという立場と共に，日本同様，変更が合理的であれば良いとする2つの立場があった。1989年の勤労基準法（日本の「労働基準法」に相当する。以下「勤基法」という）改正では，前者の集団的同意を要する立場が立法された。しかし，この法改正後も，判例は，

---

[1]　もっとも，何が契約の変更にあたり，合意なき変更が許されないことになるのかについては，各国において種々議論がある。例えば，荒木尚志＝山川隆一編『諸外国の労働契約法制』（労働政策研究・研修機構，2006年）119頁（ドイツ），243頁（フランス），312頁（イギリス），392頁（アメリカ）参照。

集団的同意がなくとも変更の合理性が認められれば，変更の拘束力を認めるという立場がなお維持されている。つまり，韓国では制定法上の合意原則と判例による合理的変更法理という相反する2つのルールが併存しているといえる。

本稿は，このように古典的契約法理とは異なる就業規則の合理的変更法理というルールを模索した日韓の判例法理が，その後，立法を経て異なる様相を呈するに至っている状況を概観する。具体的には，就業規則の不利益変更に労働者の集団的同意を法律上要求する韓国の現行法と，この現行法の例外を認める形で存在する2つの大法院の判例，そして現行法と判例法理の解釈をめぐる学説の対立状況を紹介・分析し，日本における就業規則法理および労契法の規制の意義をめぐる議論の参考に供することとしたい。

Ⅱ 韓国における就業規則による労働条件の不利益変更

韓国の労働条件決定システムの構造は，日本とほぼ同様である。まず，強行法規である勤基法が労働条件の最低基準を定め，これに反しない限度で，労働協約，就業規則，個別労働契約等によって具体的労働条件の決定・変更が行われる。このうち，集団的な労働条件決定・変更方法には，労働協約と就業規則があるが，本稿では，就業規則による変更に焦点を当てる。

1 勤基法94条1項但書による規制（集団的同意要件）

現行の勤基法94条1項は，就業規則の作成および変更の手続として，「使用者は就業規則の作成又は変更に関して当該事業または事業場に労働者の過半数で組織された労働組合がある場合にはその労働組合，労働者の過半数で組織された労働組合がない場合には労働者の過半数の意見を聴かなければならない。ただし，就業規則を労働者に不利益に変更する場合には，その同意を得なければならない。[2]」と定めている。

同項で，就業規則の作成または変更に関して労働者集団の意見聴取を求めて

---

2) 同条手続の違反には，500万ウォン以下の罰金が定められている（勤基法114条1号）。

いる（前段部分）のは日本法と同様である。しかし，日本とは異なり，同項但書（以下「94条1項但書」という）は，就業規則により労働条件を不利益に変更する際には，過半数組合または労働者の過半数の同意を要求している。

これは，1977年の大法院判決の枠組みを1989年勤基法改正で立法化したものである。ところが，判例はこの但書の要求する過半数同意を得ることができなかった就業規則の不利益変更についても，変更内容が合理的であれば変更就業規則の効力を肯定する立場を採っている。つまり，韓国では，制定法上の合意原則と判例の合理的変更法理という相反する2つのルールが併存していることになる。

そこで以下では，韓国でこの集団的同意原則と合理的変更法理が立法を経てもなお併存するに至る展開を検討する。

(1) 1953年――勤基法の制定

もともと，1953年の勤基法95条1項[3]は，就業規則の変更時には過半数組合または過半数代表者による意見聴取の規定のみが存在していた。就業規則を労働者に不利益に変更する場合も，この意見聴取の手続を採ればよいとされていた。しかし，この時期の判例は，そのような不利益変更の場合には，意見聴取に加えて「労働者の同意」を要求していた。その中には①「個別労働者の同意」を要求しているものもあれば[4]，②労働者の「集団的同意」を要求しているものもあった[5]。要するに，この当時は，不利益変更には同意が必要であるが，その同意が集団的同意である必要があるか，個別的同意でもよいのかが明らかではなかった。

(2) 1977年の大法院判決

この状況は，1977年の大法院判決（1977.7.26. 宣告77다355判決。以下「77年判

---

[3] 1953年の勤基法95条1項（規則の作成変更の手続）は，「使用者は就業規則の作成又は変更に関して当該事業場に労働者の過半数で組織された労働組合がある場合にはその労働組合，労働者の過半数で組織された労働組合がない場合には労働者の過半数を代表する者の意見を聴かなければならない。」（〔施行日：1953.8.9〕〔1953.5.10制定〕〔法律第286号〕（現勤基法第94条第1項））と定められていた。

[4] 大法院1976.12.14. 宣告75다1540判決。

[5] 大法院1976.7.13. 宣告76다983判決。

決」という）で変更されることになる。77年判決は，退職金を引き下げる内容の就業規則の変更について個人的に同意した退職者が，後で，変更された就業規則による退職金の算出方法に異議を唱えたという事件である。高等法院（ソウル高等法院1977.2.10.宣告76나2596判決）は，「当該労働者の同意を得た以上，変更された就業規則は有効である」としたが，大法院は，労働条件を不利益に変更するためには「労働者集団の集団的意思決定方法による同意」が必要であり，この集団的同意がない限り，変更に個別に同意した労働者に対しても不利益変更の効力はないとした。判例は，使用者の一方的な就業規則の不利益変更が認められない根拠として，「集団的労働条件の対等決定の原則」や，「勤基法の保護法としての精神」，「既得権保護の原則」を挙げ，労働者集団の集団的意思決定方法による同意を要する根拠として，「集団的労働条件の対等決定の原則」と「就業規則の最低基準としての効力との関係」，「労働条件の統一的規律」「一般法規範の変更手続きとして妥当であること」などを挙げている。

このような判決の立場は，その後の大法院判決でも基本的に維持され，その内容は，1989年3月29日の勤基法改正によって明文化されるに至った。もっとも，後述するが，77年判決の直後からすでに，その例外として，社会通念上の合理性があれば集団的同意がなくても不利益変更が可能とする立場をとる判例も出現していた。このように，不利益変更に必要な同意について，77年判決は，個別的同意では足りず集団的同意が必要であることを明らかにした。しかし，大法院では，同判決後に，そもそも集団的同意がなくても，合理性があれば，変更の効力を認め得るという判例も出されていた。すなわち，判例には集団的同意説と合理的変更説という相対立する2つの流れがあったことになる。

(3) 1989年勤基法の改正～現在

この状況の中で，1989年には，就業規則を不利益に変更する際には労働者の集団的同意を必要とする立場，すなわち，1977年の大法院判決の立場が当時の勤基法95条1項の但書として立法化された。この1989年の但書の立法化は，現行法のもとになるものである。この1989年の改正では，1953年の勤基法95条1項の「当該事業場に労働者の過半数で組織された労働組合がある場合にはその労働組合，労働者の過半数で組織された労働組合がない場合には『労働者の過

半数を代表する者の意見』を聴かなければならない」を「……『労働者の過半数の意見』を聴かなければならない」へと変更した。つまり日本のように過半数代表者の意見ではなく、文字通り「労働者の過半数の意見」が必要とされた。そのうえで、77年判決の立場を成文化して「但し、就業規則を労働者に不利益に変更する場合には『その同意』を得なければならない」との但書を新設した。これが現行の勤基法94条1項但書に受け継がれている。

2　現行法における就業規則の変更とその手続

(1) 不利益変更時に「集団的同意」の主体になる労働者集団の範囲

94条1項但書は就業規則の不利益変更時に「その同意を得なければならない」とするが、「その同意」の主体は誰かが問題となる。当該事業または事業場に過半数組合がある場合には、過半数組合が同意の主体となる。しかし、当該事業または事業場に過半数組合がない場合の「その同意」の「その」が指すのは、「労働者の過半数」となり、労働者の過半数の同意が必要となる。日本法のように「労働者の過半数を代表する者」（過半数代表者）の同意ではない点が重要である。

「労働者の過半数の同意」の主体について、大法院は、就業規則が（全労働者に対して）統一的に適用される場合と、労働者集団間の労働条件が異なり、各々別個の規制の適用を受けている場合に分けて同意の主体を判断する枠組みを取っている。例えば、就業規則が労働者全体に対して統一的に適用されていて、当該変更内容が、将来、全労働者に対して直接的・間接的・潜在的に関連しうると判断される場合には、「労働者の過半数」のベースは、当該変更により不利益を受ける労働者のみならず、将来不利益を受けることが予想される労働者集団を含む全労働者となる[6]。これに対して、一つの事業場に労働者が労務提供の形態や職種、職級、勤続年数などによりいくつかの労働者集団に分類され、別の労働条件が適用されている場合は、その同一の労働条件の適用を受ける範囲の労働者だけが「労働者の過半数」のベースになる[7]。

---

6) 大法院2009.5.28.宣告2009두2238判決。
7) 大法院1990.12.7.宣告90다카19647判決。

(2) 同意の方式

94条1項但書によると，過半数組合または労働者の過半数が不利益変更に同意をすれば，不利益変更された就業規則は労働者を拘束する。この場合，拘束力の根拠は集団的同意自体に求められる。変更内容が合理的であるか否かは問題とされず，合理性は不利益変更の要件ではない。

このような法制度の下では，就業規則の不利益変更に集団的同意があったといえるためには，いかなる方式の同意が必要であるのか，が重要な問題となる。当該事業または事業場に「過半数労働組合」がある場合の労働組合の同意は，法令や労働協約または労働組合の規約等により組合委員長の代表権が制限されたとみることができるほどの特別な事情がない限り，組合委員長が労働組合を代表して同意をすればよい。これに対して，過半数労働組合がない場合には，判例は，「労働者の過半数の同意」とは，「集団的意思決定方式」又は「会議方式」という参加者間の討議を経た上で集団的意思が形成されたといえるような形態の集団的意思決定方法によるものであることが必要としている[8]。したがって，黙示的な同意が認められる場合はほとんどないと解されている。また，個別的に同意した労働者に対しても，就業規則の不利益変更の効力はないとされている。

3 94条1項但書（集団的同意原則）の判例法理による例外と限定

集団的同意のない就業規則の変更は，94条1項但書違反であり，条文どおりに解すれば，その効力が否定され，変更前の就業規則が適用されることになる。ところが，判例は，社会通念上の合理性があれば，集団的同意がない就業規則の不利益変更の効力を認めている。その結果，韓国における就業規則の不利益

---

8) 「会議方式」の意味について大法院（1992.2.25.宣告91다25055判決）は，「会議方式は，必ず一事業又は事業場の全労働者が一時に一ヶ所に集合して会議を開催する方法だけではなく，(大企業や事業場においては，これらの会議方式は，事実上不可能な場合が多いだろう)，一事業または事業場の機構別または単位部門ごとに，使用者側の介入や干渉が排除された状態で，労働者相互間に意見を交換して賛否を集約した後，これを全体的に集合する方法も許容されるとみるべきである」とする。多数の大法院判決も同様の見解を示している（大法院1993.8.24.宣告93다17898判決；大法院1994.9.23.宣告94다23180判決など）。

図1　韓国の就業規則の不利益変更——社会通念上の合理性の判断

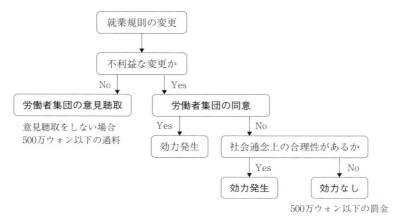

注）『就業規則の解釈及び運営指針』雇用労働部46頁（2016年）を参照。

変更の現状については図1に示したようになる。以下では制定法上の集団的同意原則がそのまま妥当しない2つの場面について検討する。

(1) 社会通念上の合理性がある場合

(a) 判　例　就業規則変更に集団的同意を要求した77年判決の後，この立場を採る判例が主流であったものの，社会通念上の合理性があれば集団的同意を不要とする合理性法理による判例も存在した。しかし，1989年改正で，「集団的同意」が就業規則の不利益変更の要件として明文化（現行法では94条1項但書）されたため，本来，合理性法理の立場は許されなくなったはずである。ところが，1989年改正後も，合理性法理の立場に立つ判例が次々と下され，現在では判例の主流を形成している。

例えば，2015年の大法院判決（2015.8.13. 宣告2012다43522判決）は，使用者による就業規則の一方的な作成・変更は原則的に許されないが，その就業規則の作成または変更が「その必要性と内容の両面から見て，それによって労働者が被る不利益の程度を考慮しても，依然として当該条項の法的規範性を是認することができるほど，社会通念上合理性があると認められる場合には，従前の労働条件または就業規則の適用を受けていた労働者の集団的意思決定方法による

同意がないという理由だけで，その適用を否定することはできない。」と判断している。

大法院は，社会通念上の合理性の判断要素として，①労働者が被る不利益の程度，②就業規則変更の必要性の内容と程度，③変更後の内容の相当性，④代償措置及び他の労働条件の改善状況，⑤労働組合との交渉経緯と他の労働者の対応，⑥同種事項に関する国内の一般的な状況等，①から⑥までの判断要素を総合的に考慮している。もっとも，大法院は，社会通念上の合理性による例外を一般論としては認めているものの，実際に，判例が，社会通念上の合理性があると肯定したものは少なく，そのなかでも退職金関連の事案等，賃金関連事案で社会通念上の合理性を認めた判例はさらに少ない。最近の大法院は，社会通念上の合理性の判断は「制限的で厳格」に解釈・適用すべきであるとして，社会通念上の合理性の有無をより厳しく判断する傾向にある。

(b) 学説も踏まえた理論状況　就業規則の不利益変更をめぐる韓国の判例及び学説の立場を整理すると，次の３つの立場に整理することができる。①94条１項但書の存在を理由に，不利益変更の問題は，労働者の集団的同意の有無のみで判断すべきであるとする立場（集団的同意必要説），②集団的同意を得ていない労働条件の変更が，社会通念上の合理性があると認められれば，その変更の「不利益性（既得権の侵害）」が否定されるため，94条１項但書の要求す

---

9) 本件は，被告ホテルが経営上の危機を克服し，人材の効率的な配置と労働者の勤務意欲を高める目的で設けた「役職付与基準案」及び「幹部社員の給与体系変更案」（以下「本件変更」という）に社会通念上の合理性があるか否かが争われた事案である。原審は，本件変更は幹部社員の労働条件を不利益に変更するものではあるが，本件変更により直接的に不利益を受ける幹部社員の大多数が本件変更に同意していることなどを挙げ，本件変更の社会通念上の合理性を認めた。これに対して，大法院は，本件変更は労働者の受ける不利益が大きいこと，緊迫かつ重大な変更の必要性が認められないこと，一部の社員（幹部社員）からのみ同意を得たことなどから，本件変更の社会通念上の合理性を否定した。
10) 最近は，就業規則の変更に応じて発生する競争力の強化など，使用者側の利益の増大または損失の減少を長期的に労働者も一緒に享受することができるかについての当該企業の経営態度（⑦）も考慮に入れて判断をしている（本文の2015年の大法院判決を参照）。
11) 大法院2010.1.28. 宣告2009다32362判決など。
12) なおそれぞれの説の名称は筆者が付したものであり，韓国でこのように呼ばれているわけではない。

個別報告③

る集団的合意も要求されないとする立場（合理的変更の不利益性否定説），③社会通念上の合理性があれば労働者集団の同意がなくても変更が可能であるとする立場（集団的同意不要説）である[13]。

(c) 「社会通念上の合理性」の解釈をめぐる新たな展開？　ところで，判例の合理性変更法理をめぐっては，最近，新しい展開がみられる。2016年1月22日，雇用労働部（日本の厚生労働省に相当）は，従来の「就業規則解釈および運営指針」を改正し，就業規則の不利益変更における「社会通念上の合理性」の判断を認める「指針」を発表した。これは，大法院が厳格に制限的にしか認めない「社会通念上の合理性」法理を行政指針で一般化し，94条1項但書の「集団的同意」要件を実質的に緩和するものと解されている。韓国では，2013年4月30日に，「雇用上年齢差別禁止及び高齢者雇用促進に関する法律」が，定年60歳以上の義務化とともに，「賃金体系の改編」など必要な措置をとることを定めた。ここでいう「賃金体系の改編」とは賃金の減額を伴うものであることが想定されているため，94条1項但書によると，このような賃金体系の改編には労働者の「集団的同意」が必要となる。指針は，定年延長に伴う不利益な賃金体系の改編に労働者集団の同意を得られなかった場合を想定し，「社会通念上の合理性」を判断して変更を認める余地を示したものと解され，労働界からは強い批判を受けている[14]。

以上検討した通り，韓国では，94条1項但書により集団的同意がなければ，就業規則の不利益変更はできないという制定法上のルールと併存して，集団的同意がなくとも，就業規則変更が合理的であれば不利益変更の拘束力を認めるという判例法上のルールが存在している。

(2) 集団的同意なき就業規則変更の新規採用労働者への効力

(a) 1992年大法院全員合意体判決（1992.12.22.宣告91다45165判決）[15]　韓国

---

13) 社会通念上の合理性により不利益変更を認める大法院判決の立場は，明文規定に反するものであるとして多くの学説から厳しい批判を受けている。学説の議論状況の詳細については，朴孝淑「韓国における就業規則による労働条件の不利益変更」日本労働研究雑誌607号（2011年）105頁以下を参照。

14) 詳細は，朴孝淑「日韓における高年齢者雇用政策と定年制をめぐる不利益変更問題について」ソフトロー研究第25号（2015年）86頁以下を参照。

の判例の多くは、1992年以前は、過半数労働組合または労働者の過半数の同意がない以上、就業規則の変更自体は絶対的に無効であり、無効となった就業規則の変更は、就業規則の変更以後に入社した新規採用労働者に対しても効力を持たないとする傾向にあった。しかし、1992年の大法院全員合意体判決（以下「92年合意体判決」という）は、この立場とは異なり、集団的同意を得ていない就業規則の不利益変更も、既得権の侵害が生じない新規採用労働者に対しては、「効力を持つ」という、新たな判断を下した。

この92年合意体判決は、次の2つの課題を提起している。第1に、同判決の立場は、就業規則の不利益変更に集団的同意を要件としている94条1項但書及び従来の判例法理に反するのではないか、反しないとすれば、94条1項但書の集団的同意の要求は、いかなる要件を設定したものなのか。第2に、既存の労働者と新規採用労働者に適用される就業規則が異なり、一つの事業場に複数の就業規則が存在することを認めたことになるのか。そうすると就業規則の最低基準効を持つのは、従前の就業規則なのか、それとも、変更後の就業規則なのか。

92年合意体判決は次のような判示を行っている。①「労働者の集団的意思決定方法による同意を得られなかった就業規則の変更は効力がないというのが当院の一貫した見解である」（絶対的無効説）としたうえ、その後段部分では、②「既存の労働者との関係では、……従前の就業規則の効力がそのまま維持されるが……、既得利益の侵害が問題とならない（変更後に採用された）労働者との関係では……当然変更された就業規則が適用されるべき」（相対的無効説）であると述べ、さらに③「……現行の法規的効力（著者注：日本でいう規範的効力ないし最低基準効）を持つ就業規則は変更された就業規則」（有効説）であるとし

---

15) 原告労働者は1978年9月1日に本件被告会社に入社し、1988年1月31日に退職した者である。被告会社の退職金に関する就業規則は、原告労働者が入社する以前から、すでに3回にわたって不利益に変更がなされていたが、3回の変更とも労働者集団の同意を得ずに変更がなされていた。これに、原告は、入社前に行われた3回にわたる就業規則の変更は集団的意思決定方法による同意なしに行われたため、就業規則変更として効力がないとし、3回の変更が行われる前まで施行されていた就業規則上の退職金規定に基づく退職金を求めた事案である。

ている。このように，この判決にはあたかも3つの説に対応した判示が混在しているかのようであり，判例をどう理解すべきかをめぐって議論は錯綜している。[16)]

　92年合意体判決が，従前の労働者に対して就業規則変更の「効力が及ばない」あるいは「従来の就業規則の効力が……維持される」として論じているのは，私見では，日本でいう「就業規則変更の拘束力」の問題だと思われる。つまり，92年合意体判決は，94条1項但書が要求する「労働者の集団的同意」を，就業規則を不利益に変更するための「有効要件」ではなく，不利益変更の拘束力を及ぼすための「拘束力要件」と理解しているものと思われる。それゆえ，集団的同意のない就業規則の変更は，従前の就業規則の適用を受けていた労働者を拘束しないが，変更された就業規則は，新規採用者に対しては適用される，との立場を採ったと理解することができる。

　(b)　理論的整理　　韓国の学説は，92年合意体判決の立場を一般に相対的無効説と理解して議論している。これは94条1項但書の要件を欠いた就業規則変更が誰に対して効力を持たないことになるのかを，（全員に対して）絶対的に「無効」とする絶対的無効説と対比して，（従前の労働者に対してのみ）相対的に「無効」となるとして論じようとするものといえる。これに対し，少数説が主張する有効説は，94条1項但書の集団的同意なしに行われた就業規則変更は有効なのか無効なのかという視点から問題を捉え，集団的同意は日本で言う「拘束力要件」にすぎないので，就業規則変更自体は無効ではなく有効であると論じたものと理解できる。

　こうしてみると相対的無効説と有効説とは実質においては同じ立場だが，問題の捉え方・分析の視角に相違があるにすぎないことになる。

　(c)　92年合意体判決以後の判例の傾向　　92年合意体判決以後の判決には，上記の有効説をとったようにみえるものもある。例えば，1996年の大法院判決（1996.9.10. 宣告96다3241判決。以下「96年判決」という）は，「就業規則の変更が

---

16)　これらの説の名称は韓国の名称である。判例及び学説の議論の詳細は，朴孝淑「韓国における就業規則の不利益変更への集団的同意―不利益変更の『有効要件』なのか『拘束力要件』なのか」日本労働研究雑誌643号（2014年）105頁以下を参照。

労働者に不利益であるにもかかわらず，使用者が労働者の集団的意思決定方法による同意を得ないまま変更をしたとしても，就業規則の変更は，有効であり，現行の法規的効力を持つ就業規則は変更された就業規則であるというべきであり，その変更後に労働関係を持つようになった労働者に対しては，変更された就業規則が適用されるが，ただ，既得利益を侵害することになる既存の労働者に対しては，従前の就業規則が適用されるだけである」と述べている[17]。

この96年判決について，当時の大法院裁判研究官の判例解説では，労働者の集団的同意がない就業規則の不利益変更も有効であるが，ただ既得利益が侵害されている既存の労働者に対しては，変更された就業規則が適用されないことを明らかにしたもの，と述べている[18]。なお，96年判決以降の判決では，既存労働者の労働条件が問題となった事案において「集団的同意を得なかった就業規則は効力がない[19]」とするものがある。しかし，これらはいずれも既存労働者に対する変更の効力（拘束力）を判断したものであって，新規労働者に対する変更就業規則の効力を無効と判示したものではない。つまり，96年判決以後，大法院は，集団的同意が要求される従前の労働者に対する就業規則の不利益変更問題と，不利益変更（既得権侵害）が問題とならない新規採用者に対する変更就業規則の効力問題を区別する立場（有効説＝相対無効説）を採っていると思われる。

Ⅲ　考　察

最後に，韓国における就業規則による労働条件不利益変更の特徴と日本への示唆について検討する。韓国法は，立法によって，就業規則の不利益変更に労働者の集団的同意を要求している。94条1項但書を素直に解釈すると，集団的

---

17) 同旨として，大法院1997.7.11. 宣告97다14934判決など。
18) 李國煥「労働者集団の同意のない就業規則不利益変更の効力と退職金差別制度の禁止（근로자 집단의 동의 없는 취업규칙 불이익변경의 효력과 퇴직금차등제도 금지）」大法院判例解説第27号（1997年）433頁。
19) 大法院2007.6.28. 宣告2007도1539判決など。

同意がなければ，就業規則の不利益変更は不可能となる。しかし，判例は，制定法上の集団的同意原則に反する合理的変更法理を認めており，これらの相矛盾する規制が併存している状況が，韓国の就業規則変更法理の最大の特徴ともいえる。

　集団的同意原則は，労働者の保護に手厚いようにみえるが，かかる制度の下で，集団的同意がない限り不利益変更が不可能となれば，使用者は，解雇や雇用調整問題に直面し，労働者の長期的利益に反する可能性がある。

　また韓国の制定法のルールの下では，過半数組合が合意すれば，これに反対する少数者について合理性審査を行うことなく拘束力が生じるため，少数組合が強く反対する場合，過半数組合は，同意すべきか否か苦渋の選択に迫られる。こうした利害の対立の調整問題を，日本では裁判所が合理性審査の中で処理しているが，韓国の制定法ルールによると，この問題の処理が多数組合の判断に委ねられることとなる。韓国の判例が，制定法に反するかのような判例法理を展開していることの背景には，この問題については，裁判所の合理性審査による調整が，労使関係の実態に照らしても一定の意義があることを示唆しているようにも思われる。

　労働者の集団的同意がある就業規則の変更の場合，原則上，合理性審査を排除してその拘束力を認めている韓国法の立場は，予測可能性及び法的安定性が高い。もっとも，この点は，集団的同意がなくても合理的変更による例外を認めるため，この長所は多少減殺されているが，同意がある場合は明確に拘束力があると判断できるので，やはり明確性は比較的高いといえる。これに対して，日本では過半数同意があっても全面的な合理性審査に服するため，就業規則の不利益変更の拘束力についての予測可能性・法的安定性は低いという問題が指摘しうる。もっとも，長所と短所はコインの両面である。「合理性審査」の処理は，確かに予測可能性が低いという問題があるが，不利益を被る少数者の利益を十分考慮した判断を可能とし，多数者と少数者の間の慎重な利害調整の一つの方法になり得る。他方，韓国法では，労働者集団の同意を得て行われた就業規則の不利益変更は，その合理性を審査することなく不利益変更に同意していない少数派を拘束する。その意味では，明確さの反面，少数派労働者の利益

保護が不十分となる可能性がある。

　このように考えると，韓国において1989年改正によって集団的同意説を採用したにも関わらず，判例がこれと抵触する合理的変更法理を，限定的とはいえ存続させてきたことは，一定の柔軟性の確保や弱い立場の少数労働者の保護の観点からは，必ずしも否定的にばかり解すべきではないと思われる。

　韓国では，就業規則の不利益変更に集団的同意を要求する明文規定が設けられたため，当初は，立法趣旨に忠実に従い，集団的同意を就業規則不利益変更の「有効要件」とする立場が主流であった。しかし，その後，韓国の判例は，就業規則変更の有効要件の問題と，変更された就業規則の拘束力の問題とを区別して認識するようになり，集団的同意の要求は，変更された就業規則の拘束力にのみかかわるもので，就業規則変更による不利益が問題とならない新規採用者には，変更就業規則が適用されるとの立場を展開したと理解できる。

　この問題は，現在日本で変更就業規則に対する労働者の同意と変更の合理性の関係をどのように理解するかをめぐる議論と対応する。さらに，集団的同意を要求した1989年勤基法改正やその基となった1977年大法院判決における就業規則変更に対する同意は集団的同意であるべきとする議論も，日本にとって参考となろう。ただ，集団的同意を立法上採用して問題に決着を図ったはずの韓国で，上述のように，判例がなお合理的変更法理による処理の必要を認め，集団的同意による処理で貫徹できていないことをもあわせて慎重に考察すべきであろう。

（パク　ヒョスク）

中国労働法の賃金決定関係法における政府の関与に関する法的考察

森 下 之 博

（早稲田大学大学院，内閣府）

I　はじめに

1　問題の所在

　計画経済期の中国では，労使関係は存在せず，政府による一元的な賃金決定と配分が行なわれていた。すなわち，この時期における中国の賃金制度は，「労働に応ずる分配」という社会主義分配法則に基づいて，賃金等級制度と賃金支払い形態が定められ，賃金率は国家行政機関によって工業部門ごとに定められていた[1]。しかし，改革開放後の中国では，市場経済が導入され，従前のいわゆる社会主義的な賃金管理思想は消滅してしまったかのようにもみえる。この点，労働法学における賃金へのアプローチの仕方も，特に実務面を中心に大きく変わってきている。

　例えば，労働部法規処副処長として「労働法」等の法律制定に参画した，中国人民大学法学院の黎建飛教授（2008）は，「労働契約法」の解説書で，「労働報酬とは，労働法の適用対象となる労働者が，労働関係に基づき取得する各種の労働収入」であるとしている[2]。次に，実務の観点からみると，上海市労働人事争議仲裁委員会の仲裁員で弁護士の劉斌（2013）は，「賃金とは労働報酬の

1）　彭光華・菊池高志「第三章　中国における賃金決定システムに関する調査研究」アジア法の諸相，アジア法研究会報告書（2003年）1-2頁。
http://www.law.nagoya-u.ac.jp/cale2001/result/reports/asia_ac/2002/chapter3.html（2014年11月18日最終アクセス）

2）　黎建飛主編『「中華人民共和国労働合同法」最新完全釈義』（中国人民大学出版社，2008年）104頁。

主要な分配形式であり労働者の提供した労働によって得られる対価のこと」であるとしている[3]。さらに，中国法制出版社の「労働法」の逐条解説本（2010，2013）では，「中華人民共和国労働法」（以下，「労働法」という[4]）46条の賃金決定における「労働に応じた分配」原則の遵守規定に関する解説は一切なく条文掲載のみであり，続く47条の使用者への賃金配分権の賦与規定に解説が付されているのとは対照的な扱いとなっている[5]。このように，労働法学における近年の賃金の性質[6]に関する見解をみると，社会主義的な賃金の性質には触れず，賃金決定を労働市場における労使の決定という枠組みの中だけで整理分析しているものが主流を占めている。

しかし，「中華人民共和国憲法[7]」（以下，「82年憲法」という）1条2項（社会主義体制の継続），「労働法」46条1項（労働に応じた分配原則の遵守）及び2項（国家の賃金コントロール権）において，社会主義体制の維持とそれに基づく賃金決定原則が，今なお規定されている。そして，これらの法的根拠から導かれる具体的制度等としては，まず，政府による賃金管理制度が存在し，賃金団体交渉や労働協約を管理指導する関係にある。さらに，賃金団体交渉や労働協約の制度そのものにも，賃金管理に関して規定されるとともに，本来労働者代表たる工会（中国の労働組合組織。後述）が関係法令上，多面的な性格を有していることと相まって，賃金団体交渉が法構造上，政府の管理，指導の対象となっている。

3）　劉斌『労働法律専題精解与実務指引』（中国法制出版社，2013年）437頁。
4）　「中華人民共和国労働法」（1994年　中華人民共和国主席令第28号）。
5）　中国法制出版社『労働法新解読〔第2版〕』（2010年）48-49頁及び『労働法律政策解読与実用範本典型案例全書』（2013年）56-59頁参照。なお，中国法制出版社は，国務院法制弁公室所属の法律系図書専門の出版社。
6）　なお，労働法上の「賃金」は，時間給，出来高給，一時金，手当及び補助，時間外労働への賃金報酬等をいい，現物給与，使用者が労働者個人に支払う社会保険福利厚生費等は含まれない。他方，「労働報酬」は，使用者から得るすべての賃金収入とされており，現物給与や，社会保険を含めた各種保険のうち使用者負担部分も含まれる。詳しくは，森下之博「中国における賃金の概念と賃金支払いをめぐる法規制」労旬1771号（2012年）26-39頁を参照されたい。
7）　「中華人民共和国憲法」（1954年9月20日　第一届全国人民代表大会第一次会議通過）。

個別報告④

　以上を踏まえると,「一見すると市場経済秩序に基づくものとして説明がつくようにもみえる中国労働法の賃金決定関係法令は,実は法構造としては,社会主義的な秩序から導かれる賃金管理制度を中心とする政府の管理指導の枠内で,労使による交渉と賃金決定が許容されているに過ぎないのではないか」というのが本稿の問題意識であり,この仮説を論証する一環として,賃金決定関係法令における政府の関与に対して分析を加えることを主眼とする。
　そこで,まず,市場経済導入と中国賃金決定関係法の体系について確認したうえで,社会主義市場経済体制下における中国の賃金管理制度の正当化根拠について検討し,主要な賃金管理制度を概観する。続いて,賃金団体交渉と賃金管理制度の法的関係性及び賃金団体交渉における工会の法的役割について明らかにし,最後に全体を総括する。

2　市場経済導入と賃金決定関係法の体系

　まず,検討の前提として,「労働法」における賃金決定の位置づけを簡単に概観すると,国家による賃金総量に対するマクロ調整管理や最低賃金制度による拘束という一定の制約はあるが（46条,48条）,法の範囲内で企業に賃金自主配分権が認められている（同47条）[8]。
　したがって,中国労働法における賃金決定は,①個別労働契約による決定,②労働協約による集団的労使関係による決定,そして,③賃金管理制度を中心とする政府の関与による決定の三類型が予定され,各類型に応じた法制度体系が形成されている。

II　賃金管理制度の全体像

　市場経済体制に合わせた法制度を整備している現代中国労働法において,政府による恒常的な賃金管理制度が存在しているという構造を理解するため,その正当化根拠として想定される「労働に応じた分配」原則について検討したう

---

8)「賃金自主配分権」とは,企業内の賃金制度や賃金水準を企業自身で決めることのできる権利のことである（中国法制出版社（2013年）・前掲注5）58頁参照）。

えで，主要な賃金管理制度について分析する。なお，本稿における企業は，特に断りがない限り非公有制企業を含む概念として用いており，国有企業特有の賃金管理制度は，本稿の対象外として整理している[9]。

1 賃金管理制度の正当化根拠

(1) 「労働に応じた分配」原則とは何か

「労働に応じた分配」原則とは，それぞれが能力に応じて働き，多く働いた者は多くの配分を，少ししか働かない者は少ない配分を得るという，共産主義社会に移行するまでの過渡期における社会主義体制の賃金決定原則である（各尽所能，多労多得，少労少得）。本原則は，必要とする消費品の全てを生産する能力を有する「必要に応じた分配」社会の実現に向けて，国家の生産力向上を目的として，労働者に労働へのインセンティブを働かせるために採られたものである。この意味において，「労働に応じた分配」原則下における労働者への配分は，貨幣による賃金の支払いによって行われる。つまり，社会主義体制の賃金は，過渡期に必要な消費品を得るための一時的な媒介物として捉えられている。

次に，「労働に応じた分配」原則の下では，労働の質と量に応じた賃金分配が行われる。これを，資本主義体制における賃金（理念型）と比較すると，①貨幣による賃金支払い，②労働の質と量，③国家による市場への関与の点で外形的類似性が存在している。しかし，本質的な部分にまで踏み込むと，社会主義体制における賃金は，①賃金支払いが過渡的なものであること，②市場の存在を所与の前提としていないこと（政府による管理と配分の，市場への優越性），③市場を否定的に評価していることにおいて，違いがある。

(2) 社会主義市場経済体制と「労働に応じた分配」原則

中国では，社会主義体制は改変することのできない国家の根本原則であるため（82年憲法1条2項），政府が使用者と労働者による自由な賃金決定を規制す

---

9) また，本稿において検討している賃金管理制度，賃金団体交渉制度及び労働協約制度では，対象となる労働者を特に限定していないため，労働契約の期間の定めの有無や，農村部からの出稼ぎ労働者であるかどうか等によって，適用される制度に違いはない。

る根拠として，社会主義的な秩序から派生した理念や原則が存在することとなる。すなわち，労使による賃金決定は，国家による賃金管理を是とする社会主義の範囲を法的に越えることができない。

　このような特殊な枠組みが形成された背景は，社会主義体制を継続したまま市場経済を導入したことにある。すなわち，究極の国家目標である「必要に応じた分配」を実現するためには，これに対応し得る生産力を備える必要があり，そのための過渡的な段階（いわゆる社会主義初級段階）に限って，市場経済の存在を許容するものと理論的に整理される。いわば，市場の無政府性に対する批判の帰結として，本来的に国家による管理や公有制経済を基本とする社会主義体制では，市場経済はあくまで生産発展のために一時的に利活用する対象として捉えられる。したがって，市場経済下での労使間の賃金決定を管理，指導する法的枠組みとして，賃金管理制度の存在が不可欠となる。

　ここで，「労働に応じた分配」とは，本来的に，労働者が提供した労働の質と量に応じて完全に等価値の報酬が支払われることを意味しており，これが，政府による恒常的な賃金管理を正当化する根拠原則として挙げられることとなる。中国人労働法学者の見解をみても，例えば，王全興（2008）は，「労働に応じた分配」とは，「労働者が提供する労働量（数量及び質）に応じて個人消費品を分配」することであり，「賃金立法において，労働の数量と質を賃金分配の主要又は唯一の尺度とし，非労働要素が賃金分配に与える影響を漸進的に減少ないし消滅させていくことを堅持しなければならない。」としている[10]。また，袁守啓（1994）も，労働部の最近の研究及び議論によれば，定期的に国家が賃金指導ラインを発表し，企業が団体交渉を通じて賃金の伸び率を確定することで最終的に「労働に応じた分配」を実現できるとしている[11]。

　さらに，「労働に応じた分配」原則は，「82年憲法」6条1項及び2項，「労働法」46条1項に明確に規定されていることを踏まえれば，社会主義市場経済体制でも，「労働に応じた分配」原則が，政府による恒常的な賃金管理の正当化根拠として，法的に存在することは明らかといえる。なお，この「労働に応

10）　王全興『労動法〔第3版〕』（法律出版社，2008年）285頁。
11）　袁守啓『中国的労動法制』（経済日報出版社，1994年）199頁。

じた分配」原則の徹底を図るため，政府による賃金管理は，マクロでは経済成長の伸びよりも賃金総額の伸びを低く抑え，ミクロでは労働生産性の上昇よりも平均賃金の伸びを低く抑えるという「二つの抑制原則」（両低於原則）を目的としている[12]。

2　主な賃金管理制度の概要

(1)　賃金総額使用台帳制度[13]（企業の賃金総額に対する管理）

(a)　賃金総額使用台帳の使用方法　　企業は，国家が規定する賃金総額の調整コントロール方式に照らして，使用が許されている賃金総額の範囲内で，賃金総額使用計画を策定し，その内容を賃金総額使用台帳（以下，「台帳」という）に記入する（台帳制度の全面実施通知四）。「台帳」は当地の労働行政部門及び人民銀行により審査発行され，企業は「台帳」に基づいてのみ賃金支払い用の現金を，基本口座を開設している銀行から引き出せる（同通知四）。企業が規定に違反して「台帳」を使用したり，記入内容が不明確であったりした場合等は，銀行窓口は賃金支払い拒否権限を有する（同通知四）。

(b)　「台帳」への労働行政部門の審査　　労働行政部門は，「台帳」を審査し署名捺印するとともに，審査後の企業賃金総額使用計画を当地の人民銀行及び企業が基本口座を開設している銀行に転送する（同通知五）。各級労働行政部門は，企業が使用する「台帳」の状況を労働監督の内容の一つとし，毎年定期的に検査監督しなければならない。各級銀行は，企業が審査決定された金額を超えて賃金支払い部分を引き出そうとした場合，支払いを拒否する（同通知六）。

(2)　賃金指導ライン制度[14]（労働者の賃金上昇水準に対する管理）

(a)　制度の趣旨目的　　賃金指導ライン制度の目的は，「国家のマクロ指

---

12)　「二つの抑制原則」は，賃金の伸びと経済成長の合理的な比例関係を保持させる原則であり，紙幅の関係で詳細な説明は割愛するが，後述する「賃金指導ライン弁法」等主要な賃金管理制度において，法的に位置付けられている。

13)　根拠法令：労働部，中国人民銀行「関於各類企業全面実行『工資総額使用手帳』制度的通知」（1994年）（以下，「手帳制度の全面実施通知」という）。

14)　根拠法令：労働部「試点地区工資指導線制度試行弁法」（1997年）（以下，「賃金指導ライン弁法」という）。

導の下，ミクロの企業の賃金配分と国家のマクロ政策との間の協調を促進させ，企業の生産発展を引導し，経済利益の増加を基礎に，合理的な賃金配分を行うことにある」と規定されている（賃金指導ライン弁法一）。

　(b)　賃金指導ラインの類型とその実施　　賃金指導ラインは，賃金上昇率によって基準ライン，上限ライン，下限ラインの三類型に分けて，地方政府が設定する（同法五(二)）。私営企業や外資系企業などの非国有企業は，賃金指導ラインに依拠（依据）して団体交渉を行い，賃金を確定しなければならない（同法五(二)）。そして，企業の生産経営が正常な状況において，賃金上昇は基準ラインより低くなってはならず，業績の良い企業は相応の賃金上昇を行うことができる（同法五(二)）。

　(c)　賃金指導ライン決定時の考慮要素等　　賃金指導ラインの決定にあたっては，「二つの抑制原則」を堅持しなければならない（同法三(二)）。そして，この原則に立った上で，当該地域の経済成長率，労働生産性等に主に依拠し，併せて，都市部の就業状況，人的コスト等の関連要素を総合考慮して決定される（同法四）。

　(d)　賃金指導ラインに対する中央政府の審査　　労働部は，地方政府の賃金指導ラインに対し審査を行い意見提出するとともに，実施状況に対し監督検査を行う（同法六）。具体的には，地方労働行政部門は，労働部の当年の全国賃金上昇についての指導意見[15]に依拠して賃金指導ラインを制定し，労働部の審査後，地方政府の批准を経て，地方労働行政部門が実施する（同法六）。

　(e)　賃金総額管理との連携　　企業は，賃金指導ラインの発表後30日以内に，賃金指導ラインに基づき，年度の賃金総額使用計画を編成又は調整しなければならない（同法五(三)）。そして，全ての企業は，賃金総額使用計画に基づき「台帳」を記入し，当地労働行政部門の審査を受けて署名捺印をもらう必要がある（同法五(三)）。以上のとおり，地方政府が示す賃金指導ラインへの適合

---

15)　賃金上昇に関し，現状，労働部による統一した指導意見は出されていないが，人力資源・社会保障部「人力資源・社会保障事業発展『第十二次五か年』計画綱要に関する通知」（2011年）6章3節では，賃金指導ライン制度を一層確立するため，全国企業職工賃金上昇指導意見の発布を検討するとされており，今後統一した指導意見が出される可能性がある。

状況について,「台帳」による審査を通じて確認する手法が採られている[16]。

(3) 労働市場の賃金指導のための価格調査制度等（賃金等の統計情報の提供）

(a) 労働市場の賃金指導のための価格調査制度[17]

①制度の趣旨目的

労働力市場の賃金指導のための価格調査（以下,「価格調査」という）は,企業の自主的な賃金水準の決定に対する国家のマクロ指導と調節の一環として実施されるものであり,賃金マクロコントロール体系の重要な一部分として位置付けられている（価格調査通知一）。この点,「価格調査」の内容を一見すると,日本の厚生労働省が実施している賃金構造基本統計調査に類似する調査であるように思える。しかし,賃金構造基本統計調査は,労働者の種類,職種,性,年齢等と賃金との関係を明らかにすることを目的としているのに対し[18],「価格調査」は賃金水準に対する国家のマクロ指導に関する制度の一つとして位置付けられており,両制度の趣旨には根本的な違いがある[19]。

②調査対象,方法等

地域間での比較可能性の確保を厳格に地方政府に求めるとともに,賃金水準は高位値,中位値,低位値[20]の別に毎年1回公表される（同通知三(二)(三)）。「価格調査」を通じて取りまとめた賃金水準については,マスメディア等の活用により,大々的に宣伝し,公表された賃金水準が企業の賃金配分等に対して指導的な役割を十分発揮しなければならない（同通知四(三)）。

---

16) 範韶華（『工資集体協商指導員速査手冊』（中国工人出版社,2011年）69頁）は,賃金指導ラインは,①企業が決定する賃金水準の重要な根拠,②賃金団体交渉を実施する際の重要な根拠,③各級労働保障部門が制定する賃金総額計画の重要な根拠という三つの機能を果たしていると指摘している。

17) 根拠法令：労働和社会保障部「関於建立労動力市場工資指導価位制度的通知」（1999年）（以下,「価格調査通知」という）。

18) 基幹統計一覧 http://www.soumu.go.jp/main_content/000348507.pdf 参照（2015年9月24日最終アクセス）。

19) 王・前掲注10)313頁は,「価格調査」制度について,国家の企業の賃金水準に対するマクロ指導及び調整を強化するために重要な意義を有するものと評価している。

20) 全ての従業員の賃金収入の上位5％の平均値が高位値,中間に位置する数値が中位値,下位5％の平均値が低位値とされている。

個別報告④

(b) 産業別人的コスト情報指導制度[21]

①制度の趣旨目的

産業別人的コスト情報指導制度（以下，「人的コスト指導制度」という）は，「政府の機能を転換し，現代企業制度に合わせた企業賃金分配のマクロコントロール体系の創設を加速させるため，企業賃金配分に対して情報指導及びサービスを提供することにより，企業の人的コスト管理を促進し，賃金水準の合理的な確定を行う」ことを目的としている（人的コスト指導制度創設通知前文）。また，「人的コスト指導制度」は，賃金指導ライン制度及び「価格調査」制度と一体となって，共同して企業の賃金配分を指導する（同通知三(一)）。

②調査対象，方法等

調査内容は，人的コスト総額（従業員の労働報酬総額，社会保険費用，教育費用等7項目），企業従業員（在職従業員数を含む）の平均人数，企業利益総額，企業コスト総額等となっており，地方政府単位で産業別にサンプル調査により実施される（人的コスト指導制度実施弁法一(一)，(二)）。各省及び中心都市は，人的コスト情報の発表後10日以内に中央労働行政部門に報告する（同通知三(五)）。そして，マスメディア等を十分活用し，大々的に制度を宣伝することにより，企業の賃金分配及び人的コスト管理に対して指導的機能を発揮することが求められている（同通知三(四)）。

人的コストの公表にあたり，当該指標が産業の平均値を一定程度上回っているサンプル企業に対し，注意喚起が行われる（同弁法四(一)前文）。また，人的コスト指標が過度に高い企業には警告を発する（同弁法四(二)）。具体的には，当該企業の人的コスト利益率[22]又は人事費用率[23]について，全国（又は当該地域）

---

21) 根拠法令：労働和社会保障部「関於建立行業人工成本信息指導制度的通知」（2004年）（以下，「人的コスト指導制度創設通知」という）の付属文書である労働和社会保障部「関於行業人工成本信息指導制度実施弁法」（2004年）（以下，「人的コスト指導制度実施弁法」という）。

22) 人的コスト利益率＝人的コスト総額が企業の最終的に得る利益総額に占める割合×100%（人的コスト指導制度実施弁法二(四)3）。

23) 人事費用率＝販売収入（営業収入）に占める人的コストの割合×100%（「人的コスト指導制度実施弁法」二(四)2）。

の同一産業の同類指標との乖離が30％以上（各都市が地域の状況に応じて調整を実施）の場合がこれに該当する（同弁法四(二)1）。

Ⅲ 賃金団体交渉と政府の関与

賃金団体交渉については，「労働法」等の法律レベルに基本的規定が置かれるとともに，労働行政部門によって，「労働協約規定」[24]（以下，「04年協約規定」という）や「賃金団体交渉試行弁法」[25]が制定されていることから，これらの規定を参照しながら，政府の関与について検討する。

1 賃金団体交渉制度の概要
(1) 交渉主体

団体交渉に参加する労使代表は同数であり，3名ずつ選出し，1名の首席代表をあらかじめ決めておく（04年協約規定19条2項）。従業員側の交渉代表は当該企業工会から選出し，工会が設立されていない場合，従業員の半数以上の同意を得て推薦される（同規定20条1項）。使用者代表は法定代表者が指名し，首席代表は法定代表者又は法定代表者から書面委託された管理職でなければならない（同規定21条）。

(2) 労働協約の効力発生までのプロセス

団体交渉から労働協約の締結に至るまでのプロセスは，「労働法」（33条〜35条）及び「労働契約法」（51条〜54条）に基づき，①労使代表による交渉→②労働協約草案の従業員代表大会又は従業員全体への提示・議論・採択→③労働行政部門への提出・審査→④労働協約の効力発生という流れで実施される。

2 賃金団体交渉と賃金管理制度との法的関係性
(1) 賃金マクロコントロール政策への適合

まず，「賃金団体交渉試行弁法」8条1項は，「団体交渉によって従業員の年

---

24) 労働和社会保障部「集体合同規定」（2004年）。
25) 労働和社会保障部「工資集体協商試行弁法」（2000年）。

個別報告④

度当たりの賃金水準を確定するときは、当該主準が国家の賃金配分に関するマクロコントロール政策に適合させなければならない」とし、国家の賃金管理制度全体への適合を求めている。このような賃金指導ラインと団体交渉との関係性については、当時、労働部賃金研究所に所属していた宋関達（1996）によると、「市場経済体制において、政府が賃金指導ラインを制定発表し、企業の自主的な配分及び団体交渉で決定される賃金水準を指導することは十分に必要性があること」[26]と評価していることからも裏づけることができる。さらに、同法8条1項は、前段に続けて、団体交渉時に参考とすべき要素を8項目列挙している。当該項目には、賃金指導ラインと「価格調査」という二つの賃金管理手法が明示的に列挙されている。

以上を踏まえると、市場経済において賃金は原則として、労使間の（団体）交渉の結果として確定されるものであるが、中国では、交渉の到達点が政府によって先に決められており、これと矛盾する結果は基本的に認められない制度的仕組みとなっていると解される。

(2) 労働行政部門の労働協約に対する審査

使用者は、首席代表の署名後10日以内に、労働協約を労働行政部門に提出し、審査が行われる（04年協約規定42条1項）。労働行政部門は、①団体交渉双方の当事者資格が法令に適合しているか（資格審査）、②団体交渉の手続が法令に違反していないか（手続審査）、③締結された労働協約が国家規定に抵触していないか（内容審査）について、審査を行う（同規定44条）。

このうち、本稿との関係で特に重要な内容審査についてみると、労働協約条項が「国家法律、法規規定、国家又は地域のマクロ調整コントロール政策と合致し、協約の条項が公平・平等かどうかを確認する」こととされている（労働協約の審査管理業務の強化に関する通知四）[27]。ここで、国及び地方政府の賃金管理制度を含めたマクロコントロール政策との合致を明確に謳っていることから、地方政府の賃金指導ラインから大きく乖離するような賃金上昇は認められない制度構造となっている。すなわち、労使は賃金決定前において、賃金指導ライ

---

26) 宋関達「工資指導線：内涵，方法和実施意見」経済研究参考4期（1996年）29頁。
27) 労働部「関於加強集体合同審核管理工作的通知」（1996年）。

ンに依拠して団体交渉するよう拘束されるだけでなく，その実効性を担保するため，事後において，労働協約に対する労働行政部門の審査及び「台帳」に対する審査を通じて，賃金指導ラインの範囲内での賃金上昇となっているかチェックされる仕組みが形成されている。

3 賃金団体交渉における工会の多面的性格

団体交渉の際の労働者側代表として工会が基本的に想定されているが，日本の労働組合とは性格が大きく異なる[28]。このため，以下，関係法令を通じて工会の賃金団体交渉における法的位置づけについて検討する。

(1) 「中華人民共和国工会法[29]」（以下，「工会法」という）における工会の法的位置づけ

まず，工会の組織体系をみると，全国の工会を束ねる組織として「中華全国総工会」（以下，「総工会」という）があり，「工会法」10条5項において，中国の統一的なナショナルセンターとして位置付けられている。また，上級工会は下級工会を領導することとされており（工会法9条5項），工会は全体として上意下達の組織体系を採っている。

次に，工会の職能については，「工会法」5条で「国家事務の管理，経済及び文化事業の管理，社会事務の管理に参画するとともに，人民政府の展開する業務に協力して，労働者階級が領導し，労農同盟を基礎とする人民民主主義独裁の社会主義国家政権を維持保護する」と規定されている。したがって，工会は，政府の側に立って，施策の執行管理に参画する組織でもある（行政機関的役割）。

そして，工会は「中国共産党の領導を堅持する」（同法4条）と共産党の指導を受けることが明確に規定され，「党の下部組織」としての側面も有している。加えて，経営者，従業員の利害が基本的に一致するという計画経済時代の伝統を受けて，「企業内の福利厚生機関」としての顔も依然として存在する[30]。

---

28) 中国の工会の歴史的変遷やその特質については，彭光華「工会論考」九大法学82号（2001年）413-516頁が詳しい。
29) 「中華人民共和国工会法」（1992年 中華人民共和国主席令第57号）。

個別報告④

　要するに，中国では，工会は一元的に組織化されており，執政党である共産党や政府からの独立性に疑問のある労働組合組織といえる。なお，県級以上の工会組織の業務従事者の管理は公務員の編成の中に組み込まれ，国家公務員の待遇を受けている[31]。

（2）　賃金団体交渉における工会の役割

　続いて，賃金団体交渉における工会の具体的役割について検討する。ここで，総工会の「工会の賃金団体交渉の参加への指導意見」では，企業内部の賃金配分において「労働に応じた分配」原則を遵守する旨規定されるとともに，交渉にあたって考慮すべき外部要素の一つとして，賃金指導ラインが列挙されている[32]。本意見では，さらに，団体交渉の際に工会が注意すべきいくつかの比例関係として，「従業員の平均賃金の伸びは企業の労働生産性の伸びと対応させなければならず，一般的に両社の比例関係は１：１より高くすることができない」こと等が列挙されている[33]。

　また，総工会は，工会が組織し，団体交渉を指導支援し，労働側代表として団体交渉に直接参画する団体交渉指導員の採用条件の第一番目に，「党の路線，方針，政策をひたむきに徹底し」て交渉にあたることを規定している（団体交渉指導員隊の創設に関する意見二，4[34]）。さらに，団体交渉指導員について，交渉の際に使用者団体や労働行政部門に積極的に指導を受け，定期的に報告するよう，指導員の教本に記載されている[35]。さらに，紛争処理の際には，「工会は従業員を代表して企業，事業単位又は関係方面と交渉し，従業員の意見及び要求を反映するとともに，解決に向けた意見を提出しなければならず，企業，事業単位と協力し，できる限り早期の生産，作業秩序の回復にあたる」（工会法27条）とされており，工会に労働者の代弁者，労使間の調整者，企業の協力者と

---

30)　戴秋娟『中国の労働事情』（（財）社会経済生産性本部生産性労働情報センター，2009年）16-17頁参照。
31)　劉泰洪「労資衝突与工会転型」天津社会科学2期（2011年）88頁。
32)　中華全国総工会「工会参加工資協商的指導意見」（1998年）三1，五(一)5。
33)　中華全国総工会「工会参加工資協商的指導意見」（1998年）六1，2。
34)　中華全国総工会「関於建立集体協商指導員隊伍的意見」（2008年）。
35)　範・前掲注16)20頁。

いう三つの役割を求めている。

以上の検討を踏まえると，工会は，社会主義的な特質を帯びた多面的性格を有する組織として法的に位置づけられつつ，賃金団体交渉の実施にあたるという法的構造が形成されているといえる。

IV 総 括

ここまでの検討を総合すると，中国の賃金決定関係法における政府の関与は，資本主義市場経済諸国における関与とは異なっているといえる。すなわち，市場に対する不信が基礎として存在し，さらなる生産発展のために市場を利活用しているのであって，賃金決定関係法全体を俯瞰して捉えると，賃金に対する政府の管理が基本的な枠組みとして存在し，市場での賃金決定はその管理の範囲内で許容されていると捉えられる。このことを個別法レベルで端的に言い換えると，中国における賃金管理制度は，「労働に応じた分配」原則という社会主義的な秩序に存在の根源を有しており，労使による賃金団体交渉は，制度自身に内在，外在する賃金管理の実効性を確保するための規定により，法構造としては，これにコントロールされている。

なお，政府による賃金管理は，労使が独立主体として未熟な段階における一時的な措置であるとの見解もあるが[36]，「労働に応じた分配」原則は，「82年憲法」及び「労働法」に明文化され続けているし，改革開放後40年経った現在の政府方針の内容をみても，賃金管理を強化する方向は読み取れこそすれ，緩和する方向は一切見受けられない[37]。

したがって，中国労働法の賃金決定関係法は，「労働に応じた分配」原則が個別法制度において具体的に発現している結果，労使には，賃金管理制度の範

---

36) このような見解として，例えば，常凱「労動関係的集体化転型与政府労工政策的完善」中国社会科学6期（2013年）105頁。

37) 例えば，労働・社会保障部「企業内部の分配制度改革のさらなる深化についての指導意見通知」（2000年）五では，社会主義市場経済の要求に照らして，企業の自主配分権を尊重しつつ，企業内部の配分に対する指導業務のさらなる強化を行うとの方針が示されている。

個別報告④

囲内での賃金決定の自由が与えられているに過ぎず，恒常的に実施される政府の賃金管理によって設定される賃金上昇基準や賃金総額等を逸脱することが許されない法構造となっていると結論づけられる。

(もりした　ゆきひろ)

回顧と展望

労働と妊娠・出産・家族的責任の両立支援　　　　　　　　　　　　　　　川口　美貴
　　──育介法・雇保法・均等法・派遣法等の改正と課題──

療養補償給付を受ける労働者に対する解雇制限と打切補償　　　　　　　阿部　理香
　　──専修大学事件・最二小判平27・6・8民集69巻4号1047頁──

信用組合の合併に伴う退職金減額合意の成否及び労働協約の効力　　　　池田　悠
　　──山梨県民信用組合（退職金減額）事件・
　　　　最二小判平28・2・19民集70巻2号123頁──

労働と妊娠・出産・家族的責任の両立支援
―― 育介法・雇保法・均等法・派遣法等の改正と課題 ――

川　口　美　貴

（関西大学）

I　はじめに

　労働者が労働と妊娠・出産・家族的責任（育児・介護等）を両立しうる制度を整備することは，現在の労働法における最重要課題の一つである。
　「雇用保険法等の一部を改正する法律（平28法17）」（2016〈平成28〉年3月29日成立・同月31日公布[1]）の中の，育児休業，介護休業等育児又は家族介護を行う労働者の福祉に関する法律（育介法），雇用保険法（雇保法），雇用の分野における男女の均等な機会及び待遇の確保等に関する法律（均等法），労働者派遣事業の適正な運営の確保及び派遣労働者の保護等に関する法律（派遣法）等を改正する部分（雇保法改正はその一部）[2],[3]（以下「本改正」という。）は，複雑でわかりにくいという法技術的難点は否めないものの，①労働と育児の両立支援，②労働と介護の両立支援，③不利益取扱い禁止と就業環境の整備を拡充し，労働者の要望に一定程度応えるものであり[4]，労働と妊娠・出産・家族的責任の両立支援と

---

[1]　同法律は，①雇用保険料率の引き下げ，②シルバー人材センター業務の拡大，③雇用保険の適用対象の拡大と就職促進給付の拡充等の改正も行っている（①と②は2016〈平成28〉年4月1日施行，③は2017〈平成29〉年1月1日施行）。

[2]　後記IIIの2の(3)の介護休業給付金の引き上げは2016（平成28）年8月1日施行，それ以外は2017（平成29）年1月1日施行である。

[3]　法案提出に先立ち，仕事と家庭の両立支援対策の充実について，2015年9月28日～12月21日に9回にわたり労働政策審議会雇用均等分科会で検討がなされ，同分科会の報告に基づき，同年12月21日に労働政策審議会の「仕事と家庭の両立支援対策の充実について（建議）」が出されている。

[4]　『介護休業制度等に関する意識・実態調査』（れんごう228, 2015年）等。

いう観点からは肯定的に評価することができる。

本稿は，上記①〜③について，現行法を簡単ではあるが体系的に整理し，論点を指摘した上で，本改正の内容と制度全体における位置づけを明確にし，本改正の意義と課題を検討する。[5]

II　労働と育児の両立支援

1　現行法・論点・改正の概要

現行法は，労働と育児の両立支援として，1）1歳（又は1歳6ヵ月）未満の子を養育する労働者の，育児休業（育介5条〜9条，育介則4条〜20条の2）と育児休業給付金（雇保61条の4），2）3歳未満の子を養育する労働者の，①所定労働時間の短縮措置等（育介23条1・2項，育介則33条の2〜34条），②所定時間外労働の制限（育介16条の8，育介則30条の8〜31条の2），3）小学校就学までの子を養育する労働者の，①法定時間外労働・深夜労働の制限（育介17条・19条，育介則31条の3〜31条の6・31条の11〜31条の15），②子の看護休暇（育介16条の2・16条の3，育介則29条の3〜30条の3），4）就業場所の変更における子の養育状況への配慮（育介26条）等を定めている。

しかし，2011年10月〜2012年9月の1年間に出産・育児を理由に離職した人は約26万人おり（「総務省平成24年度就業構造基本調査」，99%が女性），同制度については，ⅰ）家族形態の多様化に伴う「子」の範囲の拡大，ⅱ）不合理な労働条件の相違の禁止（労契20条）等の観点からの有期契約労働者に係る申出要件の撤廃・緩和，ⅲ）子の看護休暇の日数増加と時間単位取得の許容，ⅳ）各制度の対象となる子の年齢の引き上げ（特に上記2）の制度につき少なくとも小学校就学まで）等が論点とされてきた。

本改正は，これらの論点のうち，ⅰ）労働と育児の両立支援の対象となる「子」の範囲の一定の拡大，ⅱ）「育児休業」の有期契約労働者に係る申出要件の緩和，ⅲ）「子の看護休暇」の取得単位の柔軟化を行った。

5）　ただし，本稿脱稿時点では関係省令や指針が制定されていないので，詳細は明らかでない部分が多いことをご理解願いたい。

2 労働と育児の両立支援の対象となる「子」の範囲の拡大

労働と育児の両立支援の対象となる「子」は、現行法は、法律上の親子関係にある実子・養子である。

本改正は、労働と育児の両立支援の対象となる「子」につき、①労働者が特別養子縁組の成立（民817条の2第1項）を家庭裁判所に請求した者（当該請求に係る家事審判事件が裁判所に係属している場合に限る）で当該労働者が現に監護するもの、②里親（児童福祉6条の4第1項）である労働者に委託されている児童のうち、当該労働者が養子縁組により養親となることを希望している者、③これらに準ずる者として厚生労働省令で定める者に厚生労働省令で定めるところにより委託されている者も含むこととし（育介2条新1号、育児休業給付金については雇保61条の4新第1項[6]）、その範囲を拡大した。

3 有期契約労働者の育児休業申出要件の緩和

有期契約労働者の育児休業の申出につき、現行法では、①当該事業主に引き続き雇用された期間が1年以上であり、②その養育する子が1歳に達する日を超えて引き続き雇用されることが見込まれ、③当該その養育する子の1歳到達日から1年を経過するまでの間にその労働契約の期間が満了しかつ労働契約の更新がないことが明らかでない者の3つの要件の充足を要する（育介5条1項但書1号・2号）が、特に②は労使共に予測困難との批判も多かった。

本改正は、①は存続させたが、②の要件を削除し、③を「その養育する子が1歳6ヵ月に達する日までに労働契約（労働契約が更新される場合は更新後のもの）が満了することが明らかでない者」と修正し（育介5条1項但書新2号）、有期契約労働者の育児休業申出要件を緩和した。

4 子の看護休暇の取得単位の柔軟化

子の看護休暇は、現行法は一日単位での取得としている（育介16条の2第2項参照）。

---

[6] ただし、育介法2条4号の定義する「対象家族」の中の「子」には含まれない（育介2条新1号）ので、労働と介護の両立支援制度の対象には含まれない。

本改正は、休暇日数は同じであるが、一日の所定労働時間が短い労働者として厚生労働省令で定めるもの以外の者は、厚生労働省令の定めにより「厚生労働省令で定める一日未満の単位」で取得できることとし（育介16条の2新第2項）、一日の休暇取得の必要がない場合（子の健康診断等がありうる）は例えば半日休暇として取得回数を増やすなど、休暇のより柔軟な取得を可能とした。

ただし、これに伴い、事業主が労使協定に定めることにより看護休暇の申出を拒否できる労働者として、「厚生労働省令で定める一日未満の単位で子の看護休暇を取得することが困難と認められる業務に従事する労働者（一日未満の単位で取得しようとする者に限る）」が追加された（育介16条3新第2項）。

III 労働と介護の両立支援

1 現行法・論点・改正の概要

現行法は、労働と介護の両立支援として、1）要介護状態にある対象家族を介護する労働者の、①介護休業（育介11条～15条、育介則21条～29条の2）と介護休業給付金（雇保61条の6）、②所定労働時間の短縮措置等（育介23条3項、育介則34条3項）、③法定時間外労働・深夜労働の制限（育介18条・20条、育介則31条の7～31条の10・31条の16～31条の20）、④介護休暇（育介16条の5・16条の6、育介則30条の4～30条の7）、2）就業場所の変更における家族の介護状況への配慮（育介26条）等を定めている。

しかし、2011年10月～2012年9月の1年間に家族の介護や看護を理由に離職した人は約10万人で（「総務省平成24年度就業構造基本調査」、81％が女性）、今後更なる増大が予想される介護離職者への対応が課題となっており、同制度については、i）介護休業につき、有期契約労働者に係る申出要件の撤廃・緩和、休業期間の大幅な延長、分割取得の許容、期間中の所得保障の引き上げ、ii）短時間勤務制度を介護事由の解消までその都度利用できる制度とすること、iii）介護では措置されていない所定時間外労働の免除制度の新設、iv）介護休暇の日数の増加と時間単位取得の許容、v）上記1）の両立支援の各制度の対象となる「要介護状態」と「対象家族」の範囲の拡大等が論点とされてきた。

本改正は，これらの論点のうち，ⅰ）「介護休業」について，有期契約労働者の申出要件の緩和，同一要介護状態における分割取得の許容と所定労働時間の短縮措置等との分離，介護休業給付金の引き上げを行って，これを拡充し，ⅱ）「所定労働時間の短縮措置等」の期間延長，ⅲ）「所定時間外労働の制限」規定の新設，ⅳ）「介護休暇」の取得単位の柔軟化を行った。

2　介護休業制度の拡充

（1）　有期契約労働者の申出要件の緩和　有期契約労働者の介護休業の申出につき，現行法では，①当該事業主に引き続き雇用された期間が1年以上であり，②休業開始予定日から93日を経過する日（93日経過日）を超えて引き続き雇用されることが見込まれ，③93日経過日から1年を経過するまでの間に労働契約の期間が満了しかつ労働契約の更新がないことが明らかでない者の3つの要件の充足を要する（育介11条1項但書1号・2号）が，特に②は，育児休業の要件と同様，労使共に予測困難との批判もあった。

　本改正は，①は存続させたが，②の要件を削除し，③を「介護休業予定日から93日を経過する日から6月を経過する日までに労働契約（労働契約が更新される場合は更新後のもの）が満了することが明らかでない者」と修正し（育介11条1項但書新2号），有期契約労働者の介護休業申出要件を緩和した。

（2）　分割取得と所定労働時間短縮措置等との分離　介護休業について，現行法は，同一対象家族については，所定労働時間の短縮措置等と併せて通算93日を上限とし，かつ，要介護状態に至る毎に1回のみ介護休業を取得することができるとしている（育介11条2項）。

　本改正は，第一に，同一対象家族につき，要介護状態の異同を問わず通算3回の介護休業を可能とし（育介11条新2項1号），同一対象家族の同一要介護状態について介護休業を分割取得することも可能とした。第二に，同一対象家族の介護休業の上限日数も，所定労働時間の短縮措置等の日数は別枠として，介護休業の日数のみで通算93日とした（育介11条新2項2号）。第三に，介護休業給付金についても，同一対象家族につき，要介護状態の異同を問わず通算3回までの休業をその支給対象とした（雇保61条の6新1項・新6項）。

(3) 介護休業給付金の引き上げ　介護休業給付金については，第一に，給付金に係る賃金日額の上限額について，30歳以上45歳未満である受給資格者の日額の上限（雇保17条4項2号ハ）であったのが，本改正により，45歳以上60歳未満の受給資格者に係る賃金日額の上限（雇保17条4項2号ロ）に引き上げられた（雇保61条の6新4項）。

第二に，介護休業給付金の額は，従来通り，休業開始時賃金日額に支給日数を乗じて得た額の40％相当額である（雇保61条の6新4項）が，本改正により，当分の間，休業開始時賃金日額に支給日数を乗じて得た額の67％相当額へと引き上げられ（雇保附則12条の2〈新設〉），育児休業給付金に合わせられた。

3　所定労働時間の短縮措置等の期間延長

所定労働時間の短縮措置等について，現行法は，事業主は，要介護状態にある対象家族を介護する労働者に対し，労働者の申出に基づき，連続する93日の期間以上，「①所定労働時間の短縮，②フレックス・タイム，③1日の所定労働時間を変更しない始業又は終業時刻の繰り上げ・繰り下げ，④介護サービスの費用助成その他これに準ずる制度」の①〜④のいずれかを講じなければならないが（育介23条3項，育介則34条3項），同一対象家族について，以前に介護休業や同措置を受けた場合は93日からその期間を差し引いた日数以上の期間でよく，また，当該要介護状態につき介護休業をする場合は当該介護休業を含めた連続93日以上の期間でよいとしている（育介23条3項）。

本改正は，事業主に，要介護状態にある対象家族を介護する労働者で介護休業をしていないものに対して，厚生労働省令で定めるところにより，労働者の申出に基づき連続する3年の期間以上，「所定労働時間の短縮その他の労働者が就業しつつ要介護状態にある対象家族を介護することを容易にするための措置」を講じることを義務づけ（育介23条新3項本文），同措置を利用しうる期間を介護休業利用期間と別枠とし，また，大幅に延長した。

ただし，「①当該事業主に引き続き雇用された期間が1年に満たない労働者，②所定労働時間の短縮等の措置を講じないことに合理的な理由がある労働者として厚生労働省令で定める者」のうち，労使協定で当該措置を講じないと定め

た労働者は，同措置を受けることができないとした（育介23条新3項但書）。

4　所定時間外労働の制限

所定時間外労働の制限は，現行法では，3歳未満の子を養育する労働者についてのみ存在し（→前記Ⅱ1），介護責任を負う労働者については存在しない。

本改正は，事業主は，要介護状態にある対象家族を介護する労働者が当該対象家族を介護するために請求した場合も，事業の正常な運営を妨げる場合を除き，所定労働時間を超えて労働させてはならないこととした。ただし，「①当該事業主に引き続き雇用された期間が1年に満たない労働者，②当該請求をできないこととすることに合理的な理由がある労働者として厚生労働省令で定める者」のうち，労使協定で当該請求をできないと定めた労働者は除外される（育介新16条の9）。

5　介護休暇の取得単位の柔軟化

介護休暇は，現行法では一日単位での取得とされている（育介16条の5第2項参照）。

本改正は，休暇日数は同じであるが，一日の所定労働時間が短い労働者として厚生労働省令で定めるもの以外の者は，厚生労働省令の定めにより「厚生労働省令で定める一日未満の単位」で取得できることとし（育介16条の5新第2項），一日の休暇取得の必要がない場合（介護保険の手続等がありうる）は例えば半日の休暇として取得回数を増やすなど，より柔軟な取得を可能とした。

ただし，これに伴い，事業主が労使協定に定めることにより介護休暇の申出を拒むことができる労働者として，「厚生労働省令で定める一日未満の単位で介護休暇を取得することが困難と認められる業務に従事する労働者（一日未満の単位で取得しようとする者に限る）」が追加された（育介16条6新第2項）。

回顧と展望①

Ⅳ 不利益取扱いの禁止と就業環境の整備

1 現行法・論点・改正の概要

　現行法は，事業主の労働者に対する不利益取扱いの禁止として，①妊娠・出産を理由とする退職の定めを禁止し（均等9条1項），②妊娠，出産，産前産後休業の請求・取得等を理由とする解雇その他不利益な取扱いを禁止し（均等9条3項，均等則2条の2），③妊産婦の解雇は事業主が前記②の事由を理由とする解雇でないことを証明した場合を除き無効とし（均等9条4項），④育児休業，介護休業，子の看護休暇，介護休暇，所定時間外労働の制限，法定時間外労働・深夜労働の制限，所定労働時間の短縮措置の請求・取得等を理由とする解雇その他の不利益な取扱いを禁止している（育介10条，16条，16条の4，16条の7，16条の9，18条の2，20条の2，23条の2）。

　しかし，労働と妊娠・出産・家族的責任の両立を促進し，労働者の就業環境を整備するためには，妊娠・出産・制度利用等を理由とする事業主による不利益取扱いを禁止するのみならず，上司・同僚等による嫌がらせ等も含めて就業環境を害する言動の防止・対応措置を事業主に義務づけることが必要であり，また，派遣労働者については，派遣元のみならず派遣先にも同様の義務を課すことが必要である。

　本改正は，介護のための所定時間外労働制限規定の新設（→前記Ⅲ4）に伴い，⑤同制限措置の請求・取得を理由とする不利益取扱いの禁止を追加する（育介16条の9を新16条の10に）とともに，第一に，事業主に，新たに，労働者の就業環境整備措置を義務づけ，第二に，派遣先に対する規制を強化した。

2 就業環境整備措置

　本改正は，事業主に対し，①妊娠，出産，産前産後休業の請求・取得その他の妊娠又は出産に関する事由で厚生労働省令で定めるものに関する職場における言動により，当該女性労働者の就業環境が害されることのないよう，また，②育児休業，介護休業その他の子の養育又は家族の介護に関する厚生労働省令

で定める制度又は措置の利用に関する職場における言動により，当該労働者の就業環境が害されることのないよう，当該労働者からの相談に応じ，適切に対応するために必要な体制の整備その他の雇用管理上必要な措置を講じることを義務づけた（均等11条の2第1項〈新設〉，育介新25条）。厚生労働大臣は①につき，事業主が講ずべき措置の指針を定める（均等11条の2第2・3項〈新設〉）。

3 派遣先に対する規制の強化

労働者派遣の役務の提供を受ける者（派遣先）の派遣労働者に対する取扱いについては，現行法は，前記1の②の不利益取扱い禁止のみを適用する（派遣47条の2）が，本改正は，前記1の④と⑤の不利益取扱い禁止も適用し，また，前記2の就業環境整備措置も派遣先に義務づけることとした（派遣新47条の2・新47条の3）。

V 今後の課題

今後の課題としては，さしあたり以下の3点を指摘したい。

第一に，本改正で省令に委ねられた，労働と育児の両立支援の対象となる「子」の範囲，子の看護休暇・介護休暇の取得単位，介護のための所定労働時間の短縮等の措置の具体的な内容，所定時間外労働の制限を請求できない者の範囲等については，できるだけ多くの労働者が柔軟に利用しやすい内容とすることが必要であろう。

第二に，本改正で実現しなかった，労働と育児の両立支援の各制度（→前記Ⅱ1）の対象となる子の年齢の引き上げ，労働と介護の両立支援の各制度（→前記Ⅲ1）の対象となる「要介護状態」と「対象家族」の範囲の拡大，子の看護休暇・介護休業・介護休暇の日数の延長等については，今後も検討が必要であり，両立支援制度のさらなる拡充が追求されるべきであろう。

また，妊娠・出産・家族的責任に関する特別措置のみならず，労働者全体の労働時間短縮と自由時間保障の促進等が重要であり，これと合わせ両立支援を実現すべきであろう。

第三に，労働と妊娠・出産・家族的責任の両立のためには，社会保障・社会福祉の領域における，保育・介護サービス，介護保険，子どもに対する手当，教育支援等の充実が不可欠であり，また，保育・介護サービスに従事する労働者の労働条件の向上等も求められ，総合的な政策が求められよう。

（かわぐち　みき）

療養補償給付を受ける労働者に対する解雇制限と打切補償
―― 専修大学事件・最二小判平27・6・8民集69巻4号1047頁 ――

阿 部 理 香
（九州大学大学院）

I 事実の概要

1　X（一審反訴原告・被控訴人・被上告人）は、平成9年4月1日、Y大学（一審反訴被告・控訴人・上告人）に雇用されたが、同15年3月13日に頸肩腕症候群（以下「本件疾病」）との診断を受けて以降、本件疾病が原因で欠勤を繰り返すようになり、症状に改善がみられないまま、同19年3月31日に退職した。

平成19年11月6日、中央労基署長は、同15年3月20日時点で本件疾病を業務上疾病と認定し、Xに対し、労災保険給付の支給を決定した。これを受け、YはXの退職を取消して復職させ、同年6月3日以降のXの欠勤をY勤務員災害補償規程（以下「本件規程」）所定の業務災害による欠勤に当たるものと認定した。Xは平成18年1月以降長期にわたる欠勤が続き、3年を経過しても本件疾病の症状に変化がみられなかったため、同21年1月17日、YはXを2年間の休職とした。休職期間が経過した同23年1月17日、YはXに復職を求めたが、Xはこれに応じず、代わりに職場復帰の訓練を要求した。そこで、YはXの復職は不可能と判断し、同年10月24日、本件規程に基づき平均賃金の1200日分相当額を打切補償金として支払い、解雇の意思表示（以下「本件解雇」）をした。

Yが打切補償の支払いによる本件解雇は有効として地位不存在確認を求める本訴を提起し、Xが本件解雇は労基法19条1項本文に違反し無効として地位確認等を求める反訴を提起したところ、Yが本訴を取り下げた。

2　一審（東京地判平24・9・28労判1062号5頁）は、本件解雇は労基法19条1

項に違反し無効と判断し，原審（東京高判平25・7・10労判1076号93頁）も次のように述べてこれを支持した。すなわち，労基法81条は，同法75条の規定によって補償を受ける労働者が療養開始後3年を経過しても負傷又は疾病が治らない場合において，打切補償を行うことができる旨を定めており，労災保険法に基づく療養補償給付及び休業補償給付を受けている労働者については何ら触れていないことなどからすると，労基法の文言上，労災保険法に基づく療養補償給付及び休業補償給付を受けている労働者が同法81条にいう同法75条の規定によって補償を受ける労働者に該当するものと解することは困難であるとして，本件解雇は同法19条1項ただし書所定の場合に該当するものとはいえず，同項に違反し無効であるというべきであると判断したため，Yが上告した。

Ⅱ　判　旨（破棄差戻し）

1　労災保険法は，業務災害に対して迅速かつ公正な保護をする労災保険制度の創設等を目的として制定され，労基法と同日に公布，施行されている。「業務災害に対する補償及び労災保険制度については，労働基準法第8章が使用者の災害補償義務を規定する一方，労災保険法12条の8第1項が同法に基づく保険給付を規定」しており，労基法「84条1項が，労災保険法に基づいて上記各保険給付が行われるべき場合には使用者はその給付の範囲内において災害補償の義務を免れる旨を規定」している。

「上記のような労災保険法の制定の目的並びに業務災害に対する補償に係る労働基準法及び労災保険法の規定の内容等に鑑みると，業務災害に関する労災保険制度は，労働基準法により使用者が負う災害補償義務の存在を前提として，その補償負担の緩和を図りつつ被災した労働者の迅速かつ公正な保護を確保するため，使用者による災害補償に代わる保険給付を行う制度であるということができ，このような労災保険法に基づく保険給付の実質は，使用者の労働基準法上の災害補償義務を政府が保険給付の形式で行うものであると解するのが相当である（最高裁昭和50年(オ)第621号同52年10月25日第三小法廷判決民集31巻6号836頁参照）。このように，労災保険法12条の8第1項1号から5号までに定め

る各保険給付は，これらに対応する労働基準法上の災害補償に代わるものということができる」。

2　労基法81条の打切補償は，使用者が相当額の補償を行うことにより，「以後の災害補償を打ち切ることができるものとするとともに，同法19条1項ただし書においてこれを同項本文の解雇制限の除外事由とし，当該労働者の療養が長期間に及ぶことにより生ずる負担を免れることができるものとする制度」であるところ，「同法において使用者の義務とされている災害補償は，これに代わるものとしての労災保険法に基づく保険給付が行われている場合にはそれによって実質的に行われているものといえるので，使用者自らの負担により災害補償が行われている場合とこれに代わるものとしての同法に基づく保険給付が行われている場合とで，同項ただし書の適用の有無につき取扱いを異にすべきものとはいい難い。また，後者の場合には打切補償として相当額の支払がされても傷害又は疾病が治るまでの間は労災保険法に基づき必要な療養補償給付がされることも勘案すれば，これらの場合につき同項ただし書の適用の有無につき異なる取扱いがされなければ労働者の利益につきその保護を欠くことになるものともいい難い。」

「労災保険法12条の8第1項1号の療養補償給付を受ける労働者が，療養開始後3年を経過しても疾病等が治らない場合には，労働基準法75条による療養補償を受ける労働者が上記の状況にある場合と同様に，使用者は，当該労働者につき，同法81条の規定による打切補償の支払をすることにより，解雇制限の除外事由を定める同法19条1項ただし書の適用を受けることができるものと解するのが相当である。」

3　Yは労災保険法上の「療養補償給付を受けているXが療養開始後3年を経過してもその疾病が治らないことから，平均賃金の1200日分相当額の支払をしたものであり，労働基準法81条にいう同法75条の規定によって補償を受ける労働者に含まれる者に対して打切補償を行ったものとして，同法19条1項本文……解雇制限の適用はなく，本件解雇は同項に違反」しない。

「本件解雇の有効性に関する労働契約法16条該当性の有無等について更に審理を尽くさせるため，本件を原審に差し戻すこととする。」

Ⅲ　検　討

1　本判決の意義

　本件は，業務上災害と認定され療養補償給付を受給している労働者に対して，使用者が労基法上の打切補償を支払って行った解雇の有効性が争われた事案である[1]。業務上の疾病等の療養のため休業している労働者に対し，使用者には当該休業期間中とその後30日間の解雇が禁止されているが（労基法19条1項），療養開始後3年を経過しても疾病等が治らない場合は，平均賃金1200日分の打切補償を支払うことにより解雇制限が解除され（同項但書），その後の補償が免除される（同法81条）。また，労災保険法19条は，療養開始から3年経過以後に被災労働者が傷病補償年金を受ける場合（傷病等級1～3級）に労基法81条の打切補償が支払われたものとみなす旨を定めているが，療養開始後3年を経過しても当該疾病等が治癒（症状固定を含む）せず，同年金の支給もない労働者については明確な規定を欠いている[2]。

　そして，労基法81条は，打切補償の対象となる労働者を同法75条に基づく補償，すなわち，使用者自らの費用負担で災害補償が行われている労働者としか規定していないため，本件では労基法上の災害補償ではなく労災保険法上の療養補償給付を受けている X が，労基法「第75条の規定によって補償を受ける労働者」に含まれ，打切補償の支払いによる労基法19条1項の解雇制限解除の可否が主要な争点となった。学説上，この点が本格的に議論されたことはなく，

---

[1]　本判決の評釈として，柳澤旭「判批」労旬1847号（2015年）34頁，中窪裕也「判批」法学教室422号（2015年）56頁，水町勇一郎「判批」ジュリ1483号（2015年）4頁，根本到「判批」法セ727号（2015年）123頁，夏井高人「判批」判自395号（2015年）86頁，岩出誠「判批」ジュリ1489号（2016年）122頁，中山慈夫「判批」労働法令通信2397号（2015年）27頁，梶川敦子「判批」論究ジュリ2016年冬号（2016年）86頁，本久洋一「判批」ジュリ1492号（2016年）225頁。

[2]　この点については，療養開始後3年を経過した時点で傷病補償年金が支給されていない場合に打切補償を支払ったうえで解雇しうるかについて否定的な見解を示したものがある（西村健一郎「労災補償の内容」窪田隼人教授還暦記念『労働災害補償法論』（法律文化社，1985年）223頁）。

裁判例も本件下級審以外にはほとんど見当たらない（労基法上の災害補償を行い，3年後に平均賃金1200日分の打切補償を支払って行った解雇が有効と判断された事例として，アールインベストメントアンドデザイン事件・東京高判平22・9・16判タ1347号153頁）。また，本件に対する学説の評価も分かれており，打切補償によって解雇制限が除外されうるのは労基法上の療養補償を受ける労働者に限定されるとして，労災保険給付の受給者が解雇制限解除の対象となることを否定する立場[3]と，これを肯定する立場[4]に分かれていた。本判決は労基法19条1項但書の解雇制限解除を否定した一審および原審の判断を覆し，最高裁として，労災保険給付を受けている労働者に対する打切補償の支払いによる解雇制限解除を認めた点で，理論上のみならず実務上も重要な意義を有するものである。

2 労基法と労災保険法の相互関係

労基法上の災害補償と労災保険の関係に対する理解は，一審，原審，最高裁でわずかに異なる。まず，一審が労災保険制度を「労基法による災害補償制度から直接に派生したものではな」く，「並行して機能する独立の制度」としていたのに対し，原審は，労災保険給付の実質的な機能について「労基法上の災害補償を肩代わりするもの」と評価し給付趣旨の共通性を認める。この点では原審も最高裁と同様の理解であると解されるが，原審は，そこから関連条文の厳格な文理解釈を前提に以下の理由から明文の規定がない以上，両制度を同一視するのは相当でないという結論を導いたのである。すなわち，①打切補償の支払いによる解雇制限解除の特例は療養が長期化した場合の使用者の災害補償の負担に配慮して設けられたもので，保険給付により使用者は個別補償責任を免除されるため（労基法84条1項），労基法上の災害補償との関係で解雇制限解

---

[3] 緒方桂子「判批」労旬1812号（2014年）11頁，鈴木俊晴「判批」法時85巻13号（2013年）391頁，加藤智章「判批」『新・判例解説 Watch／2013年10月』（日本評論社，2013年）253頁，岩永昌晃「判批」民商149巻3号（2013年）347頁，佐々木達也「判批」日本労働法学会誌123号（2014年）173頁。

[4] 山口浩一郎「判批」季刊「ろうさい」2013年冬号 Vol. 16（2013年）14頁，北岡大介「判批」季労242号（2013年）189頁，柳澤旭「判批」山経62巻5‐6号（2014年）35頁，原昌登「判批」ジュリ1468号（2014年）110頁，洪性珉「判批」賃社1599号（2013年）56頁。

除の可否に差を設けたことには合理性がある。また，②傷病補償年金が支給される場合は，打切補償を支払ったものとみなされ解雇が可能となるが（労災法19条），同年金が支給される傷病等級1級～3級は，労働不能状態が常態化した重篤な傷病に対して認定されるのであり，症状がより軽度で同年金の支給対象とならない労働者は復職可能性が残されているため両者の取扱いの違いには合理性が認められる[5]。他方，③使用者は雇用関係が維持される限り社会保険料を負担し続けなければならないが，復職可能性という労働者の利益に照らせば不合理なものとはいえない。しかし，こうした原審の要保護性を理由とする説明と使用者の利益衡量の評価に対しては，長期療養者の雇用関係維持にかかる使用者の負担は軽微なものでなく，労災保険に強制加入させられ保険料を全額負担する使用者の保険利益を重視すべきとの批判が向けられていた[6]。

これに対し，本判決は労災保険法の制定目的・沿革に即し，労災保険給付と損害賠償の調整に関する最高裁判決・三共自動車事件を引用し，労災保険を「労働基準法上の災害補償義務を政府が保険給付の形式で行うもの」と位置づけて両制度の同質性を認め，そこから労基法19条1項但書の適用場面で，「労基法上の災害補償を受給する労働者」と「労災保険法上の給付を受ける労働者」の取扱いを異にすべきでないとして原審と異なる結論を導いた。そして，打切補償の支払い後も療養補償給付等は継続して支給されるため被災労働者の保護に欠けることはないことを補強的に付加している[7]。

労災補償制度における労基法と労災保険法の関係および両法の性格については，労災保険の社会保障化論争をはじめ，これまでも度々論議されてきた。判旨が述べるように，沿革的には両法は1947（昭和22）年に同日に制定され，使用者の補償責任を共通の基盤とする一体的制度として始まった。労災保険の適

---

[5] この点に対しては，傷病等級認定はあくまで「傷病の程度の差」でしかなく傷病の軽重を解雇制限解除の根拠とすべきでないとする指摘は，原審に批判的・肯定的立場をとる双方から疑問が呈されていた。

[6] 山口・前掲注4）。

[7] 本久・前掲注1）は，被災労働者の保護と解雇制限の除外事由の問題は，全く別の問題であり，前者については，機能的・実質的同一性と規範的論理整合性との混同の疑いを払拭できず，補償給付の継続は「他事考慮」であると指摘する。

用事業の範囲が限定されていた施行当初は，労基法上の災害補償がこれを補完する役割を担っていたため，労基法上の災害補償も存在意義があり，むしろ不可欠であったが，その後，労災保険法は数次の改正によって給付内容が拡充され[8]，全面的に適用されることになった（労災法3条）。そのため今日では，前掲アールインベストメントアンドデザイン事件のように，使用者が災害補償を行う例はきわめて稀である。さらに，労災保険法から給付がなされた場合に労基法上の補償責任が免責される調整規定が設けられており（労基法84条1項），同条の解釈に照らすと，一審判決は制度認識においてやや正確性を欠いていたといえる。労災保険制度の全体構造に照らすと，本判決のように使用者の災害補償義務の履行の担保を前提に保険者である政府が労基法上の補償水準・範囲を大きく上回る保険給付を行う制度であると位置づけるのが自然であろう。

3　労災保険法19条と打切補償

かつては労災保険法上にも打切補償制度が存在していたが，長期傷病者補償の導入時に廃止され（昭和35年改正），同補償が療養中の労働者に対する補償として，労基法の打切補償より一層高度かつ十分であったため，労基法19条との関係では長期傷病者補償が支給された場合に打切補償が支払われたとするみなし規定が置かれたという経緯がある。そして，長期傷病者補償は昭和51年改正で現在の療養補償給付と傷病補償年金に整理された[9]。

一審および原審の理解では，労災保険給付を受ける労働者と労基法上の災害補償を受ける労働者の読み替えができないため，傷病補償年金を受給する労働者に打切補償が支払われたとみなすと規定する労災保険法19条との関係が問題となり，法の欠缺として立法的解決を主張する見解が一部みられていた。

本判決は，労基法上の災害補償と労災保険の相互関係について，その全体的な制度構造から実質的同質性を認め，いずれの補償を受ける労働者も同じであ

---

[8]　例えば，保険給付の年金化（1960年），特別加入制度の創設（1965年），通勤災害保護制度の発足（1973年）など。

[9]　厚生労働省労働基準局労災補償部労災管理課『労働者災害補償保険法〔七訂新版〕』（労務行政，2008年）453-454頁。

ると結論づけたため，下級審では重要な論点であった上記差異について一切言及していない[10]。最高裁の理解に照らすと，被災労働者が療養開始後3年を経過した段階で傷病補償年金が支給されていれば，使用者は打切補償を支払ったとみなされる（労災保険法19条）。これに対して，同年金が支給されず療養補償給付・休業補償給付を受けていれば，使用者は打切補償を支払うことによって上記解雇制限が解除される。そうすると，被災後3年を経過すれば，いずれも打切補償の対象となり（みなし規定適用の有無の違いはあるが），復職可能性は問題とならず，労基法19条1項の解雇制限は，使用者のイニシアティブで解除できると解される。しかし，打切補償制度の趣旨が，元来，使用者の費用負担による災害補償が長期に及ぶ場合の負担が過度になることに配慮したものであり，雇用関係維持にかかる負担を想定したとは解されないとの指摘もありうるため，結論としては首肯できるものの，明文の規定を超える解釈をする以上，理論的にこれを正当化する説示が必要であったように思われる。

4 残された課題

本判決によって，打切補償による労基法19条1項の解雇制限解除の可否についての実務上の取扱いは明確になった[11]。すなわち，被災労働者が傷病補償年金を受給する場合も，同年金を受給できずに療養補償給付を受給する場合も，被災から3年経過すれば，使用者は打切補償の支払いによって労基法19条1項の解雇制限が解除できることになる。従来，立法も行政実務も放置してきた問題を最高裁が解釈によって解決したことは，法的安定性の観点から評価できる。もっとも，労基法19条1項の解雇制限が解除されても，このことは労基法違反にならないことを意味するにとどまり，さらに解雇の有効性判断については，解雇権濫用（労契法16条）の存否が検討されることとなる。

---

10) 同旨の指摘として，中窪・前掲注1）。根本・前掲注1）も，労災保険と労基法上の災害補償制度の異同について十分な検討を行っておらず，明文の規定がない解釈論を正当化する論拠に欠けるとする。
11) 本判決を受け，労基法19条1項但書きの適用にかかる解釈運用についての通達（平成27・6・9基発0609第4号）が出されている。

しかし，本件のような頸肩腕障害もそうであるが，精神疾患の場合，療養・休業がさらに長期化し，業務との関連性や治癒の判断が困難となる傾向がある。従来の裁判例でも，事後的に当該疾病の業務起因性を争い解雇制限の適用を求めるものがあり（東芝（うつ病・解雇）事件・東京高判平23・2・23労判1022号5頁），本判決の示した解釈論が，こうした被災労働者の復職可能性を狭め保護に欠けることにならないかが懸念される。この点は，個別事案に即しなお検討を要する課題といえよう。

（あべ　りか）

信用組合の合併に伴う退職金減額合意の成否及び労働協約の効力
―― 山梨県民信用組合（退職金減額）事件・
　　　最二小判平28・2・19民集70巻2号123頁――

池　田　　　悠

（北海道大学）

I　事実の概要

　A信用組合の職員であった上告人Xら（原告・控訴人）は，被上告人Y信用組合（被告・被控訴人）の前身であるY'がAを吸収合併したこと（「本件合併」）でY'の職員となり，Y'がさらに他の信用組合を吸収合併してYと名称変更した後に退職した元職員である（以下，Y'を含めて「Y」と表記する）。平成14年6月，経営危機に陥ったAからの申入れを受けて，A・Y間で締結された合併契約においては，本件合併時にAの職員をYが承継し，当該職員の退職金は勤続年数を通算して合併後の退職時に支給することなどが合意された。その後，策定されたAの職員にかかる退職金の支給基準（「新規程」）においては，退職金額を従前の半分以下とする一方で，Aの職員のみ，厚生年金給付額と企業年金還付額を退職金額から控除して支給するものとされた（「本件基準変更」）。
　同年12月20日，Aの理事らは，管理職上告人らを含む全管理職員に対し，本件基準変更後の労働条件に同意する旨が記載された「本件同意書」を提示し，本件合併を実現するために必要だとして署名押印を求め，管理職員全員がこれに応じた。また，同日，Aの代表理事とAの職員組合（「本件職員組合」）の執行委員長は，本件合併後の退職金額を新規程の支給基準とする「本件労働協約」を締結した。そして，新規程は，平成15年1月の本件合併時から実施された。
　平成16年2月16日，Yは，更に3信用組合を吸収合併した（「平成16年合併」）。

そして，平成16年合併に際して，Yは，①平成16年合併前の在職期間にかかる退職金について，合併前に当該職員に適用されていた退職金規程に基づいて，自己都合退職の係数により計算された金額を退職時に支給すること，②平成16年合併後の在職期間にかかる退職金について，合併後3年以内を目途に制定される新退職金制度によるものとし，新制度制定前に自己都合退職する者には支給しないことを決定した（「平成16年基準変更」）。そして，平成16年2月初旬，Yの各支店長から職員に平成16年基準変更の内容が説明され，Xらを含む各支店長及び職員は「本件報告書」の「新労働条件による就労に同意した者の氏名」欄に，それぞれ署名した。その後，Yは，平成21年4月1日から，平成16年合併後の新退職金制度を定める「平成21年規程」を実施した。

こうして，Xらに対しては，退職時に上記変更後の支給基準が適用された結果，平成16年合併前の在職期間にかかる退職金額が0円となった。また，Xらのうち，平成21年規程の実施前に自己都合退職した者は，平成16年基準変更に基づき，平成16年合併後の在職期間にかかる退職金も支給されなかった。

そこで，Xらが，旧規程に基づく退職金額との差額の給付を求めて本件訴訟を提起した。これに対し，一審（山梨地判平24・9・6労旬1862号58頁）及び控訴審（東京高判平25・8・29労旬1862号52頁）は，本件基準変更にかかる本件同意書及び本件労働協約に基づく労働条件変更，並びに，平成16年基準変更にかかる本件報告書に基づく労働条件変更を，両者の経緯に鑑みていずれも有効とし，Xらの請求を全て棄却したため，Xらが上告した。

II 判　旨（破棄差戻）

1　(1)「労働契約の内容である労働条件は，労働者と使用者との個別の合意によって変更することができるものであり，このことは，就業規則に定められている労働条件を労働者の不利益に変更する場合であっても，その合意に際して就業規則の変更が必要とされることを除き，異なるものではないと解される（労働契約法8条，9条本文参照）。」

(2)「もっとも，使用者が提示した労働条件の変更が賃金や退職金に関する

ものである場合には，当該変更を受け入れる旨の労働者の行為があるとしても，労働者が使用者に使用されてその指揮命令に服すべき立場に置かれており，自らの意思決定の基礎となる情報を収集する能力にも限界があることに照らせば，当該行為をもって直ちに労働者の同意があったものとみるのは相当でなく，当該変更に対する労働者の同意の有無についての判断は慎重にされるべきである。そうすると，就業規則に定められた賃金や退職金に関する労働条件の変更に対する労働者の同意の有無については，当該変更を受け入れる旨の労働者の行為の有無だけでなく，当該変更により労働者にもたらされる不利益の内容及び程度，労働者により当該行為がされるに至った経緯及びその態様，当該行為に先立つ労働者への情報提供又は説明の内容等に照らして，当該行為が労働者の自由な意思に基づいてされたものと認めるに足りる合理的な理由が客観的に存在するか否かという観点からも，判断されるべきものと解するのが相当である（最高裁昭和44年（オ）第1073号同48年1月19日第二小法廷判決・民集27巻1号27頁，最高裁昭和63年（オ）第4号平成2年11月26日第二小法廷判決・民集44巻8号1085頁等参照）。」

2 「本件基準変更による不利益の内容等及び本件同意書への署名押印に至った経緯等を踏まえると，管理職上告人らが本件基準変更への同意をするか否かについて自ら検討し判断するために必要十分な情報を与えられていたというためには，同人らに対し，旧規程の支給基準を変更する必要性等についての情報提供や説明がされるだけでは足りず，……本件基準変更により管理職上告人らに対する退職金の支給につき生ずる具体的な不利益の内容や程度についても，情報提供や説明がされる必要があったというべきである。」

3 「また，平成16年基準変更に対するXらの同意の有無については，Xらが本件報告書に署名をしたことにつき，……原審は，……同様に，……［上記］観点から審理を尽く」していない（ただし，「平成16年基準変更に際して就業規則の変更がされていないのであれば，」就業規則の最低基準効（労働契約法12条，労働基準法93条）によって，当該労働条件設定は直ちに無効となる）。

4 「本件労働協約書に署名押印をした執行委員長の権限に関して，本件職員組合の規約には，同組合を代表しその業務を統括する権限を有する旨が定め

られているにすぎず，上記規約をもって上記執行委員長に本件労働協約を締結する権限を付与するものと解することはできないというべきである。そこで，上記執行委員長が本件労働協約を締結する権限を有していたというためには，本件職員組合の機関である大会又は執行委員会により上記の権限が付与されていたことが必要であると解される」。

Ⅲ 検 討

1 本判決の意義と特徴

本件は，信用組合の合併に際して，退職金の大幅な減額措置に同意する旨を示してから退職した労働者が，使用者に対して，従前の規程に基づく退職金の支給を求めた事案である。本判決は，①判旨1～3において，本件基準変更にかかる本件同意書及び平成16年基準変更にかかる本件報告書について，労働条件変更にかかる労働者の同意としての判断枠組みを示し，②判旨4において，協約締結権限の存否から本件労働協約の効力を判断する必要があるとして，いずれも原審の判断を破棄し，差し戻した。このうち，①は，労契法施行前の事案であるものの，判決自体が労契法の条文を「参照」しているように，労契法に基づいて，労働条件変更にかかる労働者の同意の成否を判断した最初の最高裁判例として意義がある[1]。一方，②も，労働協約締結権限の存否を判断した最初の最高裁判例であり，今後の同種事案の参考になるものと解される。

2 判旨1～3について

(1) **判断枠組みの位置づけ**　本判決は，原審までの判断と異なり，本件同意書や本件報告書など，労働条件変更を受け入れる旨の労働者の「行為」のみによって直ちに当該労働条件変更に対する労働者の同意の存在を認めることはできず，「当該行為が労働者の自由な意思に基づいてされたものと認めるに足りる合理的な理由が客観的に存在するか否かという観点からも」判断されるべ

---

1) 野田進「判批」労旬1862号（2016年）32頁。

きとした（「本判決の判断枠組み」）。

　この点，学説では，使用者の労働条件変更に対する労働者の「同意」について，当該同意の効力発生要件として「自由な意思」に基づくことを要求する見解も主張されていた[2]。これに対し，本判決は，同様に「自由な意思」を判断すべきと判示するものの，労働条件変更を受け入れる旨の労働者の「行為」のみによって直ちに「同意」の存在を認めることはできないと判示している。このように，本判決は，労働条件変更にかかる労働者の「同意」の成立要件として，「自由な意思」に基づくことを要求する見解を採るものと思われる[3]。

　そして，判旨1(2)は，労働者の「自由な意思」を同意の成立要件と判断する根拠として，労働者の使用従属性と労働契約における情報の非対称性を挙げている。これは，労使間に交渉力格差が生じていることから，労働契約の基本原則である対等決定原則（労契3条1項）を確保するために，やはり労働契約の基本原則である合意原則（労契1条）に対する特別な取扱い（いわば，"裸の合意"からの逸脱）が認められるという理解に基づくものと解される[4]。

　(2)　労契法の条文との関係　　ところで，労働条件変更にかかる労働者の同意に関しては，労契法制定前後の一部の下級審裁判例のように[5]，就業規則変更にかかる労働者の同意によって当該労働条件変更を直ちに有効と認める「労契法9条の反対解釈」が許されるかで学説に対立がある[6]。この点，判旨1(1)は，労契法8条と9条本文とを並列的に参照しつつ，労契法9条の反対解釈に何ら言及していないため，労契法9条の反対解釈を認める趣旨に立つものか否か，

---

2)　本久洋一「労働者の個別同意ある就業規則の不利益変更の効力」法時82巻12号（2010年）143頁，淺野高宏「賃金減額合意の認定方法とその効力要件」季労237号（2012年）163頁。

3)　山川隆一「労働条件変更における同意の認定――賃金減額をめぐる事例を中心に」荒木尚志ほか編『労働法学の展望』（有斐閣，2013年）272-273頁，土田道夫「労働条件の不利益変更と労働者の同意」根本到ほか編『労働法と現代法の理論（上）』（日本評論社，2013年）326-327頁注11。

4)　土田道夫『労働契約法』（有斐閣，2008年）38頁以下，荒木尚志『労働法〔第2版〕』（有斐閣，2013年）246頁，土田・前掲注3）論文324-325頁。

5)　協愛事件・大阪高判平22・3・18労判1015号83頁［労契法制定後］，熊本信用金庫事件・熊本地判平26・1・24労判1092号62頁［労契法制定前］。

6)　荒木尚志「就業規則の不利益変更と労働者の合意」曹時64巻9号（2012年）1頁以下。

文言のみでは判断しがたい。

　この点，本件合併時の本件基準変更に際しては，新規程に基づく退職金を当該労働者の退職時に支給することに同意する旨の本件同意書が作成されている。これは，新規程への就業規則変更にかかる労働者の同意によって，就業規則変更の内容である労働条件変更の効力が生じるか否かという，まさに労契法9条の反対解釈が問題となる状況と解される。

　一方，平成16年合併時の平成16年基準変更に関しては，事案がやや判然としないものの，(ⅰ)新規程から平成21年規程への退職金にかかる就業規則変更（実質は，新規程の廃止と平成21年規程の新規制定）と，(ⅱ)新規程に基づいて計算される平成16年合併前の在職期間にかかる自己都合退職扱いによる退職金額，及び，平成21年規程に基づいて計算される平成16年合併後の在職期間にかかる退職金額を，いずれも当該労働者の退職時に支給する旨の個別的な合意が組み合わされた労働条件変更と解される。そして，本件では，(ⅰ)に関して，判旨3においても指摘されている通り，明らかになっていない就業規則変更の事実の存否が問題となるのに対し，(ⅱ)に関して，本件報告書の存在によって，労働者の同意を認め得るかが問題となる。もっとも，平成21年規程では，従前の新規程を参照して平成16年合併前の在職期間にかかる退職金額をも規定しているような事情が窺われない。そうすると，(ⅱ)のうち，平成16年合併前の在職期間にかかる退職金額の支給は，あくまで変更前の就業規則（新規程）に基づく給付となり，変更後の就業規則（平成21年規程）に基づく給付ではないと言える。すなわち，変更後の就業規則が規定する退職金の内容と，労働者の同意の対象となる退職金の内容が一致しないことになる。したがって，本件報告書の存在によって問題となる労働者の同意は，労契法9条の反対解釈に基づく就業規則変更にかかる同意ではなく，労契法8条に基づく個別的な労働条件変更の同意に該当する。

　このように，本件は，労契法9条の反対解釈に基づく労働条件変更（本件基準変更）と，労契法8条に基づく労働条件変更（平成16年基準変更）がいずれも問題になった事案である。したがって，判旨1(2)は，根拠は判然としないものの黙示的に労契法9条の反対解釈を容認しつつ，労契法9条の反対解釈にかかる労働者の同意の成否，及び，労契法8条に基づく労働者の同意の成否につい

て，いずれにも適用される判断枠組みを定立した判示として位置づけられる。

　（3）　判断枠組みの射程　　そして，判旨1(2)は，本判決の判断枠組みの適用範囲を「賃金や退職金」に限定している[7]。これに対し，就業規則の不利益変更にかかる従前の最高裁判例[8]では，厳格な合理性が求められる「重要な労働条件」の例示として，「賃金，退職金」が挙げられているに過ぎない。そこで，学説では，本判決の判断枠組みも，重要な労働条件全般に適用されるという理解が主張されている[9]。

　この点，判旨1(2)は，本判決の判断枠組みを定立するに当たって，労働者の「自由な意思」に基づく場合，賃金債権の放棄にかかる合意[10]や賃金債権の相殺合意[11]が労基法24条1項の賃金全額払い原則に反しないという最高裁判例を参照している。また，近年，最高裁は，妊娠中の軽易業務への転換を契機とした降格について，労働者の「自由な意思」に基づく同意がある場合には，均等法9条3項違反の不利益取扱いにならないと判示した[12]。これらの先例では，いずれも労働法上の何らかの強行法規からの逸脱が問題とされている。

　これに対し，本件は，何らかの強行法規からの逸脱が問題となった事案ではない。もっとも，(a)本件は，合理性審査を経ない労働条件変更という意味で，労契法10条という一種の強行法規からの逸脱と見ることができる[13]。このように考えると，本判決の判断枠組みは，大曲市農協事件の理解に倣って，就業規則変更でも特別な取扱いを受ける重要な労働条件全般に及ぶと考えられる。

　あるいは，(b)本件のように，包括承継を法的効果とする合併に際して労働条件を変更することは，包括承継という強行的な法律効果をもたらす一種の強行法規からの逸脱と見ることもできる[14]。このように考えると[15]，原則として労働契

---

7)　片山雅也「判批」労政3908号（2016年）70頁。
8)　大曲市農協事件・最三小判昭63・2・16民集42巻2号60頁。
9)　野田・前掲注1）論文35頁。
10)　シンガー・ソーイング・メシーン事件・最二小判昭48・1・19民集27巻1号27頁。
11)　日新製鋼事件・最二小判平2・11・26民集44巻8号1085頁。
12)　広島中央保健生活協同組合事件・最一小判平26・10・23民集68巻8号1270頁。
13)　水町勇一郎「判批」ジュリ1491号（2016年）5頁は，このような発想をしているように見える。
14)　野田・前掲注1）36-37頁は，このような発想をしているように見える。

約自体が包括承継されるべきことになるため，合併に際して労働契約を合意解約して新しい労働契約を締結し直す場合の解約合意にも，本判決の判断枠組みが及ぶと考えられる。

　しかし，(c)本判決は，判旨1(2)で判断枠組みを定立するに当たって，あくまで労基法24条1項の賃金全額払い原則にかかる最高裁判例のみを参照するにとどめている。そうすると，本判決は，本件を，何らかの強行法規からの逸脱に類する状況ではなく，むしろ将来的な意味における賃金の一部放棄に類する状況と捉えることで，賃金債権の放棄など，賃金全額払い原則にかかる従前の最高裁判例の判断枠組みを転用した判断として理解すべきと思われる。したがって，本判決の判断枠組みは，判旨1(2)の文言通り，適用対象が「賃金や退職金」の減額に限られ，他の重要な労働条件や合意解約に対して当然に及ぶものではないと解される。

　(4)　考慮要素と具体的な判断　　次に，判旨1(2)は，本判決の判断枠組みにかかる考慮要素として，(イ)変更による不利益の内容及び程度，(ロ)労働者が当該変更に同意する旨の行為をした経緯及び態様，(ハ)当該行為に先立つ労働者への情報提供または説明の内容を列挙している。これらは，判旨でも「等」と留保されているように，あくまで考慮要素の例示であり，相互にいかなる関係であるかも明らかでない。

---

15)　なお，阪神バス（勤務配慮・本訴）事件・神戸地尼崎支判平26・4・22労判1096号44頁は，会社分割に関して同様な発想を示したものと思われる。

16)　なお，本判決で「等」とされている判示は，北海道国際航空事件・最一小判平15・12・18労判866号14頁など，労基法24条1項の賃金全額払い原則をめぐる民集非登載の最高裁判例を指していると解される。

17)　本判決のような書面による同意と見られる行為が存在する事案ではないが，下級審裁判例においては，口頭あるいは黙示の賃金減額の合意をめぐって，本判決と同様の「自由な意思」の存在を要求するものが多数存在していた（アーク証券（本訴）事件・東京地判平12・1・31労時1718号137頁，更生会社三井埠頭事件・東京高判平12・12・27労判809号82頁，小川工業株式会社事件・東京地判平22・3・29判例集未登載（LEX/DB文献番号25471323），NEXX事件・東京地判平24・2・27労判1048号72頁）。

18)　このような捉え方をしていると思われる見解として，荒井太一「判批」NBL1070号（2016年）85頁，長田清明「判批」季刊労働者の権利314号（2016年）105頁，矢野昌浩「判批」法セ737号（2016年）125頁がある。

もっとも，本件にかかる具体的な判断を示した判旨2では，「具体的な不利益の内容や程度についても，情報提供や説明がされる必要があった」とし，不利益性などの実体的な考慮要素を，情報提供などの手続的な考慮要素の判断過程に組み込んで判断している。これは，不利益性の大きさなど，実体的な労働条件変更の重大性に比例して，詳細な情報提供が行われるなど，より慎重な手続が採られているかどうかを判断する趣旨と思われる。したがって，本判決の判断枠組みの適用に当たって，判旨1(2)が例示する考慮要素は，並列的なものではなく，手続的な考慮要素の判断過程において，要求される手続の水準に影響する背景事情として，実体的な考慮要素が読み込まれるに過ぎない。

　また，就業規則の不利益変更にかかる合理性の考慮要素（労契法10条）と比べた場合，判旨1(2)では，合理性判断の中核的要素である労働条件変更の必要性が考慮要素として例示されていない。そして，判旨2において判示されているとおり，本判決の判断枠組みとの関係で，労働条件変更の必要性は，労契法10条のような独立した考慮要素ではなく，「情報提供や説明」といった手続的な考慮要素の判断過程で考慮される背景事情となるに過ぎない。

　このように専ら手続的な観点から労働者の同意の成否を判断する本判決は，本判決が参照する従前の最高裁判例と異なり，同意することが労働者にとっても（実体的な意味で）利益になるかを問題にしていない。これは，強行法規からの逸脱が問題とならない本件のような場合に，労働者にとっての利益を直接に問わないで同意の成立を認める得る判断を示したものと解される。

3　判旨4について

　一方，判旨4は，あくまで事例判断の形式を採りつつ，本件職員組合の規約における代表権や業務統括権の規定が，執行委員長の協約締結権限を意味しないと解し，このような場合には，労使慣行や不利益性の程度といった事情を問わず，組合大会または執行委員会の別段の決議がない限り，執行委員長の協約締結権限は一切認められないと判示した。この点，従前の下級審裁判例でも，規約上，協約締結権限が，組合大会の決議に留保されている場合や明確でない[19]場合[20]には，組合大会の決議による授権が協約締結に必要と解されてきた。した

がって，判旨4は，協約締結権限の所在に関する従前の下級審裁判例の傾向を発展的に踏襲し，規約上，執行委員長の代表権が認められている事案においても，執行委員長の協約締結権限を否定した判断として位置づけられる。

ところが，争議行為の場合（労組法5条2項8号）と異なり，執行委員長の協約締結権限について，内部的意思決定を必要と解すべき法律上の根拠は存在しない。また，判旨4において，「組合大会」のみならず，「執行委員会」の決議でも足りると曖昧に判示されている根拠も判然としない。この点，仮に一種の第三者効とも言える労働協約の規範的効力（労組法16条）に鑑みて，何らかの内部的意思決定を必要と判示したのであれば，本判決の協約締結権限をめぐる理解は，あらゆる労働協約に妥当することになる。

しかし，前述した通り，本判決は，本件を将来的な意味における賃金の一部放棄に類する状況として捉えていると解される。そうすると，本判決は，本件労働協約に規定された既往の在職期間にかかる退職金の減額について，あくまで債権としては未発生であるものの，協約による処分が原則として許されない既得の権利の放棄に類するものとして捉えたと考えられる。そこで，本判決は，未発生の退職金について，協約による変更がおよそ許されないという理解までは採らないものの，通常ならば規約上の代表権によって認められるべき執行委員長の協約締結権限に対する例外的な内在的制約として，内部的意思決定の履行を追加的に求めたものと解される。

[付記]　本稿は，科学研究費・基盤研究(C)「倒産手続下における労働力調整モデルの適用をめぐる比較法的研究」（課題番号26380075）による成果の一部である。

（いけだ　ひさし）

---

19) 中根製作所事件・東京高判平12・7・26労判789号6頁，鞆鉄道事件・広島高判平16・4・15労判879号82頁。
20) 大阪白急タクシー事件・大阪地判昭56・2・16労判360号56頁。
21) 荒木・前掲注4）書578頁，菅野和夫『労働法〔第11版〕』（弘文堂，2016年）880頁。

◆日本労働法学会第131回大会記事◆

　日本労働法学会第131回大会は，2016年5月29日（日）に同志社大学今出川キャンパスにおいて，個別報告，特別講演，ミニ・シンポジウムの三部構成で開催された。（以下，敬称略）

一　個別報告
〈第1会場〉
(1)テーマ：「有期労働契約の濫用規制に関する一考察──EU 有期労働指令・イギリス法との比較法的研究」
　報告者：岡村優希（同志社大学大学院）
　司　会：土田道夫（同志社大学）
(2)テーマ：「経済統合下での労働抵触法の意義と課題──EU 法の展開をてがかりに」
　報告者：山本志郎（労働政策研究・研修機構）
　司　会：毛塚勝利（法政大学）

〈第2会場〉
(1)テーマ：「日韓の集団的変更法理における合意原則と合理的変更法理」
　報告者：朴孝淑（東京大学）
　司　会：荒木尚志（東京大学）
(2)テーマ：「中国労働法の賃金決定関係法における政府の関与に関する法的考察」
　報告者：森下之博（内閣府）
　司　会：島田陽一（早稲田大学）

二　特別講演
　テーマ：「労働法における学説の役割」
　講演者：西谷敏

三　ミニ・シンポジウム
〈第1会場〉
　「労働者派遣法の新展開──比較法的視点からの検討」
　　司　会：　盛誠吾（一橋大学）

報告者：高橋賢司（立正大学）
　　　　大山盛義（山梨大学）
　　　　本久洋一（國學院大学）
〈第2会場〉
「労働契約法20条の法理論的検討——『不合理性』の判断を中心に」
　司　会：中窪裕也（一橋大学）
　報告者：緒方桂子（南山大学）
　　　　阿部未央（山形大学）
　　　　水町勇一郎（東京大学）
　　　　森ます美（昭和女子大学）
〈第3会場〉
「職場のハラスメント問題への新たなアプローチ」
　司　会：島田陽一（早稲田大学）
　報告者：内藤忍（労働政策研究・研修機構）
　　　　滝原啓允（中央大学）
　　　　柏﨑洋美（京都学園大学）

　四　総　会
1　2015年度決算・2016年度予算について
　(1)　2015年度決算について，米津孝司事務局長より報告がなされた。また，川口美貴監事より，監査済みである旨が報告された。以上を受けて，総会において，同決算が承認された。
　(2)　2016年度予算案について，米津孝司事務局長より報告がなされた。とりわけ，まず開催校謝礼について，近年追加申請が増えていることから2015年度を10万円上回る40万円の金額を計上した予算案が説明され，また，理事・監事選挙及び名簿作成のため印刷費・通信費・事務業務委託費について2015年度決算額を上回る金額を計上したこと等が説明された。以上を受けて，総会において，2016年度予算が承認された。

2　学会大会年1回開催への移行案について
　唐津博代表理事より，以下の報告がなされた。
　(1)　学会大会年1回開催への移行案に関する意見聴取（前回大会後の2015年12月〜2016年2月末までの期間）の結果，学会大会年1回開催への移行案に関して，賛成意見1件が，また前回大会時のアンケート用紙にて反対意見1件寄せられた。こ

の意見聴取を受けて，2016年3月に臨時の編集委員会・企画委員会を開催し，この移行案について検討し，これを踏まえて，第131回大会の前日理事会において，年1回開催への移行が承認された。

（2）学会大会開催のあり方について，企画委員会からは，以下のような提案がなされている。①大会は毎年秋季に，年1回2日間開催とする。②大会1日目の午前中に理事会，同日の午後に個別報告およびワークショップ（現在のミニ・シンポジウムを改編したもの），その終了後に懇親会を行う。③大会2日目の午前と午後に大シンポジウム，その間の昼の時間帯に総会および特別講演を実施する。

（3）学会誌の刊行については，学会大会の開催のあり方に対応する形で，年1冊の刊行とする方向で編集委員会において検討されており，内容や編集上の課題については，今後同委員会で検討する。

以上の報告の後，唐津博代表理事より，2018年度以降，学会大会を年1回（秋季2日間）開催に移行すること，大会の開催方式の大枠は前述の企画委員会案によることが提案され，承認された。

なお，総会出席者からの補足意見として，今後の大会企画の内容に実務家の視点を取り入れてほしいとの意見があり，唐津代表理事より今後検討を行う旨の回答がなされた。

その後，唐津博代表理事から，今後，年1回開催への移行に向けて，関係委員会等で引き続き議論を行い，2016年中に具体化を図っていく旨の説明がなされた。

3　第132回大会およびそれ以降の大会について

野川忍企画委員長より，今後の大会予定に関し，以下の通り報告がされた。
◆第132回大会について◆
（1）　期日：2016年10月16日（日）
（2）　会場：獨協大学（社会保障法学会とは別会場）
（3）　大シンポジウム
　　　統一テーマ：「労働法における人権・基本権の役割と課題──比較法的研究」
　　　　　　　　（仮題）
　　　司会：浜村彰（法政大学）
　　　報告：浜村彰（法政大学）──趣旨説明
　　　　　　沼田雅之（法政大学）──日本
　　　　　　川田知子（中央大学）──ドイツ
　　　　　　細川良（労働政策研究・研修機構）──フランス
　　　　　　有田謙司（西南学院大学）──イギリス，総括

◆第133回大会について◆
(1) 期日：2017年5月28日（日）で調整中
(2) 会場：龍谷大学（社会保障法学会とは別会場）
(3) 個別報告について
個別報告につき，4件のエントリーがあり，それぞれを承認する予定である。
(4) ミニ・シンポジウムについて
2件のエントリーがあり，次回企画委員会において引き続き検討することとされた。更にエントリー希望があれば，日本労働法学会ホームページに掲載している申込書に記入のうえ，2016年7月31日（日）までお送りいただきたい。
(5) 特別講演について
　　テーマ：未定
　　講演者：菅野和夫会員
◆第134回大会について◆
(1) 期日：未定
(2) 会場：小樽商科大学
(3) 大シンポジウムについて
「雇用社会の変容と労働契約終了の法理」を統一テーマとして，大シンポジウムを開催することを予定している。

4　学会誌について
奥田香子編集委員長から，以下の内容について報告がなされた。
(1) 編集委員の交代について
編集委員について，奥貫妃文委員が任期満了に伴い榊原嘉明会員（名古屋経済大学）に交代したこと，成田史子委員が任期満了に伴い池田悠会員（北海道大学）に交代したことが報告された。
(2) 学会誌第127号は学会前に刊行済みであることが報告された。また，2016年秋刊行予定の学会誌第128号については，個別報告4本，特別講演，ミニ・シンポジウム（「労働者派遣法の新展開――比較法的視点からの検討」，「労働契約法20条の法理論的検討――『不合理性』の判断を中心に」，「労働関係におけるハラスメント法理の展望」），回顧と展望，定例記事を掲載する予定であることが報告された。なお，学会誌第128号については，第132回大会後の刊行となる可能性があることが報告された。また，2017年春刊行予定の学会誌第129号については，大シンポジウム（「労働法における人権・基本権の役割と課題――比較法的研究」（仮題）），回顧と展望，定例記事を掲載する予定であることが報告された。

（3） 編集作業の効率化を目的として，現行の学会誌の投稿規程を一部改正し，原稿の提出方法等を変更する旨の提案が理事会で承認されたことが報告された。

5　国際労働法社会保障法学会について

荒木尚志会員より，以下の報告がなされた。

今後開催予定の国際労働法社会保障法学会（International Society for Labour and Social Security Law: ISLSSL）関係会議は下記の通りである。
- （1）　第10回アメリカ地域会議：2016年9月26-30日（開催地：パナマ）
- （2）　第12回欧州地域会議　　：2017年9月20-22日（開催地：プラハ）
- （3）　第22回世界会議　　　　：2018年9月4－7日（開催地：トリノ）
- （4）　第3回比較労働法国際セミナーについて：
  日　時：2016年6月19日-25日
  開催地：イタリア・ベネチア（カ・フォスカリ大学）
  統一テーマ："Sustainable Development, Global Trade and Social Rights"

また，本学会（ISLSSL）とは別の団体であるが，世界の労働法研究所が主体となって Labour Law Research Network（LLRN）という国際労働法研究ネットワークが立ち上がり，2013年6月13-15日に第1回会議がスペイン（バルセロナ）で，第2回会議が2015年6月25-27日にオランダのアムステルダム大学で開催されている。第3回会議は2017年6月25-27日にカナダ（トロント）で開催予定である。詳細は LLRN の website（http://www.labourlawresearch.net/）を参照されたい。

本学会（ISLSSL）についての問い合わせ先は，東京大学法学部荒木研究室内・国際労働法社会保障法学会日本支部事務局（laborlaw@j.u-tokyo.ac.jp）である。

6　入退会について

米津孝司事務局長より，退会者7名および以下の15名について入会の申込みがあったことが報告され，総会にて承認された（50音順，敬称略）。

青木克也（京都大学大学院），赤堀基樹（社会保険労務士），東志穂（弁護士），池田知朗（弁護士），上田達（慶應義塾大学），元容立（早稲田大学大学院），古賀修平（早稲田大学大学院），小林大祐（明治大学大学院），小牟田哲彦（筑波大学大学院），小山博章（弁護士），青龍美和子（弁護士），高田英明（弁護士），中村剛（弁護士），長谷川悠美（弁護士），湊祐樹（弁護士）

また，理事会において，3年以上の会費未納会員であって，2016年2月29日までに納入がなかった4名につき，第131回大会前日理事会での決定事項（学会誌第116

号195頁参照）に基づき，退会したものとみなすことが承認された旨，報告がなされた。

7　その他
（1）奨励賞について

盛誠吾奨励賞審査委員長を代理して，唐津博代表理事より，奨励賞推薦の締切が2016年5月31日（火）であるとして，推薦の呼びかけがなされた。

また，盛奨励賞審査委員長の任期満了に伴い石田眞理事が新たに奨励賞審査委員長に就任すること，および，道幸哲也奨励賞審査委員の退任に伴い和田肇理事が新たに奨励賞審査委員に就任することが報告された。

（2）新労働法講座について

和田肇講座編集委員長を代理して，唐津博代表理事より，原稿提出の締切が2016年3月31日であったものの，原稿の未提出が多いとして，原稿未提出者への提出要請がなされた。

（3）2016年7月実施予定の理事・監事選挙について

米津孝司事務局長より，2016年7月に開催予定の理事・監事選挙につき，選挙管理委員として，小宮文人会員，河野奈月会員，内藤忍会員，沼田雅之会員，藤木貴史会員が選出された旨の報告がなされた。

また，65歳以上の会員については，被選挙権放棄の申出を受け付けていることが報告された。

（4）大会における託児サービスについて

米津孝司事務局長より，第131回大会では，託児サービスを株式会社タスク・フォースに依頼し，子ども3名分の申込みがあったこと等の報告がなされた。

◆日本労働法学会第132回大会案内◆

1　日時：2016年10月16日（日）
2　会場：獨協大学　東棟（E棟）（社会保障法学会とは別会場）
3　大シンポジウム
　統一テーマ：「労働法における立法政策と人権・基本権論──比較法的研究」
　司会：石田眞（早稲田大学），浜村彰（法政大学）
　報告：
　・第1報告　浜村彰（法政大学）
　「報告全体の趣旨──労働法における立法政策と人権・基本権論を比較法的に検討する今日的意義と課題」
　・第2報告　沼田雅之（法政大学）
　「日本の労働立法政策と人権・基本権論──人権・基本権アプローチの可能性」
　・第3報告　有田謙司（西南学院大学）
　「イギリス労働法における立法政策と人権・基本権論──労働市場の効率性と人権・基本権論」
　・第4報告　川田知子（中央大学）
　「ドイツ労働法における立法政策と人権・基本権論──最近の立法動向を中心に」
　・第5報告　細川良（労働政策研究・研修機構）
　「フランス労働法における立法政策と人権・基本権論──合憲性審査の意義と課題を中心に」
　・第6報告　有田謙司（西南学院大学）
　「総括──労働法における立法政策と人権・基本権論の比較法的研究から得られたもの」

（いずれも仮題，敬称略）

日本労働法学会規約

第1章　総　　則

第1条　本会は日本労働法学会と称する。
第2条　本会の事務所は理事会の定める所に置く。（改正，昭和39・4・10第28回総会）

第2章　目的及び事業

第3条　本会は労働法の研究を目的とし，あわせて研究者相互の協力を促進し，内外の学会との連絡及び協力を図ることを目的とする。
第4条　本会は前条の目的を達成するため，左の事業を行なう。
　1．研究報告会の開催
　2．機関誌その他刊行物の発行
　3．内外の学会との連絡及び協力
　4．公開講演会の開催，その他本会の目的を達成するために必要な事業

第3章　会　　員

第5条　労働法を研究する者は本会の会員となることができる。
本会に名誉会員を置くことができる。名誉会員は理事会の推薦にもとづき総会で決定する。
　（改正，昭和47・10・9第44回総会）
第6条　会員になろうとする者は会員2名の紹介により理事会の承諾を得なければならない。
第7条　会員は総会の定めるところにより会費を納めなければならない。会費を滞納した者は理事会において退会したものとみなすことができる。
第8条　会員は機関誌及び刊行物の実費配布をうけることができる。
　（改正，昭和40・10・12第30回総会，昭和47・10・9第44回総会）

第4章　機　　関

第9条　本会に左の役員を置く。
　1．選挙により選出された理事（選挙理事）20名及び理事会の推薦による理事（推薦理事）若干名

2．監事　2名

　　（改正，昭和30・5・3第10回総会，昭和34・10・12第19回総会，昭和47・10・9第44回総会）

第10条　選挙理事及び監事は左の方法により選任する。

1．理事及び監事の選挙を実施するために選挙管理委員会をおく。選挙管理委員会は理事会の指名する若干名の委員によって構成され，互選で委員長を選ぶ。

2．理事は任期残存の理事をのぞく本項第5号所定の資格を有する会員の中から10名を無記名5名連記の投票により選挙する。

3．監事は無記名2名連記の投票により選挙する。

4．第2号及び第3号の選挙は選挙管理委員会発行の所定の用紙により郵送の方法による。

5．選挙が実施される総会に対応する前年期までに入会し同期までの会費を既に納めている者は，第2号及び第3号の選挙につき選挙権及び被選挙権を有する。

6．選挙において同点者が生じた場合は抽せんによって当選者をきめる。

推薦理事は全理事の同意を得て理事会が推薦し総会の追認を受ける。

代表理事は理事会において互選し，その任期は2年とする。

　　（改正，昭和30・5・3第10回総会，昭和34・10・12第19回総会，昭和44・10・7第38回総会，昭和47・10・9第44回総会，昭和51・10・14第52回総会，平成22・10・17第120回総会）

第11条　理事の任期は4年とし，理事の半数は2年ごとに改選する。但し再選を妨げない。

監事の任期は4年とし，再選は1回限りとする。

補欠の理事及び監事の任期は前任者の残任期間とする。

　　（改正，昭和30・5・3第10回総会，平成17・10・16第110回総会，平成22・10・17第120回総会）

第12条　代表理事は本会を代表する。代表理事に故障がある場合にはその指名した他の理事が職務を代行する。

第13条　理事は理事会を組織し，会務を執行する。

第14条　監事は会計及び会務執行の状況を監査する。

第15条　理事会は委員を委嘱し会務の執行を補助させることができる。

第16条　代表理事は毎年少くとも1回会員の通常総会を招集しなければならない。

代表理事は必要があると認めるときは何時でも臨時総会を招集することができる。総会員の5分の1以上の者が会議の目的たる事項を示して請求した時は，代表理事は臨時総会を招集しなければならない。

第17条　総会の議事は出席会員の過半数をもって決する。総会に出席しない会員は書面により他の出席会員にその議決権を委任することができる。

第5章　規約の変更

第18条　本規約の変更は総会員の5分の1以上又は理事の過半数の提案により総会出席会員の3分の2以上の賛成を得なければならない。

平成22年10月17日第120回総会による規約改正附則
第1条　本改正は，平成22年10月1日より施行する。
第2条　平成22年10月に在任する理事の任期については，次の通りとする。
　　一　平成21年5月に就任した理事の任期は，平成24年9月までとする。
　　二　平成22年10月に就任した理事の任期は，平成26年9月までとする。
第3条　平成21年5月に在任する監事の任期は，平成24年9月までとする。

学会事務局所在地
　〒162-8473　東京都新宿区市谷本村町42-8　中央大学大学院法務研究科
　米津孝司研究室
　e-mail : rougaku@gmail.com

SUMMARY

《Symposium I》

New Development of Worker Dispatching Act: Purpose and Summary of the Symposium

Seigo MORI

Worker Dispatching Act, legislated in 1985, characterized the worker dispatch as "temporary" for the first time with the revision of 2015 (Art. 25). By this revision, it became possible finally to compare concretely the worker dispatching of our country between foreign systems always characterized as temporary. This symposium aims to clarify the characteristics and problems of the Japanese current worker dispatch system through comparison with Germany and France, and to examine future problems of Worker Dispatching Act.

Das Arbeitnehmerüberlassungsgesetz in Deutschland

Kenji TAKAHASHI

Der Aufsatz behandelt drittbezogenen Personaleinsatz durch Arbeitnehmerüberlassung und Werkvertrag. Dieses Thema ist in Deutschland wie in Japan gleichermaßen aktuell. Im Rechtsvergleich zeigen sich Charakter und Probleme beider Rechtsordnungen. Im Mittelpunkt des Vortrags stehen die Abgrenzung zwischen dem Arbeitnehmerüberlassung und Werkvertrag sowie eine mögliche Neuordnung unter dem Begriff der

"vorübergehenden Arbeit".

Développements et signification du travail temporaire en France

Seigi OYAMA

I   Introducition

 En France, la loi du 12 Juillet 1990 réglemente la relation de travail temporaire au cours d'un quart de siècle sans révision majeure. D'autre part, pendant cette période, des activités de la fourniture de main-d'œuvre à but lucratif sont réglementées par les lois. Un travail à temps partagé, qui est considéré comme une sorte de travail temporaire (Roudousya Haken) au Japon, fut faite par la loi du 2 août 2005. Ensuite, un portage salarial a été légalisé par la loi du 25 juin 2008, bien que ce avait été considéré comme frauduleuse. Et la loi du 17 août 2015 a permis de conclure un contrat de travail durée indéterminée entre l'entreprise de travail temporaire et le travailleur temporaire.

 Cette étude vise à étudier la relation de ces systémes juridiques.

II Travail temporaire
III Contrat de travail à durée indéterminée intérimaire
IV Travail à temps partagé
V Portage Salarial
VI Fonction de la fourniture de main-d'œuvre à but lucratif en France

VII Conclusion

Il semble que le droit français du travail temporaire vise principalement les choses comme 〈Hiyatoi Haken〉 au Japon, non comme 〈Roudousya Haken〉 général.

《Symposium II》

Theoretical Examination of Article 20 of the Labor Contracts Act: Purpose and Summary of the Symposium

Hiroya *NAKAKUBO*

Article 20 of the Labor Contracts Act provides that the difference of working conditions between fixed-term workers and workers employed for an indefinite period should not be "unreasonable" considering the contents of the duties, the extent of responsibility, etc. This provision was added in 2012 to improve conditions for non-regular workers in Japan; a similar provision was adopted later by another statute to address part-time workers. However, it is still unclear what unreasonable means in this context. In this symposium, four presentations explored this issue, including comparative law considerations as well as examinations of the method of job evaluation. The presentations were followed by a lively discussion among the participants.

Überlugungen über §20 von Arbeitsvertragsgesetz ― die Bedeutung der "unsachlichen Grund"

Keiko OGATA

I Einleitung

II Normzweck von §20 des Arbetisvertragsgesetzes und Standpunkt der Auslegungen
　1　Zweck der Gesetzgebung
　2　Verlauf der Gesetzgebung
　3　Standpunkt der Auslegungen
　4　Gibt es Unterschied von Gleichbehandlungsgebot zwischen wegen des Schutzes von Menschenrechte und wegen rechtfertigender Behandlung der befristete Arbeitnehmer?

III Bedeutung des "unsachlichen Grund"
　1　Verbot der unsachliche Behandlung oder Bebot des sachliche Grund?
　2　die zwei Rechtsprechungen in letzter Zeit

IV Schluß

SUMMARY

Legal Regulation for Non-standard Workers' Disadvantage: An Analyasis of the UK Laws

Mio ABE

I　Introduction
II　Non-standard workers' Disadvantage as a Form of Sex Discrimination in the UK
III　Non-standard workers' Disadvantage as Forms of PTWR 2000 and FTER 2002 in the UK
IV　Conclusion

This paper aims at three purposes: 1) to analyze the current case law rules and arguments among non-standard workers in the UK: 2) to clarify the theoretical feature in terms of 'equal work equal pay', 'indirect discrimination' and 'prevention of less favorable treatment': 3) to seek whether less favorable treatment for non-standard workers (including fix-term workers and part-time workers) is distinguished from sex discrimination or not.

#《Raisonnabilité》 de la difference de traitement: le sens de l'article 20 de la loi sur le contrat de travail

Yuichiro MIZUMACHI

I　Le sens du modèle de l'article 20 de la loi sur le contrat de travail

Ⅱ　Le contenu de 《raisonnabilité》 ou 《irraisonnabilité》 de la différence de traitement

Ⅲ　Des tâches à faire

Correction of Treatment Gap of Fixed-term Workers and Job Evaluation

Masumi MORI

Ⅰ　"Difference of Unreasonable Working Conditions" and Job Evaluation

Ⅱ　Job Evaluation of Sales and Processing Jobs in the Supermarkets

Ⅲ　Argument about Application of the Equal Pay for Work of Equal Value to Wage Gap between Regular and Non-regular Workers

Ⅳ　Questions about the Contents of Revision of the Law in the Future

Ⅴ　Issues for the Implementation of the Equal Pay for Work of Equal Value

《Symposium III》

A New Approach to the Solution to Harassment in the Workplace: Purpose and Summary of the Symposium

Yoichi SHIMADA

The purpose of this symposium is to present a new approach to the solution to harassment in the workplace.

It is important for eliminating harassment in the workplace to reconsider a working environment which causes harassment. And we think that the harassment in the workplace is not only a problem of harassment victim, but also that of working community.

In order to copy with this problem, we try to introduce a method of restorative justice into the solution to harassment in the workplace.

Bullying and Harassment in the Workplace: Toward Collective and Preventive Intervention

Shino NAITO

I Introduction

II Classification of bullying and harassment

III Background of bullying and harassment in the workplace

IV Issues on dispute resolution of bullying and harassment

1 Turnover of the harassed
2 Influence toward mental health
3 Contents of claims and agreements

V Conclusion: toward collective and preventive intervention

Prospects of Restorative Justice for Workplace Bullying

Hiromitsu TAKIHARA

I Introduction

II Duty of the Employer to tackle Workplace Bullying
  1 Characteristics of Employment Relations
  2 Duty of the Employer to Prevent and Deal with Workplace Bullying
  3 Liability of the Employer for Workplace Bullying
  4 Changing Viewpoint of Workplace Bullying: Necessity of Restorative Approach

III Restorative Approach to Workplace Bullying
  1 Idea of Restorative Justice
  2 Prospects of Restorative Justice and effect on Workplace Bullying
  3 Relationship between Duty of the Employer and Restorative Justice

V Issues in the Future

SUMMARY

Harassment and Dispute Resolution Procedure: Measures and Methods of Remedy; Examination for Restorative Workplace Practice

Hiromi *KASHIWAZAKI*

Harassment at workplace is becoming diverse. Dispute resolution procedure of harassment at workplace is increasing.

However, fundamental resolution is not done. Therefore workplace environment should be improvement.

This paper aims to examine of Restorative workplace practice in harassment at workplace.

I Introduction

II Actual Conditions of Dispute Resolution Procedures

III Measures and Methods of Remedy: Improvement of Workplace Environment and Way of Thinking Restorative Workplace Practice

IV Conclusion

《Article》

Fundamental Study on the Measures to Prevent Abuse of the Fixed-term Employment Contract: Through Comparative Method with EU, UK, and Japanese Law

Yuki OKAMURA

The purpose of this article is to perform the fundamental study on the legal issues arising from the measures to prevent abuse of the fixed-term contract through the comparative method with EU, UK, and Japanese law. Among these myriad problems, this article especially is going to handle the objective reasons justifying the renewal of the fixed-term contracts and the legal framework preserving of the continuity of the fixed-term contract. The former is concerning the flexibility of the regulation, and the latter is regarding the enforceability of the regulation.

Japanese government laid down the legislation at 2012 under the Article 18, 19 and 20 of Japanese Labour Contract Act (Act No. 128 of December 5, 2007) in order to secure the proper use of the fixed-term contract. The former two are ranked as the regulations to prevent abuse of the fixed-term contract. In the light of the insufficiency of the development of the legal theory and the case law, this article is primarily going to deal with the Article 18, which stipulates that a certain continuous fixed-term contract can be converted into the permanent contract. Since the Article 18 principally accepts this conversion solely based upon the period (over 5 years), the following problems should be contemplated from the comparative legal perspective.

First, fundamental legal construction and flexibility of the regulation: since the fixed-term contract can serve as not only the profit of employers but also that of employees, the fixed-term contract should not com-

SUMMARY

pletely be prohibited under any circumstances. Although the miscellaneous facts need to be taken into account, Japanese law cannot make allowance for these and should be re-considered as secure the flexibility of the regulation.

Second, enforceability of the regulation regarding the continuity of employment: in light of the fact that Japanese law impose the continuity of contract as the prerequisite, employers can comfortably circumvent the regulation through setting of non-contract period or changing of employer and denying the continuity. Yet, Japanese law does not lay down the regulation to maintain the continuity except "piercing the corporate veil" in case law, which is approved under the strictly finite circumstances and left the stumbling block in securing the enforceability of the regulation.

This article investigates EU and UK law, which handle these problems through statutory and/or case law, and obtain the suggestions for Japanese law.

I　Introduction

II　EU law
　1　Introduction to the measures to prevent abuse of the fixed-term contract
　2　Objective reasons justifying the renewal of the fixed-term contracts
　　(1)　Summary of preliminary rulings in Adeneler case (EU: C: 2006: 443)
　　(2)　Analysis of Adeneler case

III　UK law
　1　Introduction to the measures to prevent abuse of the fixed-term contract
　　(1)　Conversion into permanent contract
　　(2)　Regulation for non-renewal of fixed-term contract

2　Continuity of employment
　　(1)　Overview of legal issues regarding continuity of employment
　　(2)　Non-contract period
　　(3)　Change of employers

Ⅳ　Suggestions for Japanese law from comparative legal perspective
　1　Fundamental legal construction of the regulation (objective reasons)
　2　Enforceability of the regulations (continuity of employment)

Bedeutung und Herausforderung des Arbeitskollisionsrechts in den Zeiten der wirtschaftlichen Integration am Beispiel der Arbeitnehmerentsendung im europäischen Binnenmarkt

Shiro **YAMAMOTO**

Ⅰ　Einleitung

Ⅱ　Europäischer Binnenmarkt und Arbeitskollisionsrecht
　1　Arbeitnehmerentsendung und Grundfreiheiten
　2　Arbeitnehmerentsendung und Arbeitskollisionsrecht
　3　Spannungsverhältnis

Ⅲ　Neue Bedeutung und Herausforderungen für das Arbeitskollisionsrecht
　1　Bedeutung: Festsetzung der fairen Wettbewerbsbedingungen in der Pluralität
　2　Herausforderungen der Harmonisierung mit den internationalen Marktfreiheiten

SUMMARY

3 Kritik an dem japanischen Arbeitskollisionsrecht

Ⅳ Fazit

"Principle of Consent" and "Reasonable Modification Rule" in Collective Modification of Working Conditions in Korea and Japan

Hyosook PARK

Unfavorable alteration of working conditions through work rules modification has been the most debatable legal issue both in Korea and Japan.

In Korea, there were two lines of case law concerning unfavorable modification of work rules prior to the 1989 Revision of the Labor Standards Act: 1) one required workers' collective consent in order to legally modify work rules unfavorably to workers; the other allowed unfavorable modification of work rules on the condition that such modification shall be deemed socially reasonable. The 1989 Revision of the Labor Standards Act explicitly stipulated that the workers' collective consent is required for unfavorable modification of work rules. After the 1989 Revision, however, Korean Supreme Court has maintained its position that reasonably modified work rules are valid even if workers' collective consent was not obtained.

The Korean Supreme Court treats the effects of unfavorably modified work rules differently between existing workers and newly hired workers. Workers' collective consent is required for existing workers but not necessary for newly hired workers because there is no infringement of vested rights in the latter case.

Reviewing the developments in legislation and case law concerning collective modification of terms and conditions of employment in Korea, this paper examines the similarities and differences between Korean and Japanese law on work rules modification and provides some comparative comments.

Analysis of Regulations on the Government Control regarding Wage Determination of Chinese Labor Law

Yukihiro MORISHITA

Ⅰ   Introduction
  1   Problem identification
  2   Transition to market economy and Legislative system of the wage determination

Ⅱ   Systems of the government control regarding Wage determination
  1   Justification of the Wage control systems
  2   Overview of the main Wage control systems

Ⅲ   Wage determination under collective bargaining and the Government control
  1   System of the Wage determination under collective bargaining
  2   Legal relations between the Wage determination under collective bargaining and the Wage control systems
  3   Various facets of the Labor union on the Wage determination under collective bargaining

Ⅳ   Conclusions

編集後記

◇ 本号は，2016年5月に同志社大学で開催された第131回大会におけるミニシンポジウムおよび個別報告を中心に構成されている。ミニシンポジウムでは，労働者派遣法の新展開，労働契約法20条の法理論的検討，職場のハラスメント問題への新たなアプローチの3テーマが取り上げられた。個別報告では，有期労働契約の濫用規制，経済統合下での労働抵触法の意義と課題，日韓の集団的変更法理における合意原則と合理的変更法理，中国労働法の賃金決定関係法における政府の関与に関する報告がなされた。

◇ 「労働法における学説の役割」と題する西谷敏会員の特別講演は，労働法の発展に果たす学説の役割という観点からは反省すべき点も多いとの認識から，労働法学の現状を「成熟」と「実務化」という観点から把握し，判例との関係における学説の役割を中心に検討したものであり，とくにわれわれ若手研究者を鼓舞する有益な内容であった。回顧と展望では，最近の最高裁判例2件と育児介護休業法・雇用保険法・労働者派遣法の改正内容について取り上げた。

◇ 本号の刊行にあたり，執筆者の方々には，非常にタイトなスケジュールのなか，厳しい文字数制限でのご執筆をお願いし，また，鎌田耕一査読委員長および査読委員の先生方には短期間で査読していただいた。ご理解いただき，しっかりとご対応いただいたことを，心から感謝申し上げたい。さらに，奥田香子編集委員長には温かくサポートをしていただいた。また本号の編集には，法律文化社の小西英央氏と瀧本佳代氏に大変お世話になった。改めて深く感謝申し上げる。

（長谷川珠子／記）

《学会誌編集委員会》
奥田香子（委員長），池田悠，植村新，大石玄，緒方桂子，河合塁，川口美貴，神吉知郁子，坂井岳夫，榊原嘉明，長谷川珠子，早川智津子，山本陽大（2016年7月現在）

労働者派遣法の新展開
労働契約法20条の法理論的検討
職場のハラスメント問題への新たなアプローチ
　　　　　　　　　　　　　　　日本労働法学会誌128号

2016年10月20日　印　刷
2016年10月30日　発　行

編　集　者　日本労働法学会
発　行　者

印刷所　株式会社　共同印刷工業　〒615-0052 京都市右京区西院清水町156-1
　　　　　　　　　　　　　　　　　電　話　(075)313-1010

発売元　株式会社　法律文化社　〒603-8053 京都市北区上賀茂岩ヶ垣内町71
　　　　　　　　　　　　　　　電　話　(075)791-7131
　　　　　　　　　　　　　　　Ｆ Ａ Ｘ　(075)721-8400

2016 © 日本労働法学会　Printed in Japan
装丁　白沢　正
ISBN978-4-589-03800-5